跨境
电子商务理论与实务

于 强 齐 敏◎主编

电子工业出版社

Publishing House of Electronics Industry

北京·BEIJING

内 容 简 介

本书从国际贸易和电子商务的基本理论出发，详细介绍了全程跨境电商基础知识、全程跨境电商业务开展和运营，凸显了实践性、创新性和实用型的特点。全书分为 8 章，既有理论阐述又有实践操作，每章起始都设置了章节目标、重点难点和本章引言，章末配有实训项目和课后习题。本书可作为普通高等教育本科院校、应用型本科院校及高职院校的电子商务、国际贸易、跨境电商、市场营销等经济类相关专业的教学用书，也可作为电商行业工作人员及普通消费者了解行业发展、提高技能的参考资料。

图书在版编目（CIP）数据

跨境电子商务理论与实务 / 于强，齐敏主编. —北京：电子工业出版社，2021.10

ISBN 978-7-121-42126-6

Ⅰ. ①跨… Ⅱ. ①于… ②齐… Ⅲ. ①电子商务—高等学校—教材 Ⅳ. ①F713.36

中国版本图书馆 CIP 数据核字（2021）第 198492 号

责任编辑：刘淑敏　　　　特约编辑：田学清
印　　刷：北京虎彩文化传播有限公司
装　　订：北京虎彩文化传播有限公司
出版发行：电子工业出版社
　　　　　北京市海淀区万寿路 173 信箱　　　邮编：100036
开　　本：787×1092　　1/16　　印张：11.5　　字数：273 千字
版　　次：2021 年 10 月第 1 版
印　　次：2022 年 11 月第 2 次印刷
定　　价：49.80 元

凡所购买电子工业出版社图书有缺损问题，请向购买书店调换。若书店售缺，请与本社发行部联系，联系及邮购电话：（010）88254888，88258888。

质量投诉请发邮件至 zlts@phei.com.cn，盗版侵权举报请发邮件至 dbqq@phei.com.cn。

本书咨询联系方式：（010）88254199，sjb@phei.com.cn。

前　言

在国内经济双循环发展的基调下，我国跨境电子商务市场规模将继续保持高速增长态势。海关统计数据显示，2020 年通过海关的跨境电子商务管理平台验放进出口清单为 24.5 亿票，同比增长 63.3%，跨境电子商务进出口金额达 1.69 万亿元，同比增长 31.1%。

2020 年从设立跨境电子商务综合试验区开始，到免征部分出口货物税费，再到开展跨境电子商务 B2B 出口监管试点，我国出台了支持跨境电子商务的各项政策，加大了对跨境电子商务的扶持力度。这些政策扩大了受益外贸企业的范围，降税费等政策倾斜拓展了外贸企业的发展空间，使跨境电子商务的主流趋势更为明显。在经济下行、压力持续加大的情况下，作为外贸行业的新业态、新模式，跨境电子商务将有力地刺激国际消费市场。

本书共有 8 章内容。第 1 章绪论介绍了跨境电子商务发展的基础与背景、跨境电子商务给传统外贸带来的机遇、跨境电子商务交易流程，以及我国跨境电子商务法律法规与监管制度；第 2 章跨境电子商务第三方平台介绍了跨境电子商务的主要模式和主流的跨境电子商务平台及其操作规则；第 3 章跨境电子商务选品与定价介绍了跨境电子商务选品的规则、定价原则和方法；第 4 章跨境电子商务网络营销以营销理论为基础，着重分析了跨境电子商务站内、站外的网络营销推广策略；第 5 章跨境电子商务支付介绍了跨境电子商务线下、线上支付工具和主要跨境电子商务平台的支付方式；第 6 章跨境电子商务物流对跨境物流的方式、费用及后台设置，以及目前跨境电子商务物流遇到的障碍、优化方式等内容进行了分析；第 7 章跨境电子商务客户服务主要介绍了跨境电子商务客户服务工具及售前、售中和售后的工作流程；第 8 章跨境电子商务案例包括跨境电子商务营销案例分析、跨境电子商务物流案例分析、跨境电子商务支付结算案例分析和跨境电子商务通关案例分析 4 方面内容。

本书有三大特色。一是统一理论和实践。本书详细介绍了跨境电子商务理论体系、法律法规、物流、定价、支付、营销、交易流程、平台操作、大数据分析等内容，理论与实践相结合，知识体系完整。二是构建前瞻性创新体系。本书紧扣跨境电子商务的发展特点、现行政策及理论，在微观和宏观层面对跨境电子商务前沿趋势进行说明，以不同形式展现如品牌化建设、移动端建设、多语言市场及海外仓建设等内容，体现了一定的创新性和行业前瞻性。三是实用性。本书每章均有引例、本章小结和拓展实训，文中引入大量阅读资料，并包含题型丰富的课后习题，全方位地帮助读者加深对跨境电子商务知识的认识和理解。

本书由于强、齐敏任主编，具体编写分工如下：第 1 章至第 6 章由哈尔滨学院于强老师编写，第 7 章、第 8 章由天狮学院齐敏老师编写，全书由陈璇统稿。

本书作者秉承"工匠精神"，在充分调研与融合实践操作方法的基础上，对全书的结构和内容都进行了优化，以实现实践性与创新性并存，并对行业的发展进行了前瞻性讨论，但本书难免有疏漏之处，望读者批评指正。

目 录

绪 论

章节目标

1．了解跨境电子商务的基础知识。
2．掌握跨境电子商务的分类。
3．掌握跨境电子商务与传统外贸的区别。
4．熟悉跨境电子商务的法律法规与监管制度。
5．熟悉跨境电子商务的交易流程。

学习重点、难点

学习重点：跨境电子商务的含义，跨境电子商务的分类。
学习难点：跨境电子商务的分类，跨境电子商务的交易流程。

引例

由于电子信息技术和经济全球化的进一步发展，跨境电子商务在国际贸易中的影响力日渐凸显，已变成中国对外贸易的市场趋势。同时，跨境电子商务的相关法规也在不断完善，其未来的发展前景必定有助于减少经济成本，推动全球贸易便利化，提高国内群众福祉，打造良好的营商环境，推动经济长期健康发展。

1.1 认识跨境电子商务

▶▶ 1.1.1 跨境电子商务的概念

2015 年起，国务院已分 4 批设立了 59 个跨境电子商务综合试验区，商务部会同各部门和各地方面向全国复制推广了 12 方面 36 项成熟经验和创新做法，推动跨境电子商务的规模持续快速增长。2019 年，中国跨境电子商务零售进出口额达到了 1862.1 亿元，是 2015 年进出口额的 5 倍，年均增速为 49.5%，跨境电子商务综合试验区在外贸发展中的作用也日益凸显。跨境电子商务是一种高效的新型国际贸易组织方式。在大数据和云计算的技术支撑下，跨境电子商务平台将跨越关境的需求侧和供给侧高效地连接起来，压缩了传统国际贸易中的诸多中间环节。

所谓跨境，是指交易主体分属不同的关境，属于国际贸易的范畴。跨境电子商务简称跨境电商，其英文为 Cross-border Electronic Commerce。从狭义角度看，跨境电子商务是指分属不同关境的交易主体，借助电子商务平台达成交易，进行支付结算，并通过跨境物流送达商品完成交易的一种国际商业活动。跨境电子商务的交易对象主要针对一部分小额买卖的 B 类商家和 C 类个人消费者。由于现实中很难对 B 类商家和 C 类个人消费者进行严格区分和界定，因此从海关统计来说，狭义的跨境电子商务相当于跨境零售。

从广义角度看，跨境电子商务是外贸领域对互联网及信息技术的不同层次应用（基本等同外贸电子商务），是基于"国际贸易+互联网"的创新型商业模式，是分属不同关境的交易主体，通过电子商务的手段将传统国际贸易中的展示、洽谈和成交环节电子化，并通过跨境物流送达商品，完成交易的一种国际商业活动。因此，广义的跨境电子商务实际上就是把传统国际贸易网络化、电子化、数字化，它涉及货物与服务的在线交易（包括电子贸易、在线数据传递、电子支付、电子货运单证传递等多方面活动）及与其相关的电子化服务（供应链、国际物流、通关、平台推广等），是电子商务的高级表现形式。

▶▶ 1.1.2 跨境电子商务与国内电子商务的区别

1. 交易过程的区别

跨境电子商务的业务环节更加复杂，需要经过海关通关、检验检疫、外汇结算、出口退税、进口征税等环节。在货物运输上，跨境电子商务通过快递方式出境，货物从商家售出到送达国外消费者手中的时间长，因路途遥远，所以货物容易损坏，且各国快递的派送能力相对有限，集聚增长的邮包也易引起贸易摩擦。国内电子商务则发生在国内，以快递方式将货物送达消费者手中，路途近、到货速度快、货物损坏率低。

2. 交易主体的区别

跨境电子商务交易的主体是不同关境的，可能是国内企业对境外企业、国内企业对境外个人或国内个人对境外个人。国内电子商务交易的主体一般在国内，可能是国内企业对国内企业、国内企业对国内个人或国内个人对国内个人。

跨境电子商务交易的主体遍及全球，并且不同的交易主体有不同的消费习惯、文化心理和生活习俗，这就要求跨境电子商务企业对各国的流量引入、广告推广营销、国外消费者行为、国际品牌建设等有更深入的了解，因此跨境电子商务的复杂性远远超过国内的电子商务。

3. 交易风险的区别

因为跨境电子商务交易会发生在不同的国家，所以容易受到国际经济、国际政治宏观环境和各国政策的影响。当前有很多低附加值、无品牌、质量不高的商品、假货、仿品充斥着跨境电子商务市场，这个现象很容易引起知识产权纠纷，后续的司法诉讼和赔偿都十分麻烦。

国内电子商务交易发生在国内，交易双方对商标、品牌等知识产权的认识一致，侵权纠纷较少。即使产生纠纷，国内电子商务处理的时间较短，处理方式也较为简单。

4. 适用规则的区别

跨境电子商务需要适应的规则多、细、复杂。例如平台规则，跨境电子商务经营的平台很多，各个平台均有不同的操作规则，跨境电子商务需要熟悉海内外不同平台的操作规则，具有针对不同需求和业务模式进行多平台运营的技能；跨境电子商务还需要遵循国际贸易规则，如双边或多边贸易协定，需要有很强的政策和规则敏感性，需要及时了解国际贸易体系、规则、进出口管制、关税细则、政策的变化，对进出口形势也要有更深入的了解和分析能力。

国内电子商务只需要遵循一般的电子商务规则。

1.2　跨境电子商务与传统外贸

▶▶ 1.2.1　跨境电子商务与传统外贸模式

1. 传统外贸模式

传统外贸是商品在生产、流通、结算过程中所进行的全部活动的总称。传统外贸大部分由一国的进出口商通过另一国的进出口商进出口大批量货物，然后通过境内流通企业经过多级分销（至少要跨越国内工厂、国内贸易商、目的国进口商、目的国分销商、目的国零售商等 5 个渠道），最后到达有需求的企业或消费者手中。传统外贸的进出口环节多、时间长、成本高。

2. 跨境电子商务模式

跨境电子商务是在不同国家和地区的企业或个人消费者依靠互联网，在互联网上实现跨境交易的主要步骤（如商品的浏览、订单的下达、资金的支付），然后商家使用国际物流把商品送达消费者手中实现交易的一种销售模式。

（1）进口跨境电子商务模式

进口跨境电子商务模式可分为直邮和保税备货两种模式。

① 直邮模式。

直邮模式可分为跨境直邮模式和集货直邮模式，各平台常说的直邮模式通常指跨境直邮模式。

a．跨境直邮模式是指消费者购买境外商品后，商家在境外打包，以零售方式通过国际物流发货，并通过境内清关，将商品直接配送到消费者手中的模式。跨境直邮模式往往是进行三单比对的，规范化的跨境电子商务企业对消费者的模式（即B2C），成熟的跨境电子商务平台会为消费者提供较为可靠的直邮购物保障。跨境直邮模式会更适应消费者个性化、多元化的海淘需求，具有时效低、稳定性高、风险低等特点，如图1-1所示。

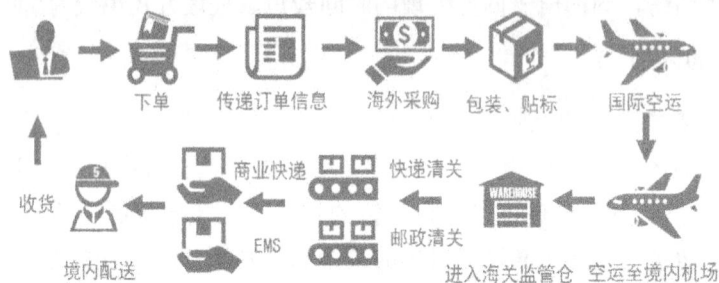

图1-1 跨境直邮模式

b．集货直邮模式是跨境直邮模式的升级版，是B2C下的常用模式。集货直邮模式是商家在接到订单之后将货物集中存放在海外仓，达到一定包裹量后再统一发回境内的模式，如图1-2所示。

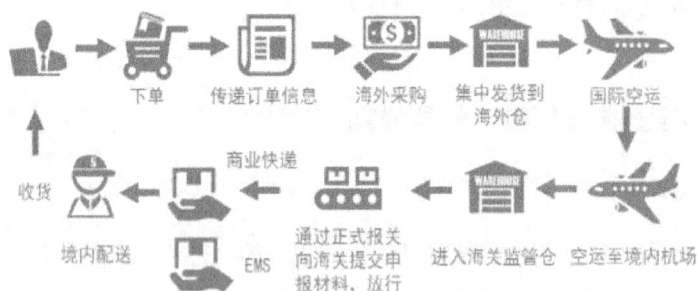

图1-2 集货直邮模式

② 保税备货模式。

保税备货模式是商品提前通过大量进口备货至境内保税仓，在境内保税仓进行拆包、检验，待消费者下单后分拣、打包和清关，再通过境内物流公司送达消费者手中的模式，如图1-3所示。

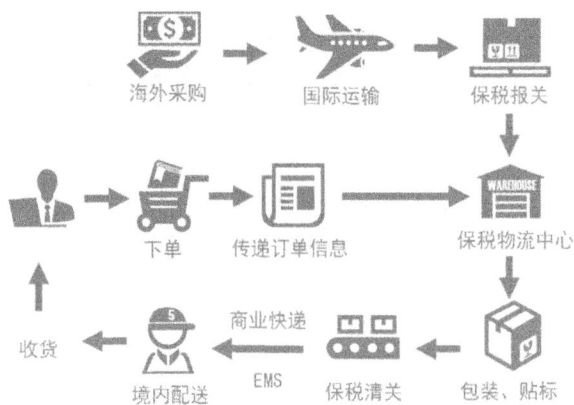

图 1-3　保税备货模式

（2）出口跨境电子商务模式

按海关监管模式的不同进行分类，出口跨境电子商务模式主要分为一般出口模式和特殊区域出口模式。

① 一般出口模式。

一般出口模式是指跨境电子商务企业根据海外消费者的网购订单，直接从境内启运订单商品，从跨境电子商务零售出口监管场所申报出口，并送达消费者手中的出口跨境电子商务模式。

一般出口模式采用"清单核放、汇总申报"的方式。跨境电子商务出口商品以邮寄、快件的方式分批运送，海关凭清单核放出境，定期把已核放的清单数据汇总，形成出口报关单，跨境电子商务企业或平台凭出口报关单办理结汇、退税手续。一般出口模式如图 1-4 所示。

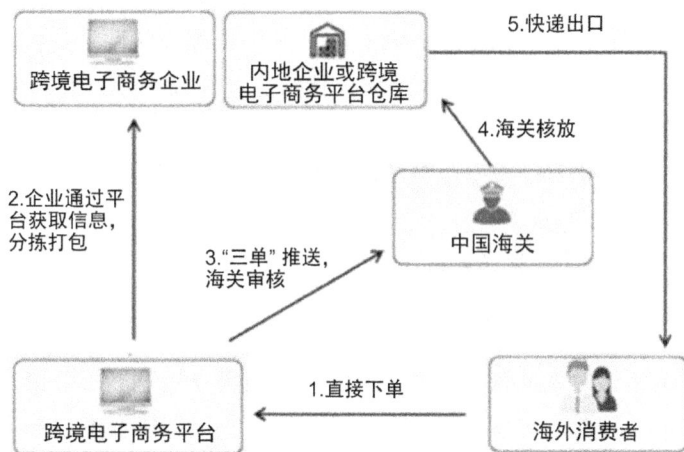

图 1-4　一般出口模式

② 特殊区域出口模式。

特殊区域出口模式又称保税出口模式，是指符合条件的跨境电子商务企业或平台与海关联网，把整批商品按一般贸易报关进入海关特殊监管区域的模式。跨境电子商务企业可实现快速退税。对于已入区的商品，海外消费者下单后，海关凭清单核放，商品出区离境后，海关定期将已放行的清单归并，形成出口报关单，跨境电子商务企业凭出口报关单办理结汇手续。特殊区域出口模式如图1-5所示。

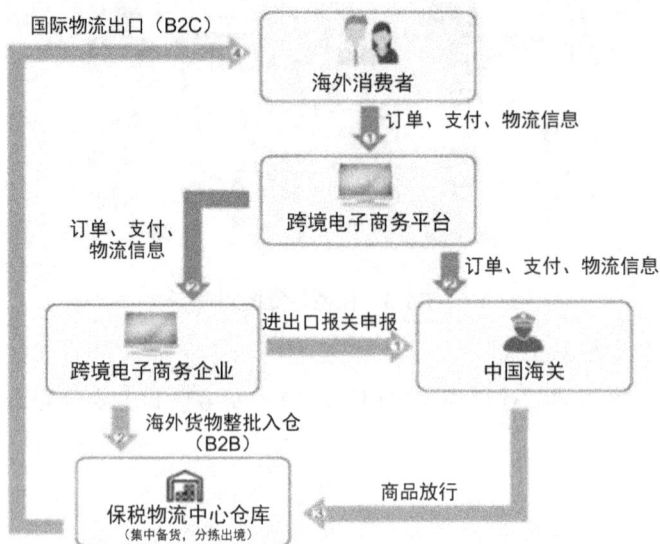

图 1-5　特殊区域出口模式

海关特殊监管区域是经国务院批准，设立在中华人民共和国境内，赋予承接国际产业转移，连接国内、国际两个市场的特殊功能和政策，以海关为主实施封闭监管的特定经济功能区域。我国的海关特殊监管区域始于1990年，第一个保税区是上海外高桥保税区。截至2018年底，我国已批准设立140个海关特殊监管区域，分为保税区、出口加工区、保税物流园区、跨境工业园区、保税港区、综合保税区6种模式。其中，综合保税区是我国开放层次最高、优惠政策最多、功能最齐全、手续最简化的海关特殊监管区域。自2012年起，新设立的海关特殊监管区域统一命名为综合保税区，原有的海关特殊监管区域也要整合优化为综合保税区。截至2020年6月，全国共有综合保税区等各类海关特殊监管区域152个，总规划面积超过460平方千米，其中综合保税区有121个。

3. 传统外贸与跨境电子商务的区别

（1）成本

传统外贸主要是先集中大批量货物，然后境内流通企业经过多级分销，最后送达有需求的企业或消费者手中。目前，传统外贸虽然市场规模较大，但需要充足的资金和竞争对手。而跨境电子商务是直接面向消费者的，不仅解决了传统外贸企业由于库存、物流、清关等带来的成本增加问题，还大大降低了企业进出国门的成本。

（2）形式和工作环节

传统外贸的进出口环节多，常常需要在当地政府办理进出口许可证，货物到达海关后还需要报关等；而跨境电子商务和国内电子商务的操作一样，可以直接从保税仓发货，简化了流程，大大缩短了平台从接受订单到运送商品至消费者手中的时间。传统外贸多以 B2B 模式为主，都在线下完成交易；而跨境电子商务为降低中间成本，尽力减少或改变进出口环节，多是 B2C 模式，都在线上完成交易。

（3）利润

传统外贸的门槛相对较高，因为传统外贸单价低、单量大，且会牵扯到复杂的关税、增值税和消费税等各种税务，所以适合有资源的团队经营，这样才会有可观的利润。而跨境电子商务单价高、单量小，且税收比较简单、门槛低，所以只要持续到一定量就会有较大利润，非常适合个人商家经营。传统外贸与跨境电子商务的区别如表 1-1 所示。

表 1-1　传统外贸与跨境电子商务的区别

	传 统 外 贸	跨境电子商务
运作模式	基于商务合同	借助互联网跨境电子商务平台
交易环节	交易环节复杂，涉及的中间商较多	交易环节简单，涉及的中间商较少
运输方式	多通过海运和空运的方式完成，物流因素对交易主体影响不明显	通常借助第三方物流企业，一般以航空小包的方式完成，物流因素对交易主体影响明显
通关、结汇、退税方式	海关监管规范，可以享受正常的通关、结汇和退税政策	通关缓慢或有一定限制，易受政策变动影响，无法享受结汇和退税政策
主体交流方式	面对面，直接接触消费者	通过互联网跨境电子商务平台接触消费者
价格、利润	价格高，利润小	价格实惠，利润大
订单特点	单量大，周期长，风险高	单量小，频次高，风险小
产品类目	产品类目少，更新速度慢	产品类目多，更新速度快
规模、增速	市场规模大，但受地域限制，增长速度相对缓慢	面向全球市场，规模大，增长速度快
支付方式	正常贸易支付	须借助第三方支付
争议处理	健全的争议处理机制	争议处理不畅，效率低

▶▶ 1.2.2　跨境电子商务给传统外贸带来的机遇

1. 跨境电子商务缩短了外贸的中间环节，提升了进出口贸易效率

跨境电子商务打破了外贸企业在国外的经营模式，使外贸企业可以直接面向个体批发商、零售商，甚至消费者，有效减少了外贸的中间环节，降低了商品的流转成本。外贸中间环节的减少不仅提升了进出口贸易效率，节省的中间成本还为外贸企业获利能力的提升及消费者获得更多实惠提供了可能。

2. 跨境电子商务有利于外贸企业实现客户资源管理

外贸企业原有的经营方式多是业务员包揽从客户选择、签订合同、组织货源、验货报关

到货款支付的全过程，业务员掌握着客户资源。这种经营方式使外贸企业无法掌握客户的状况，业务员在很大程度上影响着外贸企业的生存和发展，一旦遇到人才流失等问题，外贸企业的竞争力会急剧下降。而在跨境电子商务模式下，信息化建设使每人每天的工作日程和行动记录都有据可查，所有细节都一目了然，使信息主动权更多掌握在外贸企业手中。

3. 跨境电子商务降低了外贸企业的交易成本和采购成本，交易透明度高

外贸企业在传统的采购模式中，需要耗费大量的人力与物力，买卖双方需要经过多次的询盘、还盘和大量的传真、电函才能完成交易，并且在这些操作过程中还非常容易出现人为的操作失误等问题。

电子数据交换（Electronic Data Interchange，EDI）利用计算机应用系统，由一台计算机运用标准协定及统一标准数据格式，经过电子化的数据传递方式，将数据传送到另一台计算机。资料表明，EDI技术可以使商业文件的传递速度提高81%，由差错造成的商业损失可以减少40%，文件处理成本降低38%，可以节省5%~10%的进货费用。

同时，EDI技术可以使企业员工能够将工作的重心集中在开发研制、开拓新的客户市场、巩固与供应商的合作关系，以及企业长远的发展战略上。在互联网上进行采购，可以更广泛地选择供货商、压低进货成本、保证进货质量。

4. 跨境电子商务有利于外贸企业越过贸易壁垒，扩大贸易机会

跨境电子商务的发展进一步推动了生产和服务的全球化，加速了全球市场一体化和生产国际化的进程，促进供应商和客户间建立了更紧密的联系。外贸企业可以向客户提供全天候的产品信息和服务，从而大大增加了贸易机会，客户也可以在全球范围内选择最佳供应商。跨境电子商务有利于大批外贸企业越过国际和地区之间有形和无形的壁垒，对世界经济产生很大的影响。

5. 跨境电子商务有利于减轻外贸企业对实物基础设施的依赖

传统外贸企业要开展国内贸易必须拥有相应的实物基础设施，其对实物基础设施的依赖程度很高。但如果外贸企业利用跨境电子商务开展国际贸易，则在实物基础设施的投入要小很多。

跨境电子商务作为我国外贸行业的新业态之一，近年来在国家政策不断加持的大背景下蓬勃发展，现已成为我国外贸行业转型升级的"新动能"。跨境电子商务的交易规模不断增长，得益于一系列的制度支持和改革创新，以及互联网基础设施的完善和全球性物流网络的构建。

庞大的海外市场需求及外贸企业转型升级的发展等因素都有助于推动跨境电子商务的快速成长，吸引更多的企业"触网"。与一般贸易模式相比，跨境电子商务模式在相关政策扶持下更能够体现交易流程扁平化、服务集约化的特点，从而帮助中国企业将商品更快、更好地销售给海外消费者。

同时，跨境电子商务在促进我国外贸增长的进程中扮演了重要角色。随着社会经济的发展，人均购买力在不断提高，互联网的普及、现代智能物流体系的优化升级、线上支付环境

和生态系统的不断创新和完善，都成了跨境电子商务发展的推动力量。因此，跨境电子商务在可见的未来仍将呈现快速发展态势，B2C 模式也将进入迅猛发展阶段，并在我国跨境电子商务市场中占据越来越重要的地位，也将给国内小规模企业带来更多的发展机遇。目前，我国跨境电子商务的规模稳居世界第一，范围覆盖绝大部分国家和地区，是带动我国外贸发展的重要力量。

1.3 跨境电子商务交易流程

▶▶ 1.3.1 跨境电子商务市场调研与客户开发

1. 跨境电子商务市场调研的内容

跨境电子商务的国际市场调研与传统的市场调研一样，应遵循一定的方法和步骤，以保证市场调研的质量。跨境电子商务国际市场调研的内容通常包括：国别（地区）调研、市场需求调研、可控因素调研和不可控因素调研。

（1）国别（地区）调研

国别（地区）调研主要为了贯彻国别（地区）政策，选择适宜的市场，创造有利的条件，从而建立跨境电子商务贸易关系。国别（地区）调研具体有以下几点内容。

① 一般概况调研：包括该国（地区）的人口、面积、气候、电函文字、通用语言、跨境电子商务的普及情况和跨境电子商务平台的使用情况等。

② 政治情况调研：包括该国（地区）的政治制度、对外政策，以及与我国的关系等。

③ 经济情况调研：包括该国（地区）的主要物产资源、工农业生产状况、财政金融状况、就业状况、收入状况和使用跨境电子商务购物的人群特征等。

④ 外贸情况调研：包括该国（地区）的主要进出口商品贸易额，进出口贸易的主要国别（地区），外贸政策，海关税率和商检措施，海关对邮件、小包、快递类的管制措施，民法和商法，以及与我国的贸易情况等。

⑤ 运输条件调研：包括该国（地区）的邮政包裹、商业快递的选择和使用情况、清关能力等。

（2）市场需求调研

市场需求调研主要包括市场需求容量调研、市场消费特点调研和目标人群调研。

① 市场需求容量调研：包括现有的和潜在的市场需求容量、市场最大和最小的需求容量、不同商品的需求特点和需求规模、不同市场空间的营销机会，以及企业和竞争对手的现有市场占有率等。

② 市场消费特点调研：包括消费水平、质量要求、消费习惯、销售季节、产品销售周期、商品供求价格变动规律等。

③ 目标人群调研：通过目标人群调研，要了解目标人群的消费特点，了解目标人群喜爱的品牌，以及这些品牌在该市场的占有率，还需要了解竞争对手布局同类商品线的方法。同时结合目标人群的特征，做好第三方平台或独立平台的选择，在选择商品时，要立足第三方平台或独立平台目标人群的需求及购物习惯。例如，在跨境电子商务模式下，eBay 平台的 3C 类电子产品、家居类产品的销量较好，亚马逊平台的品牌服饰销量优势明显，全球速卖通平台在新兴市场国家销量的增长较快等。

（3）可控因素调研

可控因素调研主要包括对产品、价格、销售渠道和促销方式等因素的调研。

① 产品调研：包括有关产品性能、特征和客户对产品意见和要求的调研。市场适销商品调研包括商品品种、规格、用料、颜色、包装、商标、运费等。产品寿命周期调研用以了解产品所处寿命周期的阶段。产品的包装、品牌等给客户印象的调研用以了解产品的包装、品牌等是否与客户的习俗相适应。

② 价格调研：包括产品价格的需求弹性调研、竞争对手产品价格变化情况调研、新产品价格制定或老产品价格调整所产生的效果调研、选择实施价格优惠策略的时机和实施这个策略的效果调研。

③ 销售渠道调研：包括企业现有产品分销渠道状况，中间商在分销渠道中的作用及各自实力，客户对中间商尤其是代理商、零售商的印象等。

④ 促销方式调研：主要是对人员推销、广告宣传、公共关系等促销方式的实施效果进行分析和对比。

（4）不可控因素调研

① 政治环境调研：包括对企业产品的主要客户所在国家（或地区）的现行政策、法令及政治形势的稳定程度等。

② 经济发展状况调研：主要调查企业所面对的市场在宏观经济发展中将产生何种变化等。

③ 社会文化因素调研：包括对市场需求变动产生影响的社会文化因素，如文化程度、职业、宗教信仰及民风、社会道德与审美意识等。

④ 技术发展状况与趋势调研：主要了解与本企业生产有关的技术发展状况与趋势，还应掌握社会相同产品生产企业的技术发展提高情况。

⑤ 市场竞争情况调研：包括市场容量、供货主要来源、主要生产者、主要竞争者、主要消费对象等。

⑥ 竞争对手调研：主要调查竞争对手的数量、竞争对手的市场占有率及变动趋势、竞争对手已经或将要采用的营销策略和潜在竞争对手的情况等。

2. 跨境电子商务市场调研的方法

对跨境电子商务市场调研而言，除一些传统手段的市场调研方法仍然在使用外，随着科技的进步，特别是 IT 技术的飞速发展，利用互联网进行跨境电子商务市场调研的方法越来越成为主流的调研方法。

跨境电子商务的市场调研有两种方法：一种是直接进行的一手资料调研，即直接调研法；另一种是利用互联网的媒体功能，在互联网上收集二手资料调研，即网上间接调研法。

随着电子化信息的推进，利用互联网进行跨境电子商务的市场调研变得越来越容易。利用互联网进行跨境电子商务的市场调研，实际上已经很难严格区分一手资料和二手资料。

（1）直接调研法

直接调研法主要包括传统的访问法、观察法和试验法等，如电话访问法、邮寄询问法。也可以基于互联网对不同的调查方式进行细分，如网上观察法、专题讨论法、在线问卷法和网上实验法，现在使用最多的是专题讨论法和在线问卷法。

（2）网上间接调研法

网上间接调研指的是网上二手资料的收集。二手资料的收集相对比较容易，花费代价小，来源也更广。二手资料的来源有很多，如公共图书馆、大学图书馆、贸易协会、市场调查公司、广告代理公司、专业团体、企业情报室等。随着科技的发展，利用互联网收集二手资料的方法更加便捷，收集速度也比传统方法快很多，而且通常可以直接从互联网上复制资料，因此大大缩短了资料收集、输入及处理的时间。再加上众多综合型互联网内容提供商（Internet Content Provider，ICP）、专业型 ICP，以及成千上万个搜索引擎网站，使在互联网上收集二手资料变得非常方便。网上间接调研法有网上搜索法、网站跟踪法和订阅邮件列表等。

3. 寻找和了解客户的途径

互联网搜索是跨境贸易商寻找和了解客户的主要途径。

互联网搜索主要包括搜索引擎，网络黄页，行业协会网站，国际展览会、博览会网站，B2B、B2C 等。

（1）搜索引擎

搜索引擎是指自动从互联网上搜集信息并对信息进行一定整理后，提供给用户进行查询的系统。互联网上的信息浩瀚万千且毫无秩序，所有的信息像汪洋上的一个个小岛，网页链接是这些小岛间纵横交错的桥梁，而搜索引擎则为用户绘制了一幅一目了然的信息地图，可以供用户随时查阅。搜索引擎从互联网中提取各个网站的信息（以网页文字为主），建立数据库，能检索与用户查询条件相匹配的记录，并按一定的排列顺序返回结果。

搜索引擎营销是外贸企业在海外推广的有效手段之一。在搜索引擎营销中，最重要的一点在于选好关键词，并能对关键词进行良好的关联管理。

（2）网络黄页

网络黄页（企业名录）是跨境贸易商获取商业信息的主要途径之一，是纸张黄页在互联网上延伸和发展的结果，是了解境外客户的直接渠道。传统黄页是以纸张形式打印黄页广告的，包括公司地址、公司名称、邮政编码、电话号码、联系人等基本信息。网络黄页则拥有独立的业务标志，包括企业邮件、产品动态、数据库空间、交易信息、企业简介、即时消息、短信交互等。通过网络黄页上的行业划分，跨境贸易商可以在线查找企业，或者输入关键字搜索相关企业。

（3）行业协会网站

行业协会网站是集中反映本行业内（业内）有关国内外生产、销售、市场状况的行业性网站，是跨境贸易商用于了解国内外商务行情的便利渠道。在搜索引擎中输入行业协会的名称，即可找到该行业协会的网站，如在搜索引擎中输入文字"中国食品土畜进出口商会"，就可以找到该商会的网站。想要进入某境外行业协会网站，在搜索引擎中输入关键词，如输入"产品名称+association"，就能找到相关的行业协会网站。

（4）国际展览会、博览会网站

国内外大型的、固定办展的进出口商品国际展览会或博览会都有官方网站，并且拥有大量世界范围内的参展企业名录，来参展的一般都是相关的制造商、经销商或进出口贸易企业。跨境贸易商在官方网站搜索信息，可以使其商业视野更加宽广，并获得参展的信息和参展产品的情况。

查询国内展览会、博览会网站的方法比较简单，在国内搜索引擎（如百度）中输入展览会或博览会名称即可。例如，在国内搜索引擎中输入"广州进出口商品交易会官方网站"，就会得到该网站的地址。

只要在国外的搜索引擎中输入关键词即可找到国外展览会、博览会网站的地址。例如，在搜索引擎中输入"产品+exhibition/fair/conference"。在这些展览会、博览会网站中，通常可以得到有关展会的概况、参展企业的名称及数量、参展企业的国家或地区、大类产品的参展动态，尤其是新产品发展的动态等信息。

（5）B2B、B2C 等网络平台

通过 B2B、B2C 等网络平台，跨境贸易商可以获得大量的供求信息。跨境贸易商在海外的信息主要是通过银行或外国咨询公司获取的信息和国外商会、老客户提供的信息。

▶▶ **1.3.2　网上交易磋商**

网上交易磋商（Online Business Negotiation）是指买卖双方通过互联网的形式，就某项交易的达成进行协商，以求完成交易的过程。

1. 网上交易磋商的基本方式

网上交易磋商的基本方式分为口头磋商和书面磋商。

（1）口头磋商

口头磋商是指交易双方利用互联网进行磋商，其主要方法有互联网在线服务（如 Skype）、跨境电话、微信语音等。口头磋商的优点是可以使双方及时、准确地了解对方的合作态度，根据磋商具体进展随时调整战略。

（2）书面磋商

书面磋商是指交易双方通过电子邮件、传真、电传、信函、电报或互联网等通信方式进行洽谈交易。有时口头磋商和书面磋商两种方式也可以结合使用。随着现代化通信技术的发展，书面磋商越来越简便易行，而且书面磋商的费用与口头磋商的费用相比还更低廉一些，通过网络通信技术或平台进行磋商已成为主要的磋商方式。

2. 网上交易磋商的通信途径

现阶段，跨境电子商务网上交易磋商常用的通信途径有以下几种。

（1）电子邮件

目前，利用电子邮件（E-mail）进行业务联系在跨境电子商务交易中十分普遍。使用电子邮件进行通信的优点有：操作容易，不受时间、地点的限制，可随时收发；通信成本低廉；能收发多样化信息载体的文件，如照（图）片、链接、PDF 格式文件等。电子邮件的特点符合交易需求，是通过书写形式进行业务沟通的主要途径。

（2）即时通信软件

即时通信软件（Instant Message，IM）是指能时时发送和接收互联网消息的软件。在跨境电子商务交易的过程中，选择合适的即时通信软件可以提高网上磋商效率。跨境贸易商在选择即时通信软件时，应当考虑目标市场客户群体的使用习惯及跨境电子商务平台的站内信息反馈功能。

（3）传真与网络传真

传真（Fax）曾是二十多年前发展最快的非话电信业务，是将文字、图表、相片等记录在纸面上的静止图像，通过扫描和光电变换，变成电信号，经各类信道传送到目的地，在接收端通过一系列逆变换过程，获得与发送原稿相似记录副本的通信方式。网络传真（Network Fax）是基于电话交换网（Public Switched Telephone Network，PSTN）和互联网的传真存储转发的通信方式，也称电子传真。网络传真整合了电话网、智能网和互联网技术，其原理是通过互联网将文件传送到传真服务器上，由传真服务器转换成传真机接收的通用图形格式后，再通过PSTN 发送到全球各地的普通传真机上。由于通信技术的迅速发展，网络传真正逐渐成为取代传真的新一代通信工具。网络传真采用客户端、Web 浏览器、电子邮件 3 种方式发送传真。

3. 网上交易磋商的主要内容

网上交易磋商通常要磋商 11 个交易条件，也就是《国际贸易术语解释通则 2020》中的 11 个贸易术语所对应的交易条件。一个交易条件构成交易合同中的一个贸易条款，11 个贸易条款则构成交易合同的主要内容。

为使交易磋商进行得有序和有效率，按照磋商内容的重要程度，可将贸易条款分为一般贸易条款和基本贸易条款。

一般贸易条款包括货名、规格、数量、包装、价格、装运期和支付条件。保险条件是否磋商，需要依据交易所使用的价格术语而定。

基本贸易条款包括检验检疫、争议与索赔、不可抗力和仲裁。

一般而言，谈判双方在进行一笔交易时首先要对一般贸易条款进行磋商，意见达成一致后，再对基本贸易条款进行磋商。谈判双方对各项条款的意见都达成一致后，交易合同即宣告成立。

4. 网上交易磋商的基本过程

通过互联网进行交易磋商与传统的交易磋商在内容和过程上是一致的，不同的是通过互联网进行交易磋商签订的是电子合同。电子合同与传统的纸质合同最明显的区别在于电子合同必须经过数字签名及第三方权威认证机构的认证，才能生效。网上交易磋商的一般程序包括询盘、发盘、还盘和接受（承诺）4 个环节。

（1）询盘

询盘（Inquiry）又称为询价，是指交易的一方为购买或出售商品，向另一方询问商品的交易条件以邀请对方发盘的环节。询盘内容包括商品的价格、数量、规格、质量、包装、运输、交货时间和可获取的样品、目录等。在实际交易磋商过程中，询盘主要是询问商品的价格，因此通常把询盘称为询价。希望交易的任何一方都可以以口头表述或书面的形式来进行询盘。询盘的目的是检验对方对交易条款的诚意和理解，有时可能是一笔交易的起点。但询盘对买卖双方并无法律约束，不是交易磋商的必要环节，也没有固定的格式。

（2）发盘

发盘（Offer）也称为发价、报盘、报价。发盘是指向一个或一个以上特定的人提出订立合同的建议，十分确定并且表明在确定的数量、价格及其他条件下得到对方接受，愿意承受其约束。发盘通常由卖方公司主动发出，习惯上称为卖方发盘，当由买方发出时，习惯上称为买方交盘。

发盘需要注意以下内容。

① 发盘的内容必须十分确定。

发盘的内容必须列明货物的名称、价格、数量，或者决定价格、数量的方法。发盘的内容必须十分确定，至少包括 3 个基本要素，即货物、数量和价格。但是上述十分确定的 3 个基本要素只是对发盘内容的最低要求，在实际交易磋商过程中，如果只列明这 3 个基本要素而不提及其他，就很容易给合同的履行带来困难，也容易产生纠纷。慎重起见，我们应在对外发盘时，将货物的名称、规格、数量、价格、包装、交货期限和支付方式等一并列明。

② 发盘必须送达受盘人才能生效。

《中华人民共和国民法典》（以下简称《民法典》）（第一编：总则）第一百三十七条规定：以对话方式作出的意思表示，相对人知道其内容时生效。以非对话方式作出的意思表示，到达相对人时生效。以非对话方式作出的采用数据电文形式的意思表示，相对人指定特定系统接收数据电文的，该数据电文进入该特定系统时生效；未指定特定系统的，相对人知道或者应当知道该数据电文进入其系统时生效。当事人对采用数据电文形式的意思表示的生效时间另有约定的，按照其约定。

③ 发盘的有效期。

发盘的有效期指给予对方表示接受的时间限制。若超过发盘规定的期限，发盘人则不受发盘的约束。

发盘人对发盘的有效期可做明确的规定。例如，当采取口头发盘时，除发盘人发盘时另有声明外，受盘人只能当场接受，口头收盘才能有效；当采用电函发盘时，发盘人可规定受盘人最迟接受的期限（如 5 月 31 日复到有效）或规定一段接受的期限（如发盘有效期为 10 天）。

如果发盘中没有明确规定有效期，那么受盘人应在合理时间内接受，否则该发盘无效，合理时间并无明确规定。有效期的规定要考虑国外法律的规定和发盘所在国与我国所处的地理位置和时差，明确有效期的起止日期。例如，"我方时间×月×日复到"或"我方时间 5 日为复到有效"。根据《联合国国际货物销售合同公约》（以下简称《公约》）的解释，发盘时间的起算，从发盘人电报、电话等多交发时刻起算，如信上未载明发信日期，则从信封上所载日期起算（我国信封邮戳日期）。发盘人以电话、传真或其他快速通信方式规定的接受日期，则从发盘送达受盘人时起算。

④ 发盘的撤回和修改。

《公约》第十五条规定：一项发盘只要其撤回通知先于发盘或与发盘同时到达受盘人，该发盘就可被撤回。

发盘撤回的实质是阻止发盘生效。因此，在受盘人接到发盘之前，发盘人可以用更为迅速的传递方式，发送撤回发盘声明和修改发盘内容。只要该项声明是先于发盘或与发盘同时送达受盘人的，撤回和修改即生效。但在现代通信技术发达的时代，跨境贸易商大多采用传真和电子邮件等方式进行询盘、发盘，很难实现撤回，故发盘时须对发盘内容做详细考虑。

⑤ 发盘的撤销。

英美法系和大陆法系国家的法律将撤回和撤销作为同一个概念对待，但其实二者有很大的区别。撤回指发盘人在其发盘生效前的更改或取消，撤销指发盘人将发盘已送达受盘人，发盘生效之后再取消。

由于各国法律在对待发盘有效期之内是否可以撤销的问题存在不同解释，因此就形成了法律冲突，有碍国际贸易的发展。为了解决这个法律冲突，《公约》做了如下规定：a. 撤销通知须在受盘人发出接受通知之前到达受盘人；b. 下列情况不得撤销，发盘写明有效期或以其他方式表明发盘不可撤销；受盘人有理由相信该发盘不可撤销，并已本着对该发盘的信赖行事。

⑥ 发盘的终止。

发盘的终止是指发盘的法律效力消失。《民法典》（第三编：合同）第四百七十八条规定，有下列情形之一的，要约失效：a. 要约被拒绝；b. 要约被依法撤销；c. 承诺期限届满，受要约人未作出承诺；d. 受要约人对要约的内容作出实质性变更。

（3）还盘

还盘（Counter-offer）又称还价，是受盘人对发盘的内容不完全同意而提出修改或变更的环节。还盘的形式可以不同，如有的明确使用还盘字样；有的则不使用，在内容中表示对发盘内容的修改或变更即构成还盘。需要注意的是，还盘是对发盘的拒绝，还盘一经确定，原发盘即失去效力，发盘人便不再受原发盘的约束。在实际交易磋商过程中，一项交易的洽谈可以有多次还盘，即可以反复地讨价还价，直至买卖双方最终对各项交易条件取得一致意见，交易达成。如果在讨价还价的过程中买卖双方未能对交易条件达成一致，而且任何一方无意继续磋商，则磋商终止，未能达成交易。

（4）接受（承诺）

接受（Acceptance）是交易的一方在接到对方的发盘或还盘后，用声明或行为向对方表示同意，法律上将接受称作承诺。接受和发盘一样，既属于商业行为，又属于法律行为。一方的要约或反要约经过另一方接受，交易即告达成，合同即告订立，合同双方均应承担各自的义务。当买卖双方表示接受时，一般会用"接受""同意""确认"等术语。

① 接受的构成条件。

接受的构成条件有以下两个方面。

a．接受必须是无条件地同意发盘所提出的交易条件，接受内容应该与发盘内容完全一致。如果受盘人对发盘、递盘、还盘的内容做了修改、添加或限制，则就构成还盘。但并不是所有的更改都构成还盘。《公约》中解释，只有实质性变更才能构成还盘，否则可视作有条件的接受。

《公约》第十九条规定：实质性变更包括货物价格、付款、货物质量、数量、交货时间、地点、双方赔偿责任范围、争端解决条件；非实质性变更包括单据的份数和单据的种类。如果发盘人不表示反对，则视为有效接受。交易条件以变更后的条件为准。

b．接受必须在有效期内送达受盘人。如果发盘明确规定了具体的有效期限，则受盘人只有在此期限内表示接受才有效。如果受盘人用信件或电报方式通知接受，则由于接受通知不能立即送达发盘人，因此会有一个接受通知何时生效的问题。对此，国际上不同法系的法律规定不同。

《公约》规定到达生效，发盘有效期内接受未到达，则该接受无效。

② 逾期接受。

如果接受晚于有效期或合理时间才送达发盘人，则该项接受便称为逾期接受或迟到的接受。逾期接受对发盘人无约束力，实际上是新的发盘。《公约》规定，以下两种情形下的接受仍然有效。

a．如果发盘人毫无延迟地用口头或书面形式将发盘意见通知受盘人，则逾期接受仍然有效。

b．如果可以证明载有逾期接受的信件或其他书面文件是在传递正常、能及时送达发盘人的情况下寄发的，则该项逾期接受具有接受力（即逾期接受是由于传递不正常情况造成的延误）。

由此可见，当发生逾期接受时，合同可否成立主要取决于发盘人。因此，在遭遇逾期接受时，发盘人及时通知受盘人并明确其态度是十分必要的。

《公约》还规定，若接受期限的最后一天是发盘人所在地的正式假日或非营业日，而使对方的接受不能送达发盘人的情况，只要证明上述情况属实，则该项接受的最后期限应顺延至下一个营业日。所以在计算接受期限时，正式假日或非营业日应计算在内。

c．接受的撤回问题。《公约》规定，接受是可以撤回的，只要撤回通知先于接受通知或与接受通知同时到达发盘人即可。《公约》的规定与大陆法系的规定相同。而英美法系则认为，接受通知一旦发出就立即生效，合同成立；撤销已生效的接受，无异于撤销一份合同，即构成毁约行为。

▶▶ 1.3.3　合同的签订和履行

1．合同的签订

在实际交易磋商过程中，一方发盘经另一方接受后签订买卖合同，交易即告成立，买卖双方就构成合同关系。合同不仅是买卖双方履约的依据，还是处理交易争议的主要依据。跨境电子商务合同须经当事人的数字签名及第三方权威认证机构的认证，才能实现合同当事人的签字功能。

国际上越来越多的跨境电子商务企业采用 E-mail 的方式来签订商务合同。目前制作此类合同主要有 3 种方法：一是直接使用邮件正文文本作为合同；二是采用附件发送的 Word、Excel 等电子文档作为合同；三是先由一方发送 Word、Excel 等电子文档，另一方接收后用打印机打出、签字盖章，然后使用扫描仪扫描成 PDF 或图片格式，最后通过 E-mail（或传真）回传第一方。从规范化、安全性的角度考虑，更多的跨境电子商务企业会选择第 3 种方法签订商务合同。

除上述用 E-mail 电邮合同的方式外，在现阶段，传统的书面贸易合同形式依然广泛存在于国际贸易中，且占有主要地位。在国际上，对书面合同的形式没有具体的限制，买卖双方可以采用正式的合同、确认书、协议，也可以采用订单等形式。

（1）合同

合同（Contract）的特点在于内容比较全面，对买卖双方的权利、义务及发生争议后的处理方式均有比较详细的规定。一般在大宗、复杂、贵重或成交额较大的商品交易中会采用合同的形式。合同若由卖方制作则称为销售合同（Sales Contract），若由买方制作则称为购货合同（Purchase Contract）。

（2）确认书

确认书（Confirmation）属于一种简式合同，适用于小批量业务、金额较小但批次较多的交易，或者已订有代理、包销等长期贸易协议的交易。

与合同相比，确认书往往不列出或不完全列出基本贸易条款，只列出一般贸易条款。

（3）协议

协议（Agreement）或协议书在法律上与合同具有同等的含义。若买卖双方所商洽的交易较为复杂，经过谈判后只商定了一部分条件，其他条件有待进一步协商，则买卖双方可先签订一个初步协议或原则性协议，把双方已商定的交易条件确定下来，其余条件留待日后另行洽谈。

（4）订单

订单（Order）是指由进口商或实际买方拟制的货物订购单。在买卖双方达成交易后，国外买方通常会寄来一份拟制的订单，以便卖方据此履行交货和交单等合同义务；有的国外买方还会寄来一式两份的订单，要求卖方签署后返回一份。这种磋商成交后寄来的订单，实际上是国外买方的购货合同或购货确认书。

合同的条款是构成跨境电子商务合同的主要内容。买卖双方对每个交易条件进行洽谈，意见达成一致后，将交易条件明确无误地写入合同中，就是交易条款。这些交易条款的内容涉及货名、规格、数量、包装、价格、装运期、支付条件、保险条款、检验检疫、争议与索赔、不可抗力和仲裁等。

2. 合同的生效条件

我国《民法典》（第三编：合同）第四百七十一条规定：当事人订立合同，可以采取要约、承诺方式或者其他方式。

《中华人民共和国合同法》规定：当事人订立合同，有书面形式、口头形式和其他形式。口头合同也叫口头协议，是指双方当事人以谈话、电话等口头形式对合同内容达成一致的协议，其优点是节省时间、方便且快捷，但口头合同无任何书面或其他有形载体来表现其内容，因而对买卖双方的利益均无保障，一旦发生争议就很被动。跨境电子商务合同作为书面合同的一种，其载体是信息系统，为确保经买卖双方确认的电子信息内容不被编辑，往往要求增加合同当事人的亲笔签名，即电子签名，但目前这方面的要求在技术上还有难度，各个国家对此还有争议。

3. 合同的生效时间

《民法典》（第三编：合同）第四百七十四条规定：要约生效的时间适用本法第一百三十七条的规定。

《民法典》（第三编：合同）第四百九十一条规定：当事人采用信件、数据电文等形式订立合同要求签订确认书的，签订确认书时合同成立。

当事人一方通过互联网等信息网络发布的商品或者服务信息符合要约条件的，对方选择该商品或者服务并提交订单成功时合同成立，但是当事人另有约定的除外。

4. 合同的生效地点

《民法典》（第三编：合同）第四百九十二条规定：承诺生效的地点为合同成立的地点。采用数据电文形式订立合同的，收件人的主营业地为合同成立的地点；没有主营业地的，其住所地为合同成立的地点。当事人另有约定的，按照其约定。

5. 合同的履行

跨境电子商务合同的履行主要是指在跨境电子商务合同商订后，买卖双方所做的促使整个交易顺利完成的所有工作。跨境电子商务合同的履行和网上交易磋商一样，属于整个跨境电子商务业务流程中的主要部分。其中，履行跨境电子商务出口合同的程序主要包括货（备货）、证（催证、审证、改证）、船（订舱）、款（制单结汇）4 个密不可分的环节。目前，跨境电子商务出口合同的履行主要按照跨境电子商务合同及第三方平台的规则，具体流程主要包括买方付款、卖方发货、检验监管、平台报关、物流配送和信息跟踪。

（1）买方付款

合同订立后，买方应在规定的时间期限内及时付款，以便卖方及时发货。买方可以选用合同订立时规定的付款方式付款，还可以根据第三方平台的规则，选择常用的付款方式付款，如各种信用卡支付、银行转账或第三方支付。第三方支付是随着互联网发展而兴起的、区别于传统支付方式的新型支付方式，第三方支付主要由独立的第三方机构通过与银行的合作，提供交易支付平台。第三方支付是买方在订购好商品后，先将货款打到交易支付平台的账户中，等买方收到货物并验货合格后，再通知第三方支付平台将货款付给卖方的方式。目前，因第三方支付的方式既满足了买卖双方对便捷性和低费率的要求，又大大简化了小额出口业务的收款环节，所以是跨境电子商务小额交易的主流支付方式。

（2）卖方发货

一般情况下，卖方在备好货物的前提下会选择合同中规定的物流模式将货物送达买方；如果合同中没有对物流模式进行规定，那么卖方会根据买方的要求、自身的商业习惯或规则选取具体的物流模式。

在第三方平台的交易模式下，卖方需要根据第三方平台针对特定商品设置的运费模板进行物流配送。以中国保税仓发货模式为例，中国卖方从国外大批量订购商品，邮寄到中国海关的保税仓，等买方下单后，将货物从保税仓直接发出，在货物有问题的情况下还可以退换。这种模式大大缩短了物流时间和成本，使售后也有了保障，极大地方便了有海外购物需求的买方。

在大宗商品交易 B2B 模式下，卖方会选择等同于传统国际贸易的发货方式。在支付方式已经落实、货物已经备妥后，卖方就要根据合同规定的运输方式（海运、空运或国际多式联运）履行交货义务，具体是办理货物托运及发送装运通知等的工作。

（3）检验监管

检验检疫机构在货物进入海关监管仓库前会实施检验监管。虽然各个地区的地方政府对跨境商品的报检手续因政策不同而有所不同，但大体流程是基本一致的，主要包括以下几个方面。

① 备案审核。

首先，从事跨境电子商务的企业需要在检验检疫机构办理备案手续并做好备案审核。备案主要指从事跨境电子商务的企业在跨境电子商务平台进行登记，向检验检疫机构提供企业及其产品的信息。企业信息主要包括企业基本信息、与企业经营范围相对应的资质证明文件，以及进出口企业质量诚信经营承诺书（包括对进出口商品的质量保证、不合格商品的召回承诺等）。产品信息主要包括品牌、HS 编码、规格型号、原产国别、供应商名称等。此外，从事跨境电子商务的企业还需要根据不同的商品风险等级，提交商品符合性声明、质量检测报告、质量安全评估报告等。

② 检验检疫。

为有效控制产品的质量安全风险，从事跨境电子商务的企业在做好备案审核工作后，需要由法定检验检疫机构或第三方检验检疫机构来对产品的质量安全进行合格评定。凡属法定检验检疫的出口货物，必须根据国家有关进出口商品检验检疫方面的法规，在规定的时间和地点向检验检疫机构报检。检验检疫合格后，由检验检疫机构颁发检验检疫合格证书，海关才予以放行，否则不得放行。

需要说明的是，大多数以邮政包裹方式运送的跨境电子商务产品，可以不用提供检验检疫合格证书。因为食品大多通过邮政包裹的方式运送，而非传统的集装箱方式，所以很难提供单个包裹的检验检疫合格证书。为了避免买方索赔，卖方应当严格按照平台可售的商品类目选品，在平台上详细告知买方产品的基本信息。对于食品类产品，其基本信息应包括产品名称、品牌、配方或配料表、是否是转基因产品、原产国、产品适用的生产标准国别、贮存条件、使用方法等，在产品的外包装上还应附有可查证产品基本信息的中文标识和标签，还可以在包裹中放置一份打印法人产品的英文说明标签，让国外买方在收到包裹后能够了解该产品的保质期和储存条件等情况。

（4）平台报关

与传统外贸不同，从事跨境电子商务的企业向海关申办报关业务主要是通过电子商务通关服务平台与海关互联网对接的形式来进行的。具体有以下几个步骤。

① 企业向海关办理注册登记手续。

② 平台数据对接。在进行报关申报前，需要相关企业（包括电子商务企业或个人、支付企业及物流企业）通过电子商务平台提交订单、支付和物流等信息，之后再将以上信息通过电子商务通关服务平台与海关互联网对接，也可以由海关人员用电子仓储管理系统将信息通过电子商务通关服务平台与海关互联网对接。

③ 申报。我国海关对跨境电子商务进出境申报的时间进行了规定。出口申报时间为货物运抵海关监管场所后，装货 24 小时前。企业和个人在向海关进行申请的同时，应分别按照一般进出口货物和进出境邮递物品有关规定办理征免税手续。

（5）物流配送和信息跟踪

进出境货物或物品在办理完进出境申报、单证审核、货物查验和关税征免等手续后，即可被海关准予放行。发货人将与当地的物流配合将商品配送到收货人手中，收货人可以通过电子交易平台查询物流跟踪信息。当商品到达收货人手中并完成签收后，整个物流配送过程才算结束。

对于小额跨境电子商务 B2C 模式的出口业务来说，如果采用海外仓运营的方式，那么就可以简化合同履约、物流配送等环节。

以亚马逊海外仓配送模式下的出口履约环节为例。

① 卖方根据自己对产品销量、淡旺季的判断，向海外仓发送库存。

② 买方在平台下单后，海外仓会自行发货。

③ 等海外仓成功发货后收汇。

④ 后期根据海外仓库存来补充库存。

⑤ 售后的退换货一般由海外仓工作人员完成。

1.4　我国跨境电子商务法律法规与监管制度

▶▶ 1.4.1　我国跨境电子商务法律法规

1. 促进跨境电子商务发展的最新相关政策法规

2020 年跨境电子商务成为推动传统外贸转型升级和打造新经济增长点的重要突破口，我国相关政策也在不断加持跨境电子商务的发展。2020 年从国务院到相关各部委均出台或表态支持跨境电子商务的发展，从跨境零售进口试点及跨境电子商务综试区的新增，到跨境 B2B 出口监管试点的新增等，跨境电子商务政策不仅覆盖进出口市场，还覆盖零售和批发模式，相关政策的发布对跨境电子商务的发展起了重要的推动作用。

① 2020 年 1 月 17 日，商务部、发展改革委、财政部、海关总署、税务总局、市场监管总局联合印发《关于扩大跨境电商零售进口试点的通知》，进一步扩大跨境电子商务零售进口试点范围，本次扩大试点后，跨境电子商务零售进口试点范围将从 37 个城市扩大至海南全岛和其他 86 个城市（地区），覆盖 31 个省、自治区和直辖市。

扩大跨境电子商务试点有利于扩大进口，有利于降低进口综合交易成本，也有利于普通老百姓更加方便地购买自己所需要的商品，从而提升生活水平。此次试点地区选择的主要因素有：一是统筹考虑自贸试验区发展需要，将符合海关监管条件的自由贸易试验区所在地区纳入试点；二是积极支持跨境电子商务综合试验区发展，将新设立的跨境电子商务综合试验区所在城市纳入试点；三是积极发挥跨境电子商务扩大消费、支持相关地区开放发展作用，将符合海关监管条件的国家级贫困县所在城市纳入试点。

② 2020 年 5 月 6 日，国务院发布《关于同意在雄安新区等 46 个城市和地区设立跨境电子商务综合试验区的批复》，同意在雄安新区、大同市、满洲里市、营口市、盘锦市、吉林市、黑河市、常州市、连云港市等 46 个城市和地区设立跨境电子商务综合试验区。

2020 年跨境电子商务继续被寄予厚望，从第 4 批跨境电子商务综合试验区获批到增设第 5 批跨境电子商务综合试验区的时间间隔只有 3 个多月，这足以看出国家对跨境电子商务的重视程度。至此，全国 105 个跨境电子商务综合试验区已全面向全国复制推广，各地普惠。相关政策的加码不仅将带动中国跨境电子商务的快速发展，还将提升试点城市整体的创新活力，加大当地政府招商引资的资本。

当前，消费需求得到持续的释放，消费者不再满足于本土品牌，开始逐步看向世界舞台，进口消费走向常态化。2020 年，国人的跨境出行受到限制，线下消费也有局限，这给进口跨境电子商务带来了机会，催化了进口跨境电子商务的发展。

③ 2020 年 5 月 20 日，国家外汇管理局发布《国家外汇管理局关于支持贸易新业态发展的通知》，从事跨境电子商务的企业可将出口货物在境外发生的仓储、物流、税收等费用与出口货款轧差结算。从事跨境电子商务的企业出口至海外仓销售的货物，汇回的实际销售收入可与相应货物的出口报关金额不一致。从事跨境电子商务的企业按现行货物贸易外汇管理规定报送外汇业务报告。

《国家外汇管理局关于支持贸易新业态发展的通知》优化了贸易新业态外汇结算模式，扩大了账户收支范围，推动了更多业务网上办理，在降低市场主体综合成本的同时，提升了跨境结算效率。在放宽外汇管理方面：一是便利跨境电子商务出口业务资金结算，从事跨境电子商务的企业可将境外仓储、物流、税收等费用与出口货款轧差结算；二是优化跨境电子商务相关税费的跨境代垫，从事跨境电子商务的企业可为消费者跨境代垫相关的仓储、物流、税费等；三是满足个人对外贸易结算需求，个人可通过外汇账户办理跨境电子商务和市场采购贸易项下的外汇结算。

④ 2020 年 11 月 15 日，《区域全面经济伙伴关系协定》（RCEP）正式签署。RCEP 的第十二章，详细列出了电子商务的具体条款。RCEP 的第十二章、第四节包括计算设施的位置和通过电子方式跨境传输信息两条内容。通过电子方式跨境传输信息的内容指出：一是缔约方认识到每一缔约方对于通过电子方式传输信息可能有各自的监管要求，二是一缔约方不得阻止涵盖的人为进行商业行为而通过电子方式跨境传输信息等。

RCEP 会给目前中国如火如荼的跨境电子商务行业带来巨大的发展机会。例如，海外仓的建立、东南亚市场的建立、国际人才的招聘和未来的外贸跨境行业都会有质的飞跃。目前，跨境电子商务进口发展也非常火爆，RCEP 的签署，使进口商品的交易成本大幅度下降，特别是跨境电子商务进口企业的发展，可以让消费者买到更低廉的优质海外商品。

2. 跨境电子商务贸易、商务、运输相关的法律法规

（1）规范贸易主体、贸易规范、贸易监管的一般性法律

跨境电子商务的参与者大多具有贸易主体的地位，跨境电子商务 B2B 模式仍然适用于货物贸易的情形。为规范跨境电子商务贸易合同，国家提出了一系列指导政策。跨境电子商务合同除有电子合同的性质外，还具有贸易合同的性质。当前，国际上比较重要的公约是《联合国国际货物销售合同公约》，该《公约》实际规范的是一般贸易形态内商业主体之间的、非个人使用的、非消费行为的货物销售合同的订立。该《公约》具体规范了合同订立行为、货物销售、卖方义务、货物相符（含货物检验行为等）、买方义务、卖方补救措施、风险转移、救济措施等。同时，跨境电子商务合同也需要参照《民法典》进行规范。

（2）跨境电子商务商品质量和消费者权益方面的法律法规

在法律实践中，跨境电子商务常常面临商品质量的责任和纠纷问题；在贸易过程中，商

品质量问题和责任需要通过法律进行规范,消费者权益需要通过法律进行保护。我国相继出台了《中华人民共和国对外贸易法》《中华人民共和国产品质量法》《中华人民共和国消费者权益保护法》等法律法规,对生产者、销售者的责任进行了梳理,对欺诈、侵权消费者的行为进行了规制。

（3）跨境电子商务运输方面的法律法规

跨境电子商务交易活动后期会涉及较多的跨境物流和运输问题,会涉及海洋运输、航空运输方面的法律问题。跨境电子商务运输主要参照《中华人民共和国海商法》《中华人民共和国民用航空法》《中华人民共和国国际货物运输代理业管理规定实施细则（试行）》。这些法律法规对承运人的责任、交货提货、保险等事项做出了具体规定,同时对交易中的货物运输代理行为做了规范,厘清了代理人作为承运人的责任。这部分的法律规范还需要与《民法典》进行参照,解决代理合同当中委托人、代理人、第三人之间的责任划分问题。

3. 知识产权相关的法律法规

跨境电子商务在跨越国界的虚拟空间进行交易的过程中难免会涉及对知识产权维权及平台合规审查的难题,随着跨境电子商务出口业务在全球贸易中比重的增加,各国及各大电子商务平台之间的竞争也愈发激烈,保护知识产权成为备受关注的问题。

跨境电子商务交易的商品需要遵守专利权、商标权、著作权等与知识产权有关的规范。跨境电子商务作为利用电子数据处理技术及贸易活动的电子商务运作模式,其核心是数据信息,而这些数据信息的内容大多数是一连串的文字、图形、声音、影像、计算机程序等,这些内容都涉及专利权、商标权、著作权等不同种类的知识产权。

WTO 对电子商务知识产权的保护规定主要体现在 1995 年的《与贸易有关的知识产权协定》（TRIPs）之中。我国相继出台了《中华人民共和国专利法》《中华人民共和国商标法》《中华人民共和国著作权法》,也已经成为《保护工业产权巴黎公约》的成员及《商标国际注册马德里协定》的同盟方。在加入 WTO 之后,我国也受到了《与贸易有关的知识产权协定》的约束,这些法律及国际公约详细规定了知识产权的性质实施程序和争议解决机制。

▶▶ 1.4.2 我国跨境电子商务监管制度

1. 我国跨境电子商务的海关监管政策法规

近年来,海关总署已经通过出台多项举措以保证跨境电子商务的快速发展。海关总署针对跨境电子商务零售进出口,在建立适合跨境电子商务发展管理制度、监管模式和信息化系统建设等方面进行了有益的尝试,探索出一系列新理念、新模式和新手段。其内容概括起来是:"一个理念、两个平台、三大对比、四种模式、五大举措",即始终坚持一个包容、审慎、创新、协同的理念;连通海关监管平台与跨境电子商务企业平台两个平台;实现交易、支付、物流三方数据与申报信息三单比对;试点网购保税进口、直购进口、一般出口、特殊监管区域出口四种模式;实施正面清单管理,征收跨境电子商务税,实施清单申报,创新退货监管,实现申报信息和扫描特效同屏比对五大措施，以确保有效监管。

自跨境电子商务发展以来，我国出台了《中华人民共和国海关法》，并通过了《中华人民共和国海关企业分类管理办法》和《中华人民共和国海关行政处罚实施条例》。《中华人民共和国海关法》包括海关的监管职责和对进出境运输工具、货物、物品的查验及关税等内容；《中华人民共和国海关企业分类管理办法》对海关管理企业实行分类管理，对信用较高的企业采用便利通关措施，对信用较低的企业则采取更严密的监管措施。同时，通关环节也加强了对知识产权的海关保护，我国出台了《中华人民共和国知识产权海关保护条例》及其实施办法。我国针对目前空运快件、个人物品邮件增多的情况，出台了一些专门的管理办法，如《中华人民共和国海关对进出境快件监管办法》和《关于调整进出境个人邮递物品管理措施有关事宜》的公告等。

为加快跨境电子商务商品的通关速度，海关总署为跨境电子商务量身打造了涵盖企业备案、申报、征税、查验、放行等各个环节的无纸化流程，实现了通关手续的"前推后移"。自2014年起，海关总署出台了一系列利与跨境电子商务发展的政策，如2016年公布的海关总署公告2016年第26号《关于跨境电子商务零售进出口商品有关监管事宜的公告》，确认了不同参与者向海关发送相关数据的义务。在跨境电子商务B2C模式进口报关前，跨境电子商务平台公司、金融机构、物流公司应当通过海关总署开发的跨境电子商务进口同一班系统，分别向海关发送交易、支付和物流的三单电子数据，以便海关提前对商品名称、价格、运费、购买人实名信息等数据进行比对。2020年3月28日公布的海关总署公告2020年第45号《关于跨境电子商务零售进口商品退货有关监管事宜的公告》，确认了跨境电子商务出口企业、特殊区域内跨境电子商务相关企业或其委托的报关企业可向海关申请开展跨境电子商务零售出口、跨境电子商务特殊区域出口、跨境电子商务出口海外仓商品的退货业务。该公告对跨境电子商务零售进口商品退货监管进行了进一步优化，该公告包括延长15天退货操作时间、明确退货场地等，更加符合实际退货业务的同时，使消费者退货更加便利。

2020年6月12日，海关总署发布《关于开展跨境电子商务企业对企业出口监管试点的公告》，自2020年7月1日起，跨境电子商务B2B模式出口货物适用全国通关一体化，也可采用跨境电子商务模式进行转关。首先在北京、天津、南京、杭州、宁波、厦门、郑州、广州、深圳、黄埔海关开展跨境电子商务B2B模式出口监管试点，根据试点情况及时在全国海关复制推广，有利于推动跨境电子商务企业扩大出口，促进跨境电子商务的发展。

政府的政策推动对跨境电子商务的发展非常重要，但是在以往的政策推动过程中，政策更多集中在零售进出口跨境电子商务领域，跨境电子商务B2B模式政策的红利较少。新政策背后表达的市场趋势是未来中国传统外贸企业转型跨境电子商务企业的趋势，对于更多传统外贸企业转型跨境电子商务企业，跨境电子商务B2B模式是未来的真正主流模式，跨境电子商务B2B模式的出口数据也会越来越大。

海关总署推出9710、9810两种通关方式，展开跨境电子商务B2B模式出口监管试点，其中9710适用于像阿里国际站等业务场景，9810则适用于像亚马逊FBA等业务场景。海关总署之前推出的9610和1210通关方式针对的是跨境在线零售，而9710和9810的通关方式针对的则是跨境小额贸易，这反映了国家对跨境电子商务的理解更加深入和完善，想进一步丰富跨境电子商务新业态，以及加快跨境电子商务 B2B 模式监管改革试点促进外贸出口的决心。跨境电子商务 B2B 模式将在稳定外贸方面发挥更加重要的作用。

2. 我国跨境电子商务的税收监管政策法规

（1）进口税收政策

近年来跨境电子商务呈暴发式增长态势，我国随即出台了一系列支持和规范跨境电子商务的政策。2012 年，我国开放了第一批进口跨境电子商务试点城市；2013 年，我国出台了支持跨境电子商务出口的政策；2014 年，进口跨境电子商务开始合法化，并有明确的税收政策；2015 年，我国规范了进口税收政策并降低了部分进口商品的关税；2016 年，我国对进口跨境电子商务零售产品实行了新的税制政策——《关于跨境电子商务零售进口税收政策的通知》（简称"四八新政"）。

从税收政策的演变来看，跨境电子商务征税先由行邮税改征综合税，后增值税、消费税的税率一降再降。

行邮税改征综合税：2016 年 4 月以前，跨境电子商务按照邮递货物征收行邮税。2016 年 3 月 24 日，财政部发布《关于跨境电子商务零售进口税收政策的通知》，明确自 2016 年 4 月 8 日起，跨境电子商务零售进口商品按照货物征收关税和进口环节增值税、消费税。在限额值（单次 2000 元，年度 20000 元）以内的跨境电子商务零售进口商品，关税税率暂设为 0%，进口环节增值税、消费税取消免征税额，暂按法定应纳税额的 70% 征收。

2016 年 9 月 30 日，财政部发布《关于调整化妆品消费税政策的通知》，明确自 2016 年 10 月 1 日起：①将征收范围调整为高档化妆品，普通化妆品免征消费税；②将进口环节消费税税率由 30% 下调为 15%。2018 年 4 月 4 日，财政部发布《关于调整增值税税率的通知》，自 2018 年 5 月 1 日起，将原适用 17% 和 11% 增值税税率的商品，税率分别调整为 16%、10%。2019 年 3 月 20 日，财政部发布《关于深化增值税改革有关政策的公告》，自 2019 年 4 月 1 日起，将原适用 16%、10% 增值税税率的商品，税率分别调整为 13%、9%。

多次调整个人物品行邮税税率：2016 年 4 月以前，行邮税税率分为 4 档，对应税率分别为 10%、20%、30%、50%；2016 年 4 月 8 日，财政部调整行邮税税率，将行邮税税率由 4 档调整为 3 档，分别为 15%、30%、60%，其中高档消费品的税率为 60%；2018 年 11 月 1 日起，3 档行邮税税率调整为 15%、25%、50%；2019 年 4 月 9 日，行邮税税率进一步下调为 13%、20%、50%，第 3 档税率 50% 维持不变。

2018 年财政部、海关总署、国家税务总局发布《关于完善跨境电子商务零售进口税收政策的通知》（下称《通知》），宣布自 2019 年 1 月 1 日起，提高享受税收优惠政策的商品限额上限，将跨境电子商务零售进口商品的单次交易限值由 2000 元提高至 5000 元，年度交易限值由 20000 元提高至 26000 元。按照现行规定，限值以内的跨境电子商务零售进口商品，关税税率暂设为 0%；进口环节增值税、消费税取消免征税额，暂按法定应纳税额的 70% 征收，这意味着提升了享受这些税收优惠政策的商品限额上限。

《通知》同时明确，当完税价格超过 5000 元单次交易限值但低于 26000 元年度交易限值，且订单下仅一件商品时，可以自跨境电子商务零售渠道进口，按照货物税率全额征收关税和进口环节增值税、消费税，交易额计入年度交易总额，但年度交易总额超过年度交易限值的，应按一般贸易管理。

另外，《通知》还明确已经购买的跨境电子商务零售进口商品属于消费者个人使用的最终商品，不得进入国内市场再次销售；原则上不允许网购保税进口商品在海关特殊监管区域外开展"网购保税+线下自提"模式。

2019 年 12 月财政部等 13 部门联合发布《关于调整扩大跨境电子商务零售进口商品清单的公告》。公告指出，为落实国务院关于调整扩大跨境电子商务零售进口商品清单的要求，促进跨境电子商务零售进口的健康发展，现将《跨境电子商务零售进口商品清单（2019 年版）》（下称 2019 年版《清单》）予以公布，自 2020 年 1 月 1 日起实施。2019 年版《清单》纳入了部分近年来消费需求比较旺盛的商品，增加了冷冻水产品、酒类等 92 个税目商品。同时，对清单备注和尾注中的监管要求进行了规范。此次调整顺应商品消费升级趋势，有利于促进跨境电子商务新业态的健康发展，有利于增加国外优质消费品的进口。

（2）出口税收政策

2020 年 8 月 13 日，海关总署发布《关于扩大跨境电子商务企业对企业出口监管试点范围的公告》（海关总署公告 2020 年第 92 号，以下简称"92 号公告"），规定自 2020 年 9 月 1 日起，在现有试点海关基础上，增加上海、福州、青岛、济南、武汉、长沙、拱北、湛江、南宁、重庆、成都、西安 12 个直属海关，开展跨境电子商务企业对企业出口监管试点，进一步促进跨境电子商务健康、快速发展。此前海关总署已开放 10 个海关作为第一批监管试点，分别为：北京、天津、南京、杭州、宁波、厦门、郑州、广州、深圳、黄埔，加之"92 号公告"增设的 12 个海关，目前的试点有 22 个海关。

在跨境电子商务兴起之初，海关监管代码主要是聚焦跨境电子商务进口方向的 1210 和 9610。其中，1210（全称保税跨境贸易电子商务）为保税仓模式。例如，消费者通过跨境电子商务平台购买法国葡萄酒，该葡萄酒前期已批量入驻国内某保税区，商家在收到消费者订单后，由国内保税区发货，邮寄给消费者。9610（全称跨境贸易电子商务）则可以理解为海淘直邮的网购模式，即消费者在跨境电子商务平台下单后，葡萄酒由原产地法国直邮入境。

2020 年初，为加快跨境电子商务新业态发展，海关总署发布《关于开展跨境电子商务企业对企业出口监管试点的公告》（海关总署公告 2020 年第 75 号，以下简称"75 号公告"），增列 9710（全称跨境电子商务企业对企业直接出口）和 9810（全称跨境电子商务出口海外仓）两个代码，主要聚焦跨境电子商务出口方向。其中，9710 是典型的 B2B 模式，境外消费者由原来的个人消费者变为企业，极大地扩大了交易规模；9810 则是设立在境外的出口保税仓模式。

在新增的两种模式下，跨境电子商务出口企业须重点关注出口目标国家的海关监管要求。以 9810 模式为例，出口目标国家海关可能对境外保税仓内仓库所占面积的大小，是租赁还是购买有不同的监管要求。再如在 9710 模式下，将国内商品出口到目标国家后，出口目标国家海关对能否或如何粘贴当地国家语言说明书，大包装产品能否拆分为小包装等问题有不同要求，都需要予以关注。

在税务管理方面按照现行税收政策体系的规定，纳税人须在销售实现、财务上按规定确认收入后，方能享受出口退（免）税优惠。但在新增的 9810 模式下，跨境电子商务企业将出口货物报关离境并送达海外仓后，货物仍处在尚未销售的状态，无法申请出口退（免）税。

此外，跨境电子商务出口企业还须关注外汇管理。根据《国家外汇管理局关于支持贸易新业态发展的通知》（汇发〔2020〕11 号）规定：从事跨境电子商务的企业可将出口货物在境外发生的仓储、物流、税收等费用与出口货款轧差结算，并按规定办理实际收付数据和还原数据申报。跨境电子商务企业出口至海外仓销售的货物，汇回的实际销售收入可与相应货物的出口报关金额不一致。

3. 我国跨境电子商务的金融监管政策法规

（1）跨境电子商务的支付结算相关政策法规

我国没有制定统一的（涉外）电子商务法规，现有的相关法律法规文件，主要有《中华人民共和国合同法》《中华人民共和国涉外民事关系法律适用法》《互联网信息服务管理办法》《关于网上交易的指导意见（暂行）》《网络商品交易及有关服务行为管理暂行办法》及《第三方电子商务交易平台服务规范》等。

近年来，我国出台的有关跨境电子商务支付结算政策法规主要有《跨境贸易人民币结算试点管理办法》《非金融机构支付服务管理办法》《跨境贸易人民币结算试点管理办法》《支付机构客户备付金存管办法》《支付机构跨境电子商务外汇支付业务试点指导意见》《关于加强商业银行与第三方支付机构合作业务管理的通知》等。

（2）第三方支付行业的金融法规

央行早在 2010 年 6 月就出台了第三方支付管理办法，2011 年 5 月，支付宝等 27 家企业获得支付牌照，解决了第三方支付的法律障碍，这是监管部门首次推出的和第三方支付相关的政策，它对第三方支付企业提出了更高的要求。第三方支付最大的成就还在于推动了互联网应用的走向，改变了人们支付结算的方式。

目前，国内第三方支付企业主要通过与境外机构合作开展跨境网上支付服务，包括购汇支付和收汇支付两种模式。其中，购汇支付是指第三方支付企业为境内持卡人的境外网上消费提供人民币支付、外币结算的服务；收汇支付是指第三方支付企业为境内外企业在境外的外币支付收入提供的人民币结算支付服务。根据《非金融机构支付服务管理办法》的相关规定，其中的货币兑换和付款流程由其托管银行完成。

跨境支付的巨大市场在近些年来吸引了众多的海内外参与者。众多的海内外参与者大体可以划分为 3 种类型：一类是 PayPal、Payoneer、WorldFirst 等国际支付机构，一类是 PingPong、iPayLinks、Skyee 等国内无牌收款企业，还有一类是联动优势、连连支付、汇付天下等 30 家获得跨境支付牌照的国内支付机构。

本章小结

本章分 4 节来阐述与探讨跨境电子商务问题。1.1 节是认识跨境电子商务，包括跨境电子商务的概念、跨境电子商务与国内电子商务的区别；1.2 节是跨境电子商务与传统外贸，包括跨境电子商务与传统外贸模式、跨境电子商务给传统外贸带来的机遇；1.3 节是跨境电子商务交易流程，包括跨境电子商务市场调研与客户开发、网上交易磋商，以及合同的签订和履行；1.4 节是我国跨境电子商务法律法规与监管制度，包括我国跨境电子商务法律法规和我国跨境电子商务监管制度。

拓展实训

认知跨境电子商务平台

【实训目的】

了解不同的跨境电子商务平台，能够正确区分跨境电子商务平台的不同类型，掌握平台特点，为更好地开展跨境电子商务打下坚实的基础。

【实训内容】

根据跨境电子商务的不同模式，选取各模式下的典型平台（网站），浏览平台，了解其特点，并归纳总结其优劣势。

【实训步骤】

（1）打开搜索引擎，逐一输入代表跨境电子商务类型的词语，如"B2B 跨境电子商务"，根据搜索结果选出代表性平台。

（2）进入平台，浏览平台。

（3）了解平台特色，并总结不同跨境电子商务平台的优势及劣势。

课后习题

1. 什么是跨境电子商务？它和电子商务、传统外贸有何区别？
2. 跨境电子商务按交易主体应如何分类？
3. 根据跨境电子商务的发展趋势，讨论 2020 年跨境电子商务对我国中小外贸企业带来的机遇和挑战。
4. 海关的"一个理念、两个平台、三大对比、四种模式、五大举措"指的是什么？
5. 现行的跨境电子商务税收法律制度有哪些？

第2章
跨境电子商务第三方平台

章节目标

1. 了解各个平台的特征。
2. 熟悉各个平台的特点和规则。
3. 理解各个平台的优劣势。

学习重点、难点

学习重点：能够在各个跨境电子商务第三方平台完成账号注册。
学习难点：掌握各个跨境电子商务第三方平台的规则。

引例

　　跨境电子商务在相关政策的大力扶持下在国内飞速发展，许多跨境电子商务第三方平台应运而生并蓬勃发展。跨境电子商务行业中的各大平台都有自己的特点、平台规则及用户群体，因此，选择适合自己行业、产品、销售计划的电子商务平台显得尤为重要。目前，在中国，主流的跨境电子商务第三方平台有阿里巴巴国际站、亚马逊、敦煌网、eBay、Wish 等。

2.1 跨境电子商务第三方平台的定义与类型

▶▶ 2.1.1 跨境电子商务第三方平台的定义

跨境电子商务平台模式主要有两种，一是自建跨境电子商务平台；二是入驻跨境电子商务第三方平台。目前，自建跨境电子商务平台的企业规模已达到 5000 多家，利用第三方平台开展业务的企业已超过 20 万家。所以现在的主流跨境电子商务平台模式还是入驻跨境电子商务第三方平台。

跨境电子商务第三方平台即电子商务销售平台，是外贸企业展示商品和进行交易的平台。其买卖双方中一方是国内外贸企业，另一方则是海外消费者。第三方平台是为外贸企业自主交易提供信息流、资金流和物流服务的中间平台，第三方平台不直接参与物流、支付等中间交易环节，其盈利方式是在交易价格的基础上增加一定比例的佣金作为收益。

跨境电子商务第三方平台是互联网时代的产物，相比传统外贸方式有着巨大的优势和市场活力，现已成为外贸的新锐力量，也推动着跨境零售出口成为新的外贸交易增长点。

当前跨境出口领域比较有代表性的平台有阿里巴巴国际站、亚马逊、敦煌网、eBay、Wish 等。

▶▶ 2.1.2 跨境电子商务第三方平台的类型

按交互类型，跨境电子商务第三方平台主要分为跨境电子商务 B2B（Business to Business）模式、跨境电子商务 B2C（Business to Customer）模式和跨境电子商务 C2C（Customer to Customer）模式 3 类。

① 跨境电子商务 B2B 模式是不同关境的企业与企业之间的新型电子商务应用模式。B2B 模式是指分属不同关境的企业，通过电子商务平台实现商品交易的各项活动，并通过跨境物流实现商品从商家流向消费者，以及其他相关活动内容的一种新型电子商务应用模式，现已纳入海关一般贸易统计。B2B 模式的主要代表平台：阿里巴巴国际站、敦煌网。

② 跨境电子商务 B2C 模式是指分属不同关境的企业直接面对消费者个人开展在线销售产品或服务，在电子商务平台上实现商品交易的各项活动，并通过跨境物流实现商品从商家流向消费者，以及其他相关活动内容的一种新型电子商务应用模式。B2C 模式的主要代表平台：亚马逊、全球速卖通。

③ 跨境电子商务 C2C 模式是指分属不同关境的商家个人对消费者个人开展在线销售产品或服务，商家个人与消费者个人在电子商务平台上实现各项活动，并通过跨境物流实现商品从商家流向消费者，以及其他相关活动内容的一种新型电子商务应用模式。C2C 模式的主要代表平台：eBay。

2.2　阿里巴巴国际站

▶▶ 2.2.1　阿里巴巴国际站平台简介

阿里巴巴国际站成立于 1999 年，是阿里巴巴集团的第一个业务板块，现已成为全球领先的跨境电子商务 B2B 模式平台。阿里巴巴国际站是帮助中小企业拓展国际贸易的出口营销推广服务平台，通过向海外消费者展示、推广供应商的企业和产品，进而获得贸易商机和订单，是出口企业拓展国际贸易普遍使用的第三方平台之一。

阿里巴巴国际站以数字化格局的技术与产品，重构跨境贸易全链路，精准匹配跨境贸易买卖双方业务需求，为用户提供数字化营销、交易、金融及供应链服务。

阿里巴巴国际站的新外贸操作系统如图 2-1 所示，这也是阿里巴巴国际站赋予商业社会的最新承诺。阿里巴巴国际站通过数字化重构交易履约体系，旨在帮助商家在做跨境贸易时，像做内贸一样简单。阿里巴巴国际站面对全球的消费者和商家群体，构建了一套以数字化"人货场"为内环、数字化交易履约系统为外环、数字化信用体系为纽带的三大全新矩阵布局。

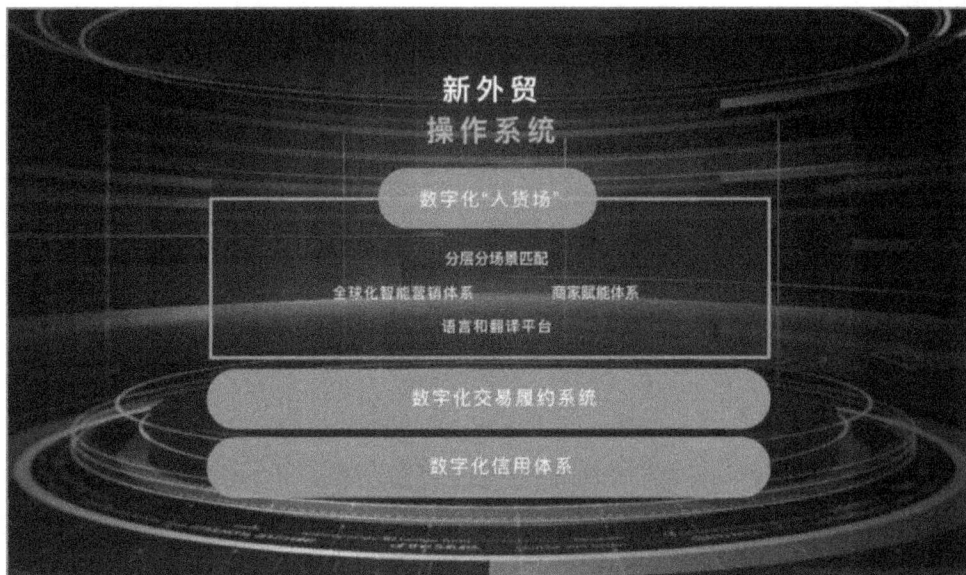

图 2-1　阿里巴巴国际站的新外贸操作系统

▶▶ 2.2.2　阿里巴巴国际站平台规则

1．注册规则

（1）注册前提

用户在申请注册阿里巴巴国际站账号前，应了解、同意并遵守《Free Membership Agreement》等相关协议和规则。

（2）账号仅限自己注册

用户应以其自身名义注册阿里巴巴国际站账号，不得有如下行为：以他人名义注册账号；向他人出租、出借其营业执照等法人单位证明文件用以注册账号；借用、租用他人营业执照用以注册账号；伪造、变造营业执照用以注册账号。

（3）账号信息合法合规

用户账号信息中不得包含违反国家法律法规、涉嫌侵犯他人权利或干扰阿里巴巴国际站正常运营秩序等的相关信息。

（4）账号管理

用户应严格保密并妥善保管账号及密码，并应管理及规范账号操作人的行为。同时用户须定期检查账号的安全性，不断加强对各种钓鱼网站的识别能力，应禁止离职人员继续使用账号并应在离职人员离职后及时变更密码。

（5）账号责任

用户明确同意通过其阿里巴巴国际站账号及密码进行的任何操作均应被视为用户行为，其法律后果由用户自己承担。

（6）服务使用

用户在账号下购买的服务仅限自己使用，不得许可他人使用；用户不得擅自将自己购买的服务全部或部分转让他人。

（7）账号安全

为了保护用户的合法权益，阿里巴巴国际站一旦发现（或有理由怀疑将发生）数据异常或账号行为存在潜在风险，包括但不限于 IP 地址异常、信息泄露、信息被扒取、信息被非法使用等可能危害用户或平台利益的情况，阿里巴巴国际站有权随时对相关用户账号采取各种保护、限制或处罚等措施。

2. 发布规则

（1）合法且不侵权

用户在阿里巴巴国际站发布信息应遵循合法、真实、准确、有效、完整的基本原则，不得包含违反国家法律法规或涉嫌侵犯他人知识产权等合法权益的相关内容。基本原则详见《阿里巴巴国际站禁限售规则》《阿里巴巴国际站知识产权规则》《不当使用他人信息处理规则》。

（2）合规

用户发布信息应符合电子商务英文网站的一般规范及要求，不得有滥发、类目错放、重复铺货等行为。阿里巴巴国际站的信息发布操作规范有《商品信息滥发违规处罚规则》和《阿里巴巴国际站搜索排序规则》等其他在阿里巴巴国际站不时公布的操作规范。

3. 交易规则

（1）交易行为原则

① 诚信交易原则：用户应恪守诚信交易原则，按交易双方的约定履行相关交易，按照约

定的时间、地点、交运方式、支付方式、货品验收方式等进行真实有效的交易行为，共同维护阿里巴巴国际站合法、诚信的交易市场秩序。

② 合法合规原则：阿里巴巴国际站的用户在交易中使用阿里巴巴国际站服务（包括但不限于交易服务）的，应遵守阿里巴巴国际站所有适用的法律法规、其他在阿里巴巴国际站不时公布的规则及有关服务相应的阿里巴巴国际站合同等。

（2）交易规则的适用范围

交易规则适用于阿里巴巴国际站用户（作为买卖双方）相关的跨境货物交易（简称交易），不适用于外贸服务市场等中国境内用户间的产品或服务交易。

（3）跨境交易合同

阿里巴巴国际站支持买卖双方通过网站提供的在线交易系统及相关技术服务（统称在线交易服务）进行跨境货物交易。买卖双方在进行上述交易时，应遵守阿里巴巴国际站交易服务协议、相关的阿里巴巴国际站服务合同和相关规则。买卖双方有责任协商确认与上述交易对应的跨境交易合同，并就货品数量、价格、规格材质等货品属性及支付方式、交付时间、交付地点、交运方式、货品验收等条款进行诚信约定。

为维护阿里巴巴国际站诚信的交易环境和平台健康有序的市场秩序，对于不当获取网站权益的合同、不真实的合同或不诚信的合同等，阿里巴巴国际站有权单方决定对相关交易及涉及用户进行处置和处罚，并保留对不当获取的网站权益进行处置和追偿相关损失等权利。

阿里巴巴国际站并不鼓励用户（作为买方或卖方）通过本站结识后仍然通过线下传统跨境贸易方式进行交易，通过线下传统跨境贸易方式进行交易的，请买卖双方自行保留相关交易凭证，并维护相应权益。对于此类合同引发的纠纷，阿里巴巴国际站仅提供有限的纠纷调处服务。

4. 放款规则

在确认合同后，买卖双方应按照阿里巴巴国际站补充服务协议进行交易支付。同时，买方用户应依照交易合同约定的支付金额、支付方式、收款账号进行付款。如果用户使用 Secure Payment、信用保障（Trade Assurance）等特殊交易服务，首先应按特殊交易服务相应的支付规则（如适用）进行处理，但如果特殊交易服务相应的支付规则没有明确规定，就按本规则处理。

为保障买卖双方的权益，阿里巴巴国际站建议使用 Secure Payment、信用保障等特殊交易服务产品认可的支付方式。除非特殊约定，一般情况下交易所产生的额外费用（如银行、第三方机构收取的费用）由产品或服务的使用方承担；买卖双方应自行承担交易过程中汇率变动的风险。

5. 评价规则

对于阿里巴巴国际站认可的在线交易方式，买方用户可以对已完结的交易进行评价，阿里巴巴国际站的评价时限如表 2-1 所示。

表 2-1　阿里巴巴国际站的评价时限

交 易 类 型	评 价 时 限
使用信用保障的交易	因交易合同中保障范围的不同而有所差异，最长不超过 45 天
使用 Secure Payment 的交易	自买方用户确认收货后或系统自动确认收货，最长不超过 30 天

在买卖双方的评价或沟通中，禁止出现违法或不当言语（包括但不限于跟该交易无关的广告消息、淫秽、色情、侮辱、诽谤信息，泄露他人姓名、联系方式、地址等隐私信息，侵犯他人合法权益方面的言语及破坏社会稳定等的言语），若出现相关言语，阿里巴巴国际站有权视情况隐藏或屏蔽相关内容，或者直接删除整条评价及相应的评价积分，并对相关用户进行处理。

6. 纠纷处理规则

当用户在在线交易服务中或通过阿里巴巴国际站结识后，通过线下传统贸易方式进行交易，而在交易履行过程中产生交易争议时，买卖双方应自行协商解决，若双方无法自行协商或协商不能达成一致意见，一方或双方可申请阿里巴巴国际站进行纠纷调处，阿里巴巴国际站有权根据相关规则决定是否受理相关争议投诉。其中，发起交易纠纷投诉、提出判责要求的一方称为投诉方，另一方则称为被投诉方。

阿里巴巴国际站可视实际情况行使单方面决定权，同意介入调处其交易纠纷。阿里巴巴国际站提供投诉举报平台（以下简称"投诉平台"）供争议双方使用。争议双方应通过投诉平台提交投诉、反通知、支持双方主张的证据材料。投诉方未在规定时间内提供证据材料或虽提交证据材料但不能充分说明其主张的，阿里巴巴国际站有权不予受理并关闭该投诉。投诉双方应保证在投诉平台所提供的证据材料真实、准确且没有误导性。任意一方有涂改、伪造、变造证据材料情形的，阿里巴巴国际站有权直接做出不利于该方的决定。

阿里巴巴国际站目前接受 3 种交易类型的纠纷投诉，不同交易类型的投诉时效及相关规定如表 2-2 所示。

表 2-2　不同交易类型的投诉时效及相关规定

交 易 类 型	投 诉 时 效	纠纷调处时效	保 障 金 额
使用信用保障的交易	根据交易合同中发货方式的不同而有所差异，且最长不超过确认收货后 30 天	阿里巴巴纠纷处理团队会在 20 天内给出答复，若有特殊情况，纠纷调处处理时长会有适当调整	因交易合同中保障范围的不同而有所差异，且最大不超过交易合同实收金额
使用 Secure Payment 的交易	买方用户完成支付后至确认收货前或系统自动确认收货前，且最长不超过卖方用户发货之日起 90 天		
使用线下支付的交易	在约定交货之日起 90 天内		

对于涉嫌欺诈类投诉（包括但不限于收款不发货、严重货不对版和收货不付款等情况），阿里巴巴国际站有权延长投诉受理时效或不设具体的受理时效。

卖方用户对销售的货品负有承担售后问题的责任，须自觉遵守对买方用户做出的售后服务承诺，并遵守相关法律法规及阿里巴巴国际站的相关规则。若用户未遵守约定导致无法达成交易中产品的主要商业目标，阿里巴巴国际站有权利根据实际投诉情况来酌情延长纠纷投诉受理时效，不受上述投诉受理时效规则所限。

对于阿里巴巴国际站决定调处的纠纷，阿里巴巴国际站将根据相关规则对相关事实进行认定，买卖双方均有义务针对自己的主张提供相关事实依据，阿里巴巴国际站有权根据已搜集到的数据进行独立判断，并做出处理决定。若认定某方存在违约违规行为，阿里巴巴国际站将按相关服务合同及相关规则进行处理。由于阿里巴巴国际站是非专业的争议解决机构，对证据的鉴别能力及对纠纷的处理能力有限，因此阿里巴巴国际站不保证争议处理结果符合买卖双方的期望，亦不对争议处理结果承担任何责任。如阿里巴巴国际站介入斡旋后，买卖双方仍无法就相关争议达成一致意见，买卖双方应另行采用诉讼或仲裁等方式解决争议。同时，阿里巴巴国际站的处理并不能免除责任方依据适用法律法规应受的处罚。

▶▶ 2.2.3　阿里巴巴国际站平台优劣势

1. 阿里巴巴国际站平台优势

① 知名度优势。目前，阿里巴巴国际站是国内最大的跨境电子商务 B2B 模式平台，在行业内有一定的知名度，它的服务对象主要是国内中小企业；广告宣传力度较大也较广，在一些展会上大家都会看到阿里巴巴国际站的宣传，网站的访问量较大。

② 优质的用户服务和销售服务系统。阿里巴巴国际站提供线下培训和在线培训，线下培训即定期会有行业专业人士讲座分享；线上培训即阿里巴巴国际站的后台有视频培训，包括外贸操作流程、销售技巧、阿里巴巴国际站操作等培训。

③ 功能较完善。阿里巴巴国际站会帮助会员找买方、供应商、合作伙伴，以及进行在线的销售和采购；提供最新的宏观的行业信息，也提供大量的微观信息，如产品库、公司库，以及供应、求购、代理、合作、投资融资、招聘等信息，以帮助用户找到有用的商业资讯，做出正确的决策；为企业产品树立品牌；为用户提供即时交流工具等。

2. 阿里巴巴国际站平台劣势

① 中国国际站会员扎堆，恶性竞争激烈；英文站价格较高，实际效用与宣传有一定差距，英文站采购商良莠不齐，用户的含金量不高，大多是海外华裔和东南亚、中东采购商。

② 无效的询盘（含广告、重复询盘、钓鱼询盘等）比较多。

③ 用户回复率比较低。阿里巴巴国际站采用采购商询盘群发机制，可能造成仅要报盘或产品信息的（用户）比较多。

④ 价格战会比较严重。由于买方用户同时会向几家供应商发询盘，这些供应商（有工厂也有贸易商）的产品质量和价格都不统一，因此供应商会希望通过低价来获得用户。

2.3 亚马逊

▶▶ 2.3.1 亚马逊平台简介

亚马逊（英文名：Amazon）是美国的一家电子商务公司，成立于 1995 年，总部位于美国华盛顿州的西雅图。亚马逊是最早基于互联网进行网络电子商务的公司之一，其最初定位是网上书店和网上销售音像制品，1997 年转型成为综合性网络零售商。亚马逊在推广跨境电子商务时，采取的方式是收购或自建本土化网站进入国外市场；同时，在世界各地推出全球开店业务，目标直指全球范围内的采购和销售。在全球范围内，亚马逊是对卖家要求很高的跨境电子商务第三方平台，它不仅要求卖家的商品质量必须有优势，还必须是品牌，手续也比其他平台复杂。亚马逊鼓励用户自主购物，将用户对于售前客服的需求降至最低，这就要求卖家提供非常详细、准确的产品详情和图片。

亚马逊支持货到付款，并且拥有自己的付费会员群体：Amazon Prime。2018 年 5 月 11 日亚马逊的包年会员费，从之前的 99 美元上调到 119 美元，Amazon Prime 不仅享受免运费 2 日送达服务（个别商品除外），还能够通过亚马逊观看海量电影和电视剧并享受 Kindle（由亚马逊设计和销售的电子阅读器）资源服务。根据 CIRP 的统计，93%的亚马逊会员用户表示对亚马逊的服务质量感到满意，并打算继续使用该服务。这个庞大的会员群体主要为国外的高端消费群体，他们是亚马逊最有价值的消费群体。

▶▶ 2.3.2 亚马逊平台规则

1. 注册规则

入驻亚马逊的卖家必须是在中华人民共和国（港、澳、台地区除外）注册的企业，且需要具备销售相应商品的资质，具体要求如下。

① 能够开具发票：如果用户需要发票，则须及时为用户提供普通销售发票。

② 具备全国配送能力：因为亚马逊用户遍布全国，卖家会收到来自全国各地的订单，所以如果选择了自主配送模式，卖家需要具备将商品配送至全国各地的能力。个体工商户不能入驻亚马逊平台。

亚马逊规定一个卖家只允许有一个亚马逊账号。一旦卖家被平台发现拥有两个以上亚马逊账号，那么平台就会告知卖家账号关联的信息，并且以封锁卖家账号作为惩罚。

2. 发布规则

（1）确保商品质量

影响商品质量的违规行为可大致分为严重不符的违规行为和知识产权的违规行为。

① 严重不符的违规行为：卖家发布或配送的商品必须与相应商品详情页面上的描述或图片完全一致。发布或配送与相应商品详情页面上的描述或图片严重不符的商品则违反了亚马

逊的规定。亚马逊规定内容有如下几点。

a．配送已残损、存在缺陷、分类错误、描述错误、缺失商品详情页面或图片中显示的零件的商品。

b．在相关畅销商品的详情页面上发布的商品，卖家配送的商品却与该详情页面上的描述不完全一致。

如果卖家出售严重不符的商品，就应为买家退款或换货。如果卖家拒不退款或换货，买家就能够通过亚马逊平台交易保障索赔获得退款。

② 知识产权的违规行为：亚马逊尊重他人的知识产权。卖家要确保可进行销售或转售的商品合法且已授权，并且这些商品没有侵犯他人的知识产权，如版权、专利权、商标权，以及宣传的权利。

知识产权的违规行为有以下几种。

a．在未经商标所有者授权的情况下，出售与热门商标商品相同的商品（也称为假冒伪劣）。

b．制造和出售与热门商标商品相同的商品。

c．在未经版权所有者授权的情况下，在自己商品的包装上使用其他方的版权内容。

如果卖家发布的内容侵犯了他人的知识产权，那么亚马逊就会下架卖家的商品，或中止或取消卖家的销售权限。

（2）禁止销售未授权及无证商品

所有在亚马逊上出售的商品必须是经商业化生产、授权或批准作为零售商品出售的商品。

（3）正确使用商品详情页面，应与实际的商品信息匹配

亚马逊禁止为已存在亚马逊目录中的商品创建商品详情页面。使用现有商品详情页面发布商品以供销售时，所选的商品详情页面必须在各个方面准确描述该商品，包括（但不限于）以下属性：制造商、版次、捆绑组合、版本、格式或播放器兼容性。同时，卖家不得为完全相同的同个商品创建另一条商品信息。

（4）禁止翻版媒介类商品

亚马逊禁止卖家非法出售未经持权者许可而再复制、配音、汇编或转换的媒介类商品（包括图书、电影、CD、电视节目、软件、视频游戏等）。

禁止销售媒介类商品的促销版，包括图书（试读副本和未校对样稿）、音乐和视频（试看录像）。这些产品仅用于推广，一般不授权零售分销或销售。

（5）不得侵犯他人公开权

卖家有责任确保自己的商品和商品信息未侵犯他人的公开权。例如，卖家必须先获取相关方的适当许可，才能在商品信息或商品中使用名人的图片和姓名，这包括名人产品代言，以及在商品或宣传材料（如海报、鼠标垫、钟表、数字格式的图片集、广告等）上使用名人的肖像。

3. 交易规则

（1）禁止非法复制、复印或制造的商品

卖家在亚马逊上出售的商品必须是正品。亚马逊禁止发布侵犯他人商标的商品和商品信

息，卖家必须先获取他人的适当许可后才能使用其商标。亚马逊禁止发布侵犯他人版权的商品和商品信息，卖家必须先获取他人的适当许可才能使用其版权。卖家有责任确保自己的商品和商品信息未侵犯他人的专利权。

（2）禁止滥用销售排名

销售排名功能有助于买家评估商品的受欢迎程度。亚马逊禁止任何试图操纵销售排名的行为。亚马逊要求卖家不得征求或故意接受虚假或欺诈性订单，其中包括（但不限于）：不得下单购买自己的商品；不得向买家提供补偿以使其购买自己的商品，或者不得为了提高销售排名向买家提供优惠码。此外，卖家不得在商品详情页面（包括商品名称和描述）中宣传关于该商品的销售排名信息。

（3）禁止滥用搜索和浏览

当买家使用亚马逊的搜索引擎和分类结构时，买家希望能查看相关且准确的结果。亚马逊禁止任何试图操纵买家搜索和浏览体验的行为，禁止的行为包括（但不限于）：人为模拟买家流量、提供具有误导性或不相关的目录信息、添加商品编码隐藏关键词属性。

（4）禁止任何试图规避已制定的亚马逊销售流程或将亚马逊用户转移到其他网站的行为

亚马逊禁止卖家使用任何广告、营销信息（特价优惠）或购买号召引导、提示或鼓励亚马逊用户离开亚马逊网站的行为。禁止的方式包括（但不限于）：使用电子邮件或在任何卖家生成的确认电子邮件信息或任何商品、商品信息描述字段中包含的超链接、URL 或网址。

（5）禁止进行不当的电子邮件通信

亚马逊禁止卖家向买家发送电子邮件（必要时可进行有关订单配送及相关客户服务的电子邮件通信），禁止进行任何与营销相关的电子邮件通信。

（6）禁止滥用亚马逊销售服务

如果卖家反复上传大量数据，或者以其他方式过度或不合理地使用亚马逊销售服务，亚马逊就可自行限制或阻止卖家访问商品上传数据或被滥用的任何其他功能，直到卖家停止这种滥用行为。

4. 放款规则

对于正常经营的账号，亚马逊的放款日固定，以 14 天为一个放款周期，但由于自发货的账号存在一定的潜在风险，亚马逊对于自发货的账号，放款时会留存一部分储备金以降低风险，留存金额一般是一个或两个放款周期的收款额。

5. 评价规则

亚马逊禁止任何试图操纵评分、反馈或评论的行为。买家可通过评分、反馈或评论功能评估卖家的总体绩效，从而帮助卖家在亚马逊平台建立声誉，但买家不得发布侮辱性或不恰当的反馈。卖家不得对自己的账户发布评分、反馈或评论，可以请求买家提供反馈，但不可以利诱买家，使其提供或删除反馈。

6. 售后规则

① 亚马逊禁止任何滥用亚马逊交易保障索赔流程的行为。收到亚马逊交易保障索赔的次数或总金额过多的卖家，有可能被终止销售权限。如果买家对卖家商品或服务不满意，买家就可以联系卖家，让卖家酌情安排退款、退货或更换。如果亚马逊根据交易保障条款向买家做出了赔偿，那么亚马逊有权向卖家寻求补偿。

② 亚马逊禁止任何试图在交易完成后提高商品销售价格的行为。此外，卖家不得设置过高的订单配送费用。

③ 亚马逊将对不符合其安全标准的第三方卖家包裹收取罚款。2018 年年底，亚马逊通知第三方卖家，将对不符合其安全标准的包裹收取罚款，这部分罚款将归到亚马逊的 Unplanned Services（计划外服务收费）中。

亚马逊的安全标准包括卖家须对含有害物质（如气溶胶或电子产品）的商品进行特殊包装。亚马逊已于 2018 年 11 月 29 日开始试运行该规定，亚马逊表示在正式收取罚款前 1 个月会告知卖家。

▶▶ 2.3.3　亚马逊平台优劣势

1. 亚马逊平台优势

① 重产品，轻店铺。亚马逊极其注重产品，这也和国外的购物习惯有关，在亚马逊，不管你是新店还是老店，只要卖家的商品描述完善，商品介绍刚好是买家需要的，就会被亚马逊大力推荐给买家，提高卖家的商品销量，以及店铺的曝光率。

② 重展示，轻客服。展示就是商品的详情展示，亚马逊可以围绕着商品的性能、材质、使用等各种方面的描述，以及图片的展示让买家了解这件商品的方方面面，了解这件商品是不是自己需要的，不用再让客服去介绍商品，买家只通过邮件的形式与卖家沟通，所以在经营中，以及售后就不需要在客服上花太多的时间去解决问题。

③ 重推荐，轻广告。随着亚马逊关闭第三方广告系统，亚马逊内部自有的 PPC 广告体系转化率将会更高。

④ 重买家，轻卖家。亚马逊注重买家的购物体验和需求，平台也要求商品节约化，不能存在夸大和美工特效，这就减少了不必要的售后麻烦。和国内的电子商务平台不同的是，亚马逊的商品都有自己的独立页面，其中包括商品详情、买家评论、卖家报价及其他信息。而且在买家搜索一样商品时，只会出来一样的商品，这种单一的商品页面，不需要支付任何推广费用，就能增加曝光。此外，亚马逊对于刚开的店铺有 3 个多月的新手保护期，卖家只需要专注商品的销售量，就可以好好地享受新手保护期。

⑤ 物流优势。亚马逊有自己的物流仓储服务体系，亚马逊 FBA 海外中转仓提供多样化、个性化的头程服务。亚马逊提供专业代理亚马逊 FBA 头程运输、FBA 代清关、FBA 退货换标、短期仓储等一条龙服务。

⑥ 覆盖面积广。亚马逊已经覆盖了全球主要国家，如美国、英国、德国、法国、西班牙、

意大利、印度、日本、加拿大、澳大利亚、墨西哥、巴西等。亚马逊已经成为全球用户数量很大的电子商务平台，大大超过了沃尔玛、苹果、eBaybizWatch，以及中国的电子商务巨头阿里巴巴。

2. 亚马逊平台劣势

① 注册门槛高。亚马逊的注册门槛相对较高，通过个人注册成功的机会也较低。

② 费用高。因为亚马逊不提供清关服务，所以许多中国卖家要自行解决清关问题。

③ 退货流程难度太低。虽然亚马逊支持退货，但是如果退货率太高，那么这对卖家的影响是相当大的。许多买家不了解商品就直接选择退货，其实商品本身没有问题，而这就需要卖家自己在商品信息中加入说明。

2.4 敦煌网

2.4.1 敦煌网平台简介

敦煌网 B2B 在线交易平台于 2005 年正式上线，致力于帮助国内中小企业通过跨境电子商务平台走向全球市场。敦煌网是我国首家为中小企业提供 B2B 网上交易服务的平台，它采取佣金制，2019 年 2 月 20 日起敦煌网对新卖家注册开始收取费用，但只在买卖双方交易成功后收取费用，是为国外众多的中小企业采购商有效提供采购服务的全天候国际网上批发交易平台。

敦煌网开创了 DHgate 小额 B2B 交易平台，打造了外贸交易服务一体化平台 DHport，为优质的中小企业提供了直接对接海外市场需求的通路。敦煌网率先为传统贸易线上化提供从金融、物流、支付、信保到关、检、税、汇等领域的一站式综合服务。

2.4.2 敦煌网平台规则

1. 注册规则

注册人年龄须在 18～70 周岁，仅限中国关境内的企业或个人，或者香港地区企业申请注册。

使用同个营业执照注册的企业卖家账户数量不得超过 10 个；使用同个身份信息注册的个人卖家账户数量仅限 1 个。

企业关联账户不得超过 10 个，个人无关联账户。关联企业禁止对同个商品重复上架。

卖家的每个关联账户都使用独立的资金账户，当任意一个资金账户余额为负时，敦煌网有权从其关联账户的资金账户中扣除相应款项，卖家账户如发生违规行为，敦煌网有权视情节严重程度，对其关联账户进行连带处罚。

2. 发布规则

（1）禁限售商品的规则

敦煌网禁止卖家销售我国法律法规禁限售，买家所在国家的法律法规禁限售，敦煌网禁限售的商品，或者被卡组织、政府监管机构等第三方机构投诉发布的相关禁限售商品。

若卖家违反禁限售商品规则，发布禁限售商品，敦煌网会对于此类商品收取罚款，该罚款须由卖家自行承担。

（2）知识产权的规则

违规情形：包括但不仅限于以下举例。

卖家账户频繁上传侵权产品；采取刻意规避敦煌网平台规则或监管措施的方式销售侵权产品，如以错放类目、使用变形词、遮盖或涂抹商标等手段规避；以各种形式暗示商品为品牌商品；卡组织、政府监管机构、法院、其他国际权益组织等第三方机构提起诉讼或法律要求；因应司法、执法或行政机关要求敦煌网对卖家账户进行处理或采取其他相关措施。

每条违规记录自处罚之日起有效期为 1 年；针对多次发生侵权违规行为或违规情节严重的卖家，敦煌网有权直接对其进行关闭账户的处罚，知识产权禁限售处罚如表 2-3 所示。

表 2-3　知识产权禁限售处罚

处 罚 原 因	第 1 次违规	第 2 次违规	第 3 次违规	第 4 次违规
违反禁限售商品规则（卡组织投诉）	关闭账户			
发布侵权商品（卡组织投诉）	无固定期限冻结	关闭账户		
发布侵权商品（品牌商投诉）	警告	严重警告	限制类目经营 7 天	关闭账户

每条投诉记录自投诉之日起有效期为 1 年；卖家账户在 3 个自然日内被同个知识产权人投诉多次或多个商品均计为 1 次有效投诉；敦煌网会根据司法或行政机关的要求对卖家账户做出处理，包括无固定期限冻结、关闭账户、终止账户，知识产权禁限售（第三方投诉）处罚如表 2-4 所示。

表 2-4　知识产权禁限售（第三方投诉）处罚

黄牌数量	处罚类型	说　明	账 户 处 理	
0 张	警告	不累计，不限制账户权限	首次违规	
3 张	循环放款	押款 30%，周期 30 天，最高金额 5000 美元	知识产权：3 张/次 禁限售：6 张/次	禁限售 50 美元/商品
6 张	循环放款	押款 30%，周期 30 天，最高金额 10000 美元		
12 张	期限冻结 7 天	店铺冻结 7 天		
18 张	全店降权	整体店铺降权 30 天		
24 张	屏蔽店铺	关闭店铺销售权限，强制整改 180 天		
30 张	关闭账户	永久冻结账户、停止访问，资金冻结 180 天	严重违规	

卖家售卖侵权品、禁销品等行为导致的品牌商、卡组织或其他国际权益组织的罚款，须由卖家自行承担。

卖家账户产生的罚款，敦煌网有权从卖家资金账户中扣除相应款项。该款项优先从卖家美元资金账户扣除，如美元资金账户余额不足，剩余款项会通过人民币资金账户扣除（汇率以处罚当日的中国银行第一笔的现汇买入价为准），若卖家所有资金账户余额都不足以支付相应款项，敦煌网有权处理卖家账户及关联账户，并且保留追究相关损失或法律责任的权利。

3. 交易规则

（1）禁止销售未经授权的商品和相应的仿制品

敦煌网是一个外贸交易平台，买家全部为海外用户，不允许销售未经授权的商品和相应的仿制品。敦煌网随时会对平台上的所有商品进行过滤筛选，挑选违规商品并下架；与品牌拥有者联合执法，凡被品牌拥有者指证的商品将立即下架；敦煌网有一整套举报机制，商品经理甚至卖家有权对违规商品进行举报。

对于违规卖家平台将采取警告、冻结账户，以及关闭账户的惩罚。同时违规行为将会被记录到卖家档案，会影响卖家的信用评分，以及商品展示。

（2）禁止拷贝他人商品图片及商品描述内容

卖家如果发现自己拥有的商品图片及描述内容被其他卖家抄袭，可以向敦煌网举报，经核实后敦煌网会协助卖家联系抄袭者并勒令其下架商品进行修改。

（3）禁止在平台上留有联系方式

敦煌网为广大卖家提供了一个免费的交易平台，建立了站内沟通工具（站内信），并且提供了国际支付的解决方案，过滤了绝大多数的欺诈行为，为买卖双方的交易进行了担保。所有的这些规则都能够帮助买卖双方在未曾谋面的基础上建立信任，形成在线交易，因此在敦煌网平台是不允许发生线下联系和交易的，在网站的任何地方留有联系方式都是不允许的。联系方式包括买卖双方的电子邮件、电话、网址、MSN，以及其他通信方式。平台系统和专门的巡逻人员将对网上内容进行检查，发现违规现象后会对卖家进行警告、冻结账户，以及关闭账户的惩罚。

（4）禁止采用不正当手段扰乱平台经营秩序

商品描述和实际商品严重不符的情况，如买家收到的实际商品不具备商品描述功能、实际商品材质和描述不符、以次充好等，此类情况的发生会影响其他诚信卖家的正常经营，使平台的买家流失，并且会增加交易纠纷，无形中延长了付款周期，严重扰乱平台经营秩序。

设置低廉的商品价格吸引买家注意，同时有意提高运输价格，造成运输价格和实际严重不符。这种情况的发生会导致买家对卖家和平台不信任，买家不但不会继续付款而且容易造成买家流失。

敦煌网对扰乱平台经营秩序卖家的一般违规行为给予 1 张黄牌/次；对扰乱平台经营秩序的卖家，给予 6 张黄牌/次；对扰乱平台经营秩序情节严重的卖家，将关闭其账户。

4. 放款规则

目前，敦煌网支持 EMS、DHL、FedEx、UPS、TNT、USPS、Hongkong Post、China Post、燕文、Equick 等可在线跟踪的货运方式。针对有货运跟踪号的放款方式，订单放款规则有如下几种。

（1）买家主动确认签收

买家主动确认签收订单后（除被风控调查订单外），敦煌网会对订单的货运信息进行核实，如果订单查询妥投，就会根据妥投信息做出如下处理，买家主动确认签收放款规则如表 2-5 所示。

表 2-5　买家主动确认签收放款规则

类　别	货 运 情 况	订单完成时限
第一类	妥投且时间、邮编和签收人都一致	此订单款项可放款至卖家资金账户，订单完成
第二类	妥投且时间、邮编和签收人任意一项不一致	账户放款将可能延迟或暂停
第三类	部分未妥投、全部未妥投或无查询信息	

（2）买家未主动确认签收，卖家请款

对于买家未主动确认签收的订单，卖家请款后，敦煌网会先根据卖家上传的运单号核实妥投情况并做出相应处理，买家未主动确认签收，卖家请款规则如表 2-6 所示。

表 2-6　买家未主动确认签收，卖家请款规则

类　别	货 运 情 况	订单完成时限
第一类	妥投且时间、邮编和签收人都一致	发送催点信给买家，若买家在 5 天内未发起任何投诉、协议或纠纷，也没有邮件回复，则将该订单款项放款至卖家资金账户，订单完成
第二类	妥投且时间、邮编和签收任意一项不一致	账户放款将可能被延迟或暂停
第三类	部分未妥投、全部未妥投或无查询信息	

（3）买家未主动确认签收，卖家在订单确认收款后的 90 天内也未请款

卖家完全发货后，若买家一直未确认签收，并且卖家在订单确认收款后 90 天内也未请款，敦煌网将在完全发货 120 天后将该订单款项放款至卖家资金账户，订单完成。

（4）卖家账户及交易符合以下条件时，账户放款将可能被延迟或暂停

第一，订单当前有黄条。当前有黄条的订单，放款将被延迟；黄条去除后，放款流程继续。

第二，当卖家当前账户纠纷率过高时，卖家账户放款将被延迟。

卖家账户情况 25%≤纠纷率＜40%，最早可放款时间为 20 天；40%≤纠纷率≤50%，最早可放款时间为 45 天；纠纷率＞50%，最早可放款时间为 120 天。

第三，当卖家账户及交易表现异常时，敦煌网可人工介入对卖家账户或交易进行必要调

查，根据其异常程度，卖家账户或订单放款将可能被延迟或无固定期限暂停。卖家账户放款被无固定期限暂停时，卖家账户及其关联账户将被无固定期限冻结，并不允许再在敦煌网注册新账户。

（5）无固定期限暂停放款判定规则

当卖家账户或交易违反以下一条或几条规则时，放款将可能被无固定期限暂停。

交易为虚假交易；卖家实际销售商品为侵权品或禁销品；卖家关联账户处于因平台调查关闭账户状态；卖家关联账户处于无固定期限限制提款状态；卖家账户被司法机关调查中；卖家账户及其交易涉及其他违法行为。

（6）当卖家账户触犯多个放款限制规则时，最终放款延迟时间以时限较长者执行

5. 评价规则

买家对商品的评价当以客观事实为依据，以理性分析为基础。买家评价分为服务评价和行业综合评价两种。其中，服务评价包括商品描述、沟通、物流、运费评价 4 项，是买家对卖家的单向评价；综合评价包括综合性的打分（为 1～5 分）和文字评论两部分。

卖家评价分数将展现在商品最终页及店铺商品最终页，因此分数越高，买家下单的概率越大。

买家的评价留言对其他买家有很好的指导和建议作用，评价分值会影响买家搜索时的商品排序，商品评价越多，五星好评越多，商品的转化率就越高。

6. 售后规则

（1）提供第三方质保服务

2014 年 10 月，敦煌网和第三方质保服务提供商 SquareTrade 达成战略合作，SquareTrade 将为敦煌网平台上的 3C 类商品提供第三方质保服务。对于敦煌网来说，该服务一方面能为国外买家购买的 3C 类商品提供持续有效的售后保障，另一方面也为平台的卖家减轻了售后服务的负担和压力，有利于提升买家的购买体验，提高敦煌网 3C 类商品的销售量和好评率。

（2）卖家售后服务承诺

2015 年 7 月，敦煌网卖家售后服务承诺正式上线，卖家可以根据不同的商品自己设置相关的服务承诺，有售后服务承诺的商品，在订单展示页都会有标记，买家能很清楚地知道服务范围具体是什么，以及对买家有什么保障，这让买家觉得选择购买该商品将更有保障，不仅如此，还能有效避免纠纷，真正做到"我的服务我做主"。

▶▶ 2.4.3 敦煌网平台优劣势

1. 敦煌网平台优势

① 敦煌网上有来自 200 多个国家和地区的买家，而卖家遍及全国各地，敦煌网的业务遍及全球。

② 敦煌网推出"为成功付费"打破了以往的传统电子商务会员收费的经营模式，既减小

了企业风险，又节省了企业不必要的开支，还避开了与阿里巴巴、环球资源、环球市场等平台的竞争。

③ 在敦煌网，买家可以根据卖家提供信息来生成订单，可以选择直接批量采购，也可以选择先少量购买样品，再大量采购。这种线上小额批发一般使用快递，快递公司在一定金额范围内会代理报关。

④ 敦煌网能够完全保证买家的利益，特别是保证国外买家的利益。

2. 敦煌网平台劣势

① 会员的利润低。敦煌网一方面要求卖家商品价格越低越好，另一方面收取的佣金高达 13.5%，还要卖家承担各种风险。

② 偏袒国外买家。一般情况下，商品的价格和质量息息相关，有些价格比较低的商品，质量不可能很好，敦煌网却要求卖家对买家承诺 100%质量保证，不考虑会员的利益。

③ 卖家收款艰难。不能保障卖家收款安全迅速，且风险大，卖家可能遭到买家故意投诉，纠纷处理对卖家就是个"大杀器"，没有"割地赔款"，几乎就不能全身而退，而且处理的时间也很漫长。

2.5　eBay

▶▶ 2.5.1　eBay 平台简介

eBay（中文名为电子湾、亿贝、易贝）是全球化的电子商务平台之一，是可以让全球民众在网上购买物品的线上拍卖及购物网站。eBay 于 1995 年 9 月 4 日由 Pierre Omidyar（皮埃尔·奥米迪亚）以 Auctionweb 的名称创立于美国加利福尼亚州的圣何塞。Auctionweb 是 eBay 的前身。eBay 的创立最初是为了帮助创始人奥米迪亚的未婚妻交换皮礼士糖果盒。

eBay 的操作比较简单，投入不大，适合有一定外贸资源的人入驻。

▶▶ 2.5.2　eBay 平台规则

1. 注册规则

企业注册 eBay 须满足以下几条规则。

第一，是合法登记的企业用户，并且能提供 eBay 要求的所有相关文件。

第二，须注册为商业账户。

第三，每个卖家只能申请一个企业入驻通道账户。

第四，申请账号须通过 eBay 卖家账号认证且联结已认证的 PayPal 账号。

个人卖家只需注册并认证一个 eBay 账号，即可在全球开启"销售之旅"。

2. 发布规则

（1）刊登规则

正确描述欲刊登的商品信息不仅可以提高成交率，还可以避免买卖双方交易过后因商品描述不符而产生的不必要的交易纠纷，不正确的刊登描述会扰乱 eBay 市场交易秩序。刊登描述不当会导致违规商品被删除、账户受限，严重者账户会被冻结，在刊登商品时，卖家应特别注意以下规则。

第一，选择正确的商品分类：商品必须刊登在正确的类别中，如出售商品存在多级子分类，须将商品刊登在相对应的分类中。

第二，正确设置商品所在地：卖家必须在商品所在地栏如实填写商品寄出地点，一般情况下商品所在地须与账户信息相符，如果商品所在地在外地或其他国家，务必在刊登时选择真实的所在地（不能仅在商品描述中做声明），避免日后不必要的交易纠纷；须特别注意运费的设置要与商品所在地相匹配；若账户信息为中国，商品所在地为美国，商品被一个美国买家拍下，运费价格须与美国当地运费相匹配，而不能设置为中国到美国的运费。

第三，使用符合 eBay 标准的链接：在 eBay 刊登商品时，可以在商品描述中使用一些链接来帮助促销商品。但是，有些类型的链接是不允许的，如不能到个人或商业网站的链接。本链接政策适用于一切可以将用户引导到 eBay 之外的文字或图片（如照片、商标或图标），任何链接均不能指向 eBay 以外含商品销售信息的页面。

第四，商品图片标准。

① 所有商品刊登必须至少包含一张图片，图片的最长边不得低于 500 像素（建议高于 800 像素）。

② 图片不得包含任何边框、文字或插图。

③ 二手商品的刊登不得使用 eBay Catalog 图片。

④ 尊重知识产权，不得盗用他人的图片及描述。

（2）预售刊登规则

预售刊登是指卖家刊登那些他们在刊登时未拥有的商品。预售刊登的商品，通常在对大众的交货日期前就已预先出售。卖家须保证自商品购买之日（刊登结束之日或 eBay 店面购买刊登商品之日）起 30 天之内可以送货，eBay 允许其有限制地刊登预售商品。

3. 交易规则

（1）知识产权违规（商标权、著作权、专利权）规则

该规则包括复制品、赝品和未经授权的复制品政策，刊登商品时描述商品的规则和举报用户违反知识产权保护条款。例如，卖家未经授权卖了别的品牌的商品、仿品或刊登商品时使用了别人店铺的描述或图片，都会被认定为知识产权违规。

（2）交易行为违规规则

① 严禁卖家成交不卖。当卖家刊登在 eBay 上的商品有买家成功竞标时，买卖双方相当于签订了交易合同，双方必须在诚信的基础上完成交易。根据这个规则，卖家不可以在网上

成功竞标后拒绝实际成交。

② 收到货款不发货。如果卖家因为商品本身的原因无法完成交易（如损坏），卖家须及时与买家沟通，解释说明并提供解决方案，以获得买家的理解与谅解。虽然在这种情况下，eBay 鼓励买家与卖家进行沟通，获取新的解决方案，但买家不一定要接受卖家的新建议，同时这可能被记录为一次卖家的不良交易（Transaction Defect Rate）。所以，卖家在刊登商品时务必熟知商品库存，在收到款项后及时发货，避免违反此规则。

③ 禁止卖家自我抬价。自我抬价是指人为抬高商品价格，以提高商品价格或增大需求为目的的出价行为，或者是能够获得一般大众无法获得的卖家商品信息的个人的出价。也就是卖家在竞拍的过程中，通过注册或操纵其他用户虚假出价，或者是由卖家本人或与卖家有关联的人进行的，从而达到将价格抬高的目的的行为。

自我抬价以不公平的手段来提高商品价格，会造成买家不信任出价系统，为 eBay 带来负面的影响。此外，这种行为在全球很多地方都是被法律禁止的，为确保 eBay 的公平公正，eBay 禁止抬价。

由于卖家的家人、朋友和同事都可以从卖家那里得到其他用户无法得到的商品信息，因此即使他们有意购买商品，为保证公平竞价，亦不应参与出价竞投。不过，卖家的家人、朋友和同事可在不违反本规则的条件下，以"一口价"的方式直接购买商品。如果卖家认为有会员利用假出价动作提高价格或热门程度，可以向 eBay 发送电子邮件进行 eBay 检举，并提供该会员账号和物品编号。

4. 用户沟通违规规则

此项包括使用不雅言辞、未经允许的滥发电邮（垃圾邮件）和滥用 eBay 联系功能。如果卖家在和买家沟通中言语不当、频发邮件等，会被 eBay 认为沟通违规。当然如果买家在写评价的时候言语不当，则其评价会被 eBay 隐藏掉。

5. 放款规则

eBay 新卖家所收到的款项都会被 PayPal 暂时冻结 21 天或冻结至买家评价后。21 天是最长时间，这有利于买卖双方交易完整。例如，当交易出现问题时确保卖家账户中有足够的余额进行退款或补偿。如果交易没有问题，系统会在 21 天之内解除资金冻结状态。因此，卖家要在第一时间将快递单号添加到自己的后台物流系统中，然后标记"已发货"，PayPal 会根据卖家提供的快递单号和日期来预计送达日期并据情况进行解冻处理；刚注册的卖家账户，如果还没有进行 PayPal 认证，建议立即进行认证，这将有助于账户安全；同时卖家在发货后应第一时间与买家沟通，避免买家提出争议、投诉，并保存发货快递单据。

如果出现下列任一情况，PayPal 可能提前放款。

① 卖家在交易中标记已发货并上传追踪号后（国内交易 7 天后释放，跨国交易 14 天后释放）。

② 买家表示收货后，款项会自动释放（这里包括买家给卖家留下评价，或者买家给 PayPal

发邮件告知已收到货）。

6. 评价规则

若买家购买后不做评价，eBay 会给卖家自动默认好评，并且 eBay 在每个周三会针对有利于卖家的纠纷或退款保障，买家违规及 eBay 通过包裹追踪号能判定的、不属于卖家责任的情况，移除差评。

7. 售后规则

（1）新退货政策

自 2018 年 8 月 1 日起，如果 eBay 发现退货商品已交付给卖家，并且已过去两个工作日，eBay 就会将退款退给买家。买家的退款一旦被返还，eBay 将会自动关闭退款请求，以保护卖家不被进一步索要退款，并保护卖家的指标免受不必要的影响。

（2）换货服务

卖家可以给买家提供换货选择，而不是全额退款。卖家须在退货政策中标明换货服务，或者在买家要求退款时提及此项服务。卖家可以在 My eBay 和卖家中心定制退货服务，自动同意换货请求，加快换货流程（退货和退款要求除外）。

提供换货服务，可以帮助卖家改善售后体验，减少不必要的纠纷，迅速解决问题，进而提高用户的忠诚度。

▶▶ 2.5.3 eBay 平台优劣势

1. eBay 平台优势

① 有专业的客服。对于卖家来说，eBay 具有专业的客服，可通过电话联系或是网络会话的形式进行沟通交流。

② 低门槛。相较于在亚马逊开店来说，卖家在 eBay 开店的门槛较低。

③ 定价方式多样。eBay 的定价方式有多种，包括无底价竞标、有底价竞标、定价出售、一口价成交。

④ 排名相对公平。卖家可以通过拍卖的方式获取曝光。

2. eBay 平台劣势

① 后台不易操作。eBay 的后台是用英文显示的，对于一些英文较薄弱的卖家来说，增加了操作难度。

② 付款方式单一。目前 eBay 只支持 PayPal 付款方式。

③ 偏向买家，对卖家要求严格。eBay 更看重买家的销售体验，所以对卖家的商品质量，以及售后服务比较看重，当卖家店铺被投诉严重时将可能被封店。

④ 收款项目较多。eBay 将卖家的店铺分为了很多级，每级店铺的收费标准都是不一样的。且 eBay 除要收取店铺费用外，如果买家需要使用特殊功能，就需要支付相关费用。

⑤ 审核周期长，只能拍卖，产品数量有起始限制，需要积累信誉才能越卖越多，出单周期也长，需要慢慢积累。

2.6 Wish

2.6.1 Wish 平台简介

Wish 是随着移动互联网的发展诞生的，Wish 和其他电子商务平台最大的区别在于 Wish 是基于移动端 App 运用的，买家都是通过移动端 App 浏览和购物的。Wish 于 2011 年 12 月创立于美国旧金山硅谷，起初是一个类似蘑菇街的导购平台，公司的创始人是来自谷歌和雅虎的顶尖工程师，分别是欧洲的 Peter Szulczewski 和广州的 Danny Zhang（张晟）。2013 年 5 月，Wish 在线交易平台正式上线，移动端 App 于同年 6 月推出，当年年经营收益即超过 1 亿美元。

与其他电子商务平台相比，Wish 的卖家上传商品是免费的，只有在交易成功后需要向平台支付一定比例的佣金，整个过程非常简单。Wish 没有比较功能，因此在 Wish 平台上价格不是最敏感的，其规则与其他平台有很大不同，后期流量主要取决于商品的优化和客服质量。

2.6.2 Wish 平台规则

1. 注册规则

① 卖家资质要求。Wish 的卖家可以是生产者、品牌所有者、零售商、手工艺者、发明者或艺术家等。卖家必须自己创造、生产或拥有批发或零售的权力才能进行商品销售。每位卖家都必须遵守法律法规，所出售的商品、店铺内容，以及一些限运商品等必须符合法律法规。

② 账户要求。卖家注册 Wish 账户期间提供的信息必须真实准确；如果注册期间提供的账户信息不准确，账户可能被暂停。每个实体只能有一个账户，如果公司或个人有多个账户，则多个账户都有可能被暂停。

③ 自 2018 年 10 月 1 日开始，Wish 新注册的店铺须缴纳 2000 美元的店铺预缴注册费。这项新规则旨在确保新注册卖家账户能为用户提供最优质的商品和服务。新规则适用于 2018 年 10 月 1 日以后完成注册流程的所有卖家账户。同时，自 2018 年 10 月 1 日起，非活跃卖家账户也将被要求缴纳 2000 美元的店铺预缴注册费。卖家需要在注册流程的最后一步缴纳店铺预缴注册费，完成缴费后才能开启店铺。

2. 发布规则

（1）提供的信息必须准确

如果卖家对所列商品提供的信息不准确，该商品可能就会被移除，且相应的卖家账户可能面临罚款或被暂停。

（2）严禁销售伪造商品

如果卖家推出伪造商品进行出售，这些商品将被清除，并且其账户将面临罚款，可能还会被暂停。

（3）商品不能侵犯其他方的知识产权

商品图像和文本不得侵犯其他方的知识产权，这包括但不限于版权、商标权和专利权。如果卖家列出的商品侵犯了其他方的知识产权，这些商品将被清除，并且其账户将面临罚款，可能还会被暂停。

（4）严禁列出重复的商品

Wish 严禁卖家列出多个相同的商品。相同尺寸的商品必须列为一款商品，不得上传重复的商品。如果卖家上传重复的商品，商品将被移出，且其账户将被暂停。

3. 交易规则

（1）严禁出售伪造商品

这点相较于国内的大部分电子商务平台要更加严苛，Wish 会有严格的审核过程。Wish 对于模仿或影射其他方知识产权的商品是直接严禁销售的。如果卖家推出了伪造商品进行出售，那么这些商品将被清除，并且其账户将面临罚款，可能还会被暂停。

（2）严禁销售侵犯另一个实体的知识产权的商品

Wish 审核的销售品不止杜绝赝品，还禁止卖家销售的商品图像、文本侵犯其他方的知识产权，这包括但不限于版权、商标权和专利权。如果卖家列出侵犯其他方知识产权的商品，这些商品将被清除，并且其账户将面临罚款，可能还会被暂停。

（3）误导性商品新规

自 2018 年 5 月 2 日起，若商品被检测出存在误导性，对于卖家在过去 30 个自然日内的相关订单，卖家将被处以 100%订单金额的罚款，外加单个订单 100 美元的罚款，总罚款金额最低为 100 美元。

（4）虚假广告罚款规则

若广告商品与实际描述不符，卖家将被处以 100%订单金额的罚款，罚款最低为 100 美元，该规则适用于一个月内的订单。

（5）质量退款罚款规则

自 2018 年 4 月 23 日起，若因商品不适合、商品与描述不符、仿冒品等发生的与质量相关的退款，卖家将被处以 30%订单价值的罚款，最高可达 5 万美元。

（6）禁售品罚款规则

从 2018 年 4 月 30 日开始，如果卖家商品被发现符合 Wish 禁售品罚款规则，则卖家将被处以 10 美元罚款，并且该商品也将被系统下架，禁售品的示例包括但不限于侵犯他人知识产权的商品和违禁品。

4. 放款规则

① 放款时间。固定在每月的 1 号、15 号。

② 满足放款的条件。订单已确认收货，即物流信息上面显示妥投或买家主动确认收货；90 天后无人确认收货，也无人退款，则自动放款；若为只针对美国、澳大利亚的 Wish 邮平邮，30 天后无人确认收货，也无人退款，Wish 平台也会自动放款。因此，卖家选择平邮时切记，即使这是平台认可的物流渠道，也必须要有国内段的物流信息。

③ 确认收货发生的时间点（针对过去的每个订单）。1 号放款之后至 15 号放款之前，对于达到放款条件的订单，平台会在 15 号统一放款；每月 15 号放款之后至下个月 1 号放款之前，对于达到放款条件的订单，平台会在 1 号放款。

④ 被罚款订单放款时间。若卖家销售仿牌被抓（不是所有卖家都是这种情况），则 1 年之后返还一半，2 年之后返还全部。

Payoneer 成立于 2005 年，总部设在美国纽约，是万事达卡组织授权的具有发卡资格的机构，为支付人群分布广而多的联盟提供简单、安全、快捷的转款服务。2017 年 9 月 Payoneer 与 Wish 联手推出提前放款服务，可以提前 30 天发放 Wish 店铺对应的待发放款项，提高资金流转速度。卖家将 Wish 店铺绑定到 Payoneer，就会自动进入能否使用提前放款的筛选系统。提前放款的参与条件由店铺销量、店铺评分、收款稳定性等若干因素决定。只要店铺符合提前放款的参与条件，Payoneer 就会立即通知卖家。每月卖家最多有两次提前放款的机会，每笔放款的数额由 Wish 系统和算法决定。如果卖家不需要某笔订单的提前放款，则忽略该邮件即可。

5. 评价规则

Wish 平台每个月都会将商品进行用户服务品质排名，被界定为高品质的商品，应该始终拥有良好的评论、低退货率、高效的配送效率和较少的用户问题。如果被认定为高品质商品，则能获得被审核时间段内所有未产生退款的订单金额的 1% 作为返利，审核时间在被审核时间段的两个月之后。

拥有低评价的商品卖家须及时优化或下架该商品，否则 Wish 平台将移除该评价极低的商品，而且卖家要承担该商品相关的所有退款责任。

6. 售后规则

（1）延迟发货的规定

对于所有在 2018 年 4 月 12 日及此日后生成的订单，如果自订单生成起至物流服务商确认发货的时长超过 168 小时（7 个自然日），那么该订单将被判定为延时发货。

对于延时发货的订单，卖家将被处以罚款，罚款原则为订单金额的 20% 或 1 美元，取金额较高者。此罚款政策仅对"商品售价+商品运费"小于 100 美元的订单生效。如果在最长配送时间内由物流服务商确认妥投，罚款将在 72 小时内被撤销。

（2）买家售后管理

因为要尽量减轻卖家负担，以及海内外用户习惯的差异，Wish 会和买家对接，直接受理相关的投诉和售后需求。

受信任的卖家也有权直接处理买家的投诉和售后需求。卖家的历史销售情况，包括发货时效、商品可信度、纠纷率等都将成为卖家是否有权直接处理买家投诉和售后需求的考核指标。

Wish 的优势在于智能数据分享，可以向买家推送感兴趣的商品，再加上主要处于移动端，因此相较于其他平台而言，Wish 弱化了卖家与买家沟通的机能。Wish 的出发点是希望尽量减轻卖家的负担，让卖家只需负责上架商品和发货的工作，沟通方面则可以留给 Wish 负责。

▶▶ 2.6.3 Wish 平台优劣势

1. Wish 平台优势

① Wish 平台最大的优点是它的推送算法。Wish 平台的推送算法可以准确地知道买家需要什么，可以精确地定位到用户，大大提高了成交率，促进了销量。通过 Facebook 引流，Wish 平台可以清楚地营销定位。

② 入驻门槛低，操作简单，吸引了很多的店铺入驻，可以增加商品的种类。

③ 出单的速度比较快，用户满意度高。

④ 物流渠道线上化和平台化，卖家可以自由选择发货渠道。

⑤ 在移动电子商务领域的发展潜力巨大，特别有利于中小企业的卖家。

⑥ Wish 的用户满意率高，好评多。

⑦ 运营简单不复杂，上架货物非常简单，没有什么运营技巧。

⑧ Wish 平台的利润可观，竞争公平。

2. Wish 平台劣势

① 账户申请通过率低，注册的费用成本在不断增加。

② 审核商品的时间过长，需要 2~4 个星期。

③ 佣金的收取费用比较高。

④ 平台对于买卖的规则经常更新改动，让卖家无法适应。

⑤ 对买家的容忍度比较高，只要买家提出退货、退款要求，基本就可以通过。

📝 本章小结

本章分 6 节对跨境电子商务第三方平台的相关信息进行了介绍。2.1 节是跨境电子商务第三方平台的定义与类型，2.2 节至 2.6 节则比较详尽地介绍了行业内比较活跃的五大跨境电子商务第三方平台的特点、运行模式、相关规则和优劣势，具体平台包括阿里巴巴国际站、亚马逊、敦煌网、eBay 和 Wish。

拓展实训

全球速卖通

【实训目的】

（1）能够独立完成全球速卖通的店铺注册工作。

（2）能够根据全球速卖通平台规则进行商品的发布。

【实训内容】

在全球速卖通操作后台发布一款商品，要求类目放置正确，产品名称、关键词与文本相匹配，产品信息完整度为 100% 和详情页内容详尽、版面美观，具有一定的逻辑性和层次感。

【实训步骤】

（1）登录并注册全球速卖通账号。

（2）设计商品类目、名称和关键词。

（3）填写商品信息。

（4）发布商品。

课后习题

1. 组成小组，登录阿里巴巴国际站、亚马逊、敦煌网、eBay，以及 Wish 平台注册账号，了解每个跨境电子商务第三方平台的相关规则。

2. 如果你想选择一个跨境电子商务第三方平台开立跨境电子商务店铺，请回答以下问题。

（1）请简要介绍你了解的跨境电子商务第三方平台有哪些，说出它们的不同点。

（2）你会选择在哪个平台开立你的店铺，请简要说明理由。

（3）你会选择主营什么商品，请说明你是如何选定这个商品的或你为什么选定这个商品。

第 3 章

跨境电子商务选品与定价

章节目标

1. 了解跨境电子商务选品的考量因素。
2. 熟悉跨境电子商务选品的分类和方法。
3. 知道跨境电子商务货源选择的途径和方法。
4. 了解跨境电子商务商品的价格构成。
5. 掌握跨境电子商务商品的定价策略。

学习重点、难点

学习重点：跨境电子商务商品的定价策略。
学习难点：能够选择适合不同目标市场的商品。

引例

　　选品是一个解决卖什么的问题，是运营一个店铺的核心工作，选品做得好，就为运营好店铺奠定了基础；如果选品做得不好，后期花费再多的精力都是白费。选择商品要有正确的思路，不能凭借主观感觉决策，要有依据，要遵循一定的市场原则。选择商品要掌握一些技巧，这样才能做到有的放矢。

　　近几年跨境电子商务发展快速，无论是传统的进出口外贸企业，还是原先做内贸或电子商务的企业，或者是一些自主创业的小微企业或个人，都会尝试利用跨境电子商务来提高自身企业的竞争力或寻找创业的机会。但是目前，很多跨境电子商务企业，尤其是很多开展跨境电子商务业务的小微企业和个人，对商品定价的方法和技巧还不是很熟悉，而商品的定价问题又是跨境电子商务企业能否成功的关键。

3.1　跨境电子商务选品

从市场决策关系看，选品是选品人员从供应市场中选择适合目标市场需求的商品。一方面，选品人员要把握目标需求；另一方面，选品人员还要从众多供应市场中选出质量、价格、外观最符合目标市场需求的商品。成功的选品应该能达到供应商、客户、选品人员三者共赢的结果。

▶▶ 3.1.1　选品的考量因素

选品是决定跨境电子商务企业成功与否的关键。由于供应和需求处于不断变化之中，因此考量选品也是跨境电子商务企业的日常工作。选品的考量因素如图 3-1 所示。

图 3-1　选品的考量因素

1. 考量因素

（1）商品处于生命周期的上升期

处于生命周期上升期的商品市场潜力大、利润率高，跨境电子商务的商品利润率基本上是 50%以上，甚至是 100%以上。

（2）便于运输

要求商品体积较小、重量较轻、易于包装、不易破碎，这样可以大大降低物流成本和物流环节货损的概率。

（3）售后简单

要求商品不需要售后服务或售后服务简单、便于操作、不需要组装或安装。需要有使用指导、安装指导等售后服务的商品不适合作为跨境电子商务的选品，否则会加大后期的买家服务成本，一旦处理不当，会直接影响买家的购物体验及评价。

（4）附加值高

价值低于运费的商品不适合单件销售，可以打包出售，以降低物流成本。

（5）独特性

有自己独特的功能或商品设计，包括独特的商品研发、包装设计等，这样的商品才能不断激发买家的好奇心和购买欲望。

（6）价格合理

在线交易的价格如果高于商品在目的国当地的市场价格，或者偏高于其他在线卖家，就无法吸引买家在线下单。

（7）合规合法

不能违反平台的规定和目的国的法律法规，特别是不能销售盗版、伪冒或违禁品，销售这种商品不仅赚不了钱，甚至卖家还要付出违反法律的代价。

2. 注意事项

有很多可在国内电子商务平台自由销售的商品，在跨境电子商务交易中是被禁止销售的，如减肥药。所以卖家在选择跨境电子商务商品时，需要考虑以下几点。

（1）符合平台特色，遵循平台规则

例如，Wish 平台和亚马逊平台是不一样的。Wish 平台是一个快销平台，要快速推广商品，Wish 平台的特点是需要大量的、多类的商品，所以卖家要选择多种品类的商品到 Wish 平台；而亚马逊平台对商品质量的要求比较高，所以卖家就要找质量比较好的商品到亚马逊平台。

另外，各个跨境电子商务平台的规则不同，卖家选品时就必须了解和遵循各平台不同的规则。

（2）最大限度地满足目标市场的需求

卖家在选品时需要以买家的需求为导向发现刚需品。每个人都离不开关乎衣食住行的商品，这类商品无处不在，卖家要关注日常小细节，深入了解目标市场买家的实际需求。

需要注意的是，跨境电子商务的目标市场主要包括美国站、欧洲站、日本站、非洲站等，位于这些目标市场的买家需求不同，卖家需要有针对性地采取差异化的选品策略。

▶▶ 3.1.2　选品的分类和方法

1. 选品的分类

（1）主动选品

主动选品是指卖家通过对目标市场的了解或对某个行业的了解，主动研发或寻找商品。例如，熟悉数码类电子商品的卖家，对数码类商品的选择肯定会精细到数码类商品、手机周边商品、音响、蓝牙音响等方面。

以蓝牙音响为例，进行主动选品时，卖家需要对整个市场的蓝牙音响商品都了如指掌，如哪款蓝牙音响是新开发出来的，哪款是用来低价走量的，哪款是走高端、高利润策略的等，这个时候卖家会针对具体情况来自主选择蓝牙音响。

（2）被动选品

被动选品指卖家参考大多数卖家的数据，查看近期销量比较大的爆款是哪些，从而决定自己销售的商品。被动选品对卖家来说会比较省事，但永远会比别人慢一步，所以卖家在选择商品时如果能做到主动选品与被动选品相结合会更佳。

2．选品的方法

（1）做好目标市场分析

选品时，卖家要提前对目标市场进行分析，掌握目标市场人群的生活习惯、饮食习惯、业余爱好，以及节假日等基本情况，同时要参考国内外相关数据信息，为选品提供依据。

（2）做好数据分析

跨境电子商务做得比较好的卖家，都很注重数据分析。数据分析是通过各个业务节点业务数据的提取、分析及监控，让数据作为管理者决策、员工执行的有效依据，是业务运营中的一个统一尺度和标准。从数据源来看，数据分为外部数据和内部数据，外部数据是指企业以外的其他公司、市场等产生的数据；内部数据是指企业内部经营过程中产生的数据信息，卖家想要做出科学的、正确的决策，需要对内外部数据进行充分的调研和分析。

① 外部数据分析。

外部数据分析是指综合运用各种外部分析工具，全面掌握品类选择的数据依据。例如，通过 Google Trends 工具分析品类的周期性特点，把握商品开发先机；借助 Keyword Spy 工具发现品类搜索热度和品类关键词，同时借助 Alexa 工具选出至少 3 家以该品类作为主要目标市场的竞争对手的网站，作为目标市场商品详情页分析的依据。

② 内部数据分析。

内部数据分析是指已上架的商品产生的销售信息，是选品成功与否的验证，也可用于以后选品方向的指导。卖家可通过平台分析工具获得已上架商品的销售信息（流量、转化率、跳出率、客单价等），分析哪些商品销售得好，从选品成功和选品失败的案例中积累经验和教训，再结合外部数据分析，一步步成长为选品高手。

▶▶ 3.1.3　货源的选择

出口商品货源的选择有两种渠道：一种是线下货源，另一种是线上货源。

1．线下货源

线下货源是指当地可以找到的实体店货源，包括专业批发市场和工厂货源。

（1）专业批发市场

如果资源资金比较充裕，卖家首先可以在当地的专业批发市场进货。在当地的专业批发市场进货有两个好处：一是可以亲自验看商品的质量；二是确保有库存，不会出现买家想购买的某商品缺断货情况。

（2）工厂货源

如果卖家能和工厂达成合作，则工厂货源是最好的货源渠道，不但可以节省成本，商品售后有保障，而且工厂货源也是人性化的，可定款、定价、定量。对于卖家未来的发展，工厂货源是最佳的选择。但采用工厂货源也有缺点，如果卖家是小批量进货，对工厂来说就很难建立长期合作关系。

2. 线上货源

（1）网上商城批发

网上商城批发是一个比较常见的渠道，因为没有地域的限制，所以进货比较方便，成本也较低，且货源比较稳定，操作简单；缺点是见不到实物。

（2）做网店代理或代销

现在很多跨境电子商务网站上不仅有批发服务，还有很多网上代理或代销服务。网代比较适合从事跨境电子商务的新手，不用什么成本就能将店开起来。但是卖家在找这类代理的时候一定要多做对比，可以先买回一两件商品试试，因为现在很多网站提供的商品在质量上没有保障，如果卖家代理了这样的商品，有问题就会遭到投诉，最后不仅亏了本，还可能降低店铺的信誉。

3.2 跨境电子商务商品定价

在很多跨境电子商务平台中，对商品的搜索排序起着重要影响的两大因素分别是销量和关键词，而影响销量最为关键的因素则是价格。

▶▶ 3.2.1 成本构成

成本构成一般指商品成本中所包含的各个成本项目，再具体而言，还包括这些成本项目不同的数额和占比，即商品（劳务或作业）成本的构成情况。不同生产部门生产的商品，成本结构通常是不同的。例如，在采掘业的商品成本构成中，生产工人工资的比重较大；而在机械制造业的商品成本构成中，原材料费用的比重较大。

跨境电子商务销售商品的成本构成主要包括商品的成本，包含商品的生产/采购成本、国内物流费用、国际物流费用、开店费用（含佣金）、推广成本、服务成本等。

由于每个商品的种类繁多，商品重量、属性各不相同，因此商品的物流成本差异较大，再加之每个跨境电子商务平台收取的平台佣金额度不同，不同订单的推广和服务成本又因具体情况而异，故针对跨境电子商务商品的成本构成通常只分析其包含的成本项目，而无须细算各商品的各项成本占比。

▶▶ 3.2.2 开店费用

各个跨境电子商务平台包含的开店项目和收费标准都不尽相同，下面介绍各主流跨境电子商务平台当前的开店费用及标准。

1. 亚马逊的开店费用

亚马逊的卖家分专业卖家（Professional）与个人卖家（Individual）两类。由于亚马逊是多站点平台，因此根据站点的不同，各类开店费用也有异，亚马逊北美站点的开店费用及相关说明如表 3-1 所示。

表 3-1 亚马逊北美站点的开店费用及相关说明

账 号 类 型	个人销售计划（Individual）	专业销售计划（Professional）
注 册 主 体	个人/公司	个人/公司
月 租 金	免费	39.99 美元/月
按 件 收 费	0.99 美元/件	免费
销 售 佣 金	根据不同品类亚马逊收取不同比例的佣金，一般为 8%～15%	
功 能 区 别	单一上传，无数据报告	单一上传/批量上传，可下载数据报告

2. 全球速卖通的开店费用

（1）店铺年费（以 2019 年新入驻公告为主）

全球速卖通对店铺年费实行按类目收费，不同类目收费金额不同，如电子烟、手机类目为 3 万元，真人发类目为 5 万元，其他类目为 1 万元。

全球速卖通的店铺年费可以根据不同的店铺类型和销售额进行全额返还或 50%返还。

（2）类目佣金

类目佣金是指全球速卖通按订单销售额的一定百分比扣除的佣金。全球速卖通各类目交易佣金比例不同，一般为 5%～8%。

（3）商标（R 标或 TM 标）

全球速卖通规定：如卖家手上早已有品牌商授权的商标，或者所申请的类目不需要商标授权就可售卖则不必再支付商标注册费用，直接用即可；如所需类目需要商标，而卖家自己没有或没得到商标持有人的授权，须支付商标注册费用，不同国家的商标注册费用不同。

（4）提现手续费（若没提现则可忽略）

卖家在进行提现时，银行会收取 15 美元/笔的手续费，手续费在提现时扣除。如果是使用支付宝来进行结汇，那么是无手续费的。

3. Wish 的开店费用

（1）预缴注册费

2018 年 10 月 1 日以后在 Wish 新注册的所有商户账户，须缴纳 2000 美元的店铺预缴注册费。同时，自 2018 年 10 月 1 日起，Wish 上的非活跃商户账户也被要求缴纳 2000 美元的费用。

（2）平台佣金

商品售出后，Wish 将从每笔交易中按一定百分比或按一定金额收取佣金，即卖家卖出商品之后收取这件商品收入的 15%作为佣金，即 Wish 平台佣金=（商品售价+邮费）×15%。

（3）其他费用

Wish 的其他费用还包括提现手续费、物流运费、平台罚款等。

4. 利润与利润率

利润和利润率是卖家在进行商品定价时经常会涉及的两个概念，它们既相互联系，又相互区别。利润率的目标和出发点也是为了利润，通过求得更高的利润率来求得更大的利润。

（1）利润

从经济学的角度讲，利润是企业家的经营成果，是企业经营效果的综合反映，也是其最终成果的具体体现。利润的本质是企业盈利的表现形式，是全体职工的劳动成绩，企业为市场生产优质商品而得到利润。与剩余价值相比，利润不但在质上是相同的，而且在量上也是相等的，利润与剩余价值不同的是剩余价值是对可变资本而言的，利润是对全部成本而言的。

结合上述经济学中对利润的界定，跨境电子商务商品的利润可以理解为除各种成本开销外，跨境商品的销售所带来的盈利。

（2）利润率

一个企业的利润率形式可以有很多种，一个跨境电子商务企业主要依靠商品销售获取收益，则其利润率可按成本利润率和销售利润率两种形式来计算。

① 成本利润率：一定时期的销售利润总额与销售成本总额的比率，成本利润率表明单位销售成本获得的利润，反映成本与利润的关系。

$$成本利润率=销售利润总额÷销售成本总额×100\%$$

② 销售利润率：一定时期的销售利润总额与销售收入总额的比率，销售利润率是以销售收入为基础分析企业获利能力，反映销售收入收益水平的指标。

$$销售利润率=销售利润总额利润÷销售收入总额×100\%$$

大多数跨境电子商务企业的利润率往往更多的是除各种成本开销以外的利润与总成本之间的比率，即这里所说的成本利润率。

▶▶ 3.2.3 价格的调整与换算

价格的调整与换算以全球速卖通为例进行讲解。全球速卖通对商品的搜索排序影响最大的两个因素是商品的销量及关键词，而影响销量的最关键因素则是价格。

① 研究同行业卖家、同质商品的销售价格，确定行业最低价，以最低价减 5%～15%为商品的销售价格。用销售价格倒推上架价格，不计得失确定成交价。

那么上架价格又可以用两种思路来确定。

$$上架价格=销售价格/（1-15\%）$$
$$上架价格=销售价格/（1-30\%）$$

第一种思路比较费成本，可以用重金打造爆款，这种思路简单、粗暴、有效，但不宜持续太久，因为风险较大。

第二种思路略微保守一些，可以通过后期调整折扣来让销售价格回到正常水平。

这两种定价思路基本都可以在 15%折扣下平出或略亏，作为引流爆款。

② 通过计算商品的成本价，根据成本价加利润来确定商品的销售价格，这样做是比较稳妥的。商品的销售价格确定后，根据店铺营销的安排，确定上架价格。

例如，商品成本是 3 USD，按照全球速卖通目前的平均毛利润率 15%，还有固定成交的佣金费率 5%，以及部分订单产生的联盟费用 3%～5%。我们可以推导出以下两个公式。

$$销售价格=3\ USD/（1-0.05-0.05）/（1-0.15）=3.92\ USD$$

再保守点：

$$销售价格=3\ USD/（1-0.05-0.05-0.15）=4\ USD$$

这其中，5%的联盟佣金并不是所有订单都会产生的，但考虑部分满立减、店铺优惠券、直通车等营销投入，以 5%作为营销费用，可以降低定价方面的差错率。

当然，这其中还可以加入丢包及纠纷损失的投入，按照邮政小包 1%的丢包率来算，又可以得到：

$$销售价格=3\ USD/（1-0.05-0.05-0.01）/（1-0.15）=3.96\ USD$$

再保守点：

$$销售价格=3\ USD/（1-0.05-0.05-0.15-0.01）=4.05\ USD$$

得到销售价格后，我们需要考虑该商品是作为活动款还是一般款来销售的。

假如作为活动款销售，按照全球速卖通通常活动折扣要求 30%来计算：

$$上架价格=销售价格/（1-0.3）$$

活动折扣可以到 50%甚至更高。

作为一般款销售：

$$上架价格=销售价格/（1-D）$$

D 表示平时打的普通折扣，一般比较低，若不打折则 D 为零。

全球速卖通建议折扣参数不低于 15%，因为全球速卖通大促所要求的折扣往往如此，同时，通常规定大促折扣不高于 50%，因为折扣过大容易产生虚假折扣的嫌疑。而根据全球速卖通官方的统计，折扣在 30%左右，是买家最钟情的折扣，属于合理预期范围。

对于 50%折扣的活动要求，基于以上定价的模式，基本上相当于平出，不会亏本或略亏，假如买家购买两个及两个以上商品，卖家就能赚到钱。

由于不同商品的重量不同，选择的物流方式也不同，为了便于日常上传商品时能快速准确地填写商品价格，因此企业需要平台运营专员利用软件来计算价格。

▶▶ 3.2.4 定价方法

商品定价是整个商品销售链中非常重要的一环，一方面定价直接关系着商品的销量和利润；另一方面定价直接影响商品的定位、形象和竞争力。跨境电子商务的商品定价难倒了不知道多少从事跨境行业的卖家，只有制定合理的商品定价策略，卖家才能在竞争激烈的环境下留存下来。

跨境电子商务卖家在进行商品定价时，要考虑商品的类型（引流款、爆款、利润款），商品的特质（同质性、异质性、可替代程度），同行竞品的价格水平，店铺本身的市场竞争策略，以及商品的自身价值等。常用的跨境电子商务商品定价方法有以下几种。

1. 成本导向定价法

基于成本的定价方法即成本导向定价法，是在商品单位成本的基础上，加上预期利润作为商品的销售价格，这种方法也叫成本加成定价法。采用成本导向定价法的关键是：一要准确核算成本；二要确定适当的利润加成率，也就是百分比。根据成本价加费用加利润来确定商品的销售价格，确定完商品的销售价格后，要依据营销计划的安排确定商品的上架价格。

简单而言，要想计算基于成本的定价，只需知道商品的成本，并提高标价以创造利润。

例如，从 1688 平台采购某商品，成本是每件 7 元，共 100 件，包装质量为 370 克（每件的包装重量为 25 克），国内快递费或运输成本为 8 元，银行美元买入价按 1 美元=6.4 元计算，假设 1688 平台目前的毛利率为 15%，固定成交平台的技术服务费率或佣金费率为 5%，以及部分订单产生的联盟费用为 3%～5%。

我们可以按以下步骤计算推导：

首先计算跨境物流费用，查询中国邮政小包的价格表，按照第 10 区运费，即最贵的运费报价包邮（价格 176 元/千克，挂号费 8 元，折扣 8.5 折），则跨境物流费用为：

$$运费×折扣×计费重量+挂号费=176×0.85×25/1000+8=11.74（元）$$

下一步计算销售价格：

销售价格=（采购价+采购运费+跨境物流单位运费）/（1-平台佣金费率-联盟费用）/（1-利润率）/银行外汇买入价=（7+8/100+11.74）/（1-0.05-0.05）/（1-0.15）/6.4=3.844（美元/件）。

5%的联盟佣金或营销费用不是所有订单都会产生的，以 5%作为营销费用，较为合理。

其中还可以加入可预知风险，如可能的丢包及纠纷损失，如果按照邮政小包丢包率 1%来算，可以推算出：

销售价格=（采购价+采购运费+跨境物流单位运费）/（1-平台佣金费率-联盟费用-丢包率）/（1-利润率）/银行外汇买入价=（7+8/100+11.74）/（1-0.05-0.05-0.01）/（1-0.15）/6.4=3.888（美元/件）。

2. 竞争导向定价法

基于竞争对手的定价方法即竞争导向定价法，它的基本依据是市场上同行相互竞争的同类商品的价格，特点是随着同行竞争情况的变化随时确定和调整其商品的价格水平。

例如，想要了解某商品同行的平均售价，具体做法是：在想要进驻的跨境电子商务平台的买家网页搜索商品关键词，按照拟销售商品相关质量属性和销售条件，依照销售量进行大小排序，可以获得销售量前 10 的卖家价格；如果想获得销售量前 10 的卖家的平均价格，可以按照销售量前 10 的卖家价格做加权平均，再根据平均售价倒推上架价格。

例如，在全球速卖通买家网页，搜索商品关键词——"打底裤 leggings"，按照销售量高低进行降序排序，搜索同行竞争卖家的价格，如果搜索到的销售量前 10 的卖家价格差别很大，则有益的参考价值有限，就需要依据销售量前 10 的卖家的店铺、销售量、价格等计算其价格加权平均数，得到平均售价做参考。这种通过计算平均价格的定价方法，理论上行得通，但实际上应用得不多。

采用竞争导向定价法，更多地要依据商品的差异性和市场变化因素。如果卖家的商品进入一个新的跨境电子商务平台，可以参照销售商品十分近似的售价试水，并不是比竞争对手低的价格才是最好的定价。在与同行的同类商品竞争中，最重要的是要不断培育自己商品的新卖点，培育新的买家群，只有卖家通过错位竞争和差别性的定价方法，才能找到商品最合理的价格定位。可以按照销售量前 10 的卖家价格做加权平均。

3. 价值导向定价法

如果跨境卖家专注于可以给买家带去的价值，具体的想法是：在一段特定时期内，卖家会为一个特定商品支付多少价格？然后根据这种感知来设定商品价格，这就是基于商品价值的价值导向定价法。

基于商品价值的定价方法，相对于前面介绍的两种定价方法而言更为复杂，原因有以下几个。

① 运用价值导向定价法需要进行市场研究和买家分析，跨境电子商务卖家需要了解最佳受众群体的关键特征，考虑他们购买的原因，了解对他们来说最重要的商品功能，并且还要知道在他们的购买过程中价格因素占的比重。

② 如果跨境卖家使用的是基于商品价值的定价方法，这意味着其商品定价的过程可能是一个相对较长的过程。随着对市场和商品的了解加深，卖家需要不断地对商品价格进行重复、细微的改动。

不过，由于运用价值导向定价法需要进行一定的市场和买家调查，因此它也可以为你不管从平均商品利润还是盈利整体来说都会带来更多的利润。

可以想象一位在繁华大街上卖雨伞的卖家，当阳光灿烂时，路过的行人没有立即买雨伞的需要。因此，在天气好的情况下，雨伞的感知价值会相对较低，但尽管如此，卖家仍可以依靠促销价来达到薄利多销的目的。

在下雨时，雨伞的价格可能上涨很多。一位着急赶去面试的行人在下雨时会愿意为一把雨伞支付更高的价格，因为他们不愿意浑身湿透了去面试。所以卖家可以从销售的每把雨伞中获得更多利润。

换句话说，有些商品的价值更多的是依靠买家的感知，此时卖家可以采用价值导向定价法。

本章小结

　　本章分 2 节来阐述与探讨跨境电子商务选品与定价。3.1 节主要讲述跨境电子商务选品的考量因素及注意事项，3.2 节主要讲述跨境电子商品定价，包括成本构成、开店费用、价格的调整与换算和定价方法。

拓展实训

跨境电子商务选品市场调研

【实训目的】

（1）了解跨境电子商务选品市场调研的方法。

（2）掌握主要跨境电子商务平台行业、品类的数据分析技巧。

【实训内容】

　　从全球速卖通、eBay、亚马逊、敦煌网等平台店铺后台数据提供的信息中，选择一个感兴趣的行业进行分析，分析某个品类的数据，并撰写分析报告。

【实训步骤】

（1）登录主流跨境电子商务平台。

（2）查询某个行业数据，撰写分析报告。

（3）查询某个品类数据，撰写分析报告。

课后习题

1. 简述跨境电子商务商品的实际成本包含哪些？
2. 跨境电子商务商品的价格定位技巧有哪些？
3. 跨境电子商务卖家常用的商品定价方法有哪些？

第4章
跨境电子商务网络营销

章节目标

1. 了解跨境电子商务网络营销的发展历程。
2. 了解搜索引擎营销的类型。
3. 掌握搜索引擎营销的技巧。
4. 了解各类社会化媒体营销平台的特点。
5. 掌握社会化媒体营销的技巧。
6. 网络直播营销和大数据营销的含义。

学习重点、难点

学习重点：搜索引擎营销的技巧、社会化媒体营销的技巧。
学习难点：选择合适的站内外营销推广方式推广店铺。

引例

　　网络营销是跨境电子商务企业重要的引流方式，跨境电子商务企业的经营者不仅要了解传统的、站内的营销方式及技巧，还要将足够的注意力放在站外营销的开发上。跨境电子商务企业的经营者要最大限度地利用各种引流工具，宣传自己的店铺及商品，增加商品的曝光度，进而达到树立品牌形象、传播自己品牌的目的。

4.1 跨境电子商务网络营销认知

▶▶ 4.1.1 跨境电子商务网络营销的基本概念

1. 跨境电子商务网络营销的概念

跨境电子商务网络营销是以国际互联网为基础的，利用数字化的信息和网络媒体的交互性来辅助跨境电子商务实现网络营销目标的一种新型市场营销方式。

跨境电子商务网络营销的交易主体是属于不同关境的，物流运输也是跨境完成的。

2. 跨境电子商务网络营销的特点

（1）方式多样性

跨境电子商务网络营销的方式众多，包括社会化媒体营销、搜索引擎营销、电子邮件营销、社群营销、内容营销、视频营销等方式。跨境电子商务企业在进行网络营销推广时，须结合具体情境，采用一种适当的网络营销方式，或者结合多种网络营销方式进行营销，才能取得较好的成果。

（2）全球性

全球性体现在两个方面：一是跨境电子商务网络营销的对象是全球用户，并不局限于某个国家或地区；二是跨境电子商务网络营销主要通过网络平台、App 等线上媒体进行营销，并不受空间和时间的约束，跨境电子商务企业可以随时随地向全球潜在用户进行营销推广。

（3）互动性

跨境电子商务企业自身的网站平台上可以详细、动态更新和展示商品的目录及其资料，用户如果对某个商品感兴趣就会留下痕迹，如浏览次数、点击量、收藏量等信息。同时，部分企业也会通过 YouTube 等社交媒体来宣传推广自己的商品，用户也会对商品做出反馈，企业可以根据收集的信息进行商品服务的更新与完善。

（4）虚拟性

跨境电子商务涉及范围广，全球范围内都存在潜在用户，采用实地发传单、投放广告的方式通常不可行。所以，跨境电子商务的营销手段要逐渐趋向于网络化和平台化，跨境电子商务网络营销具有虚拟性。

（5）高效性

跨境电子商务网络营销方式与传统印刷广告、邮寄、发传单等营销方式相比，速度更快，跨境电子商务企业可以在众多平台上投放广告，用户可以在第一时间看到推广信息并做出决定。同时，用户的信息也可以高效地反馈给企业，企业可以对收集到的信息，如用户个人信息、消费习惯、消费行为等进行存储，通过大数据整理分析后得到精确的用户画像，从而更为合理地调整企业商品的营销对象、定价、营销方式等。

▶▶ 4.1.2　跨境电子商务营销的发展历程

跨境电子商务营销的发展历程，可分为以下 7 个阶段。

1. 电子邮件营销

电子邮件营销是较早的外贸营销方法，诞生于 20 世纪 70 年代，由于当时使用网络的人数少且网络速度慢，因此并未得到快速传播。电子邮件营销的真正兴起是在 20 世纪 80 年代中期，随着个人计算机的兴起，电子邮件营销开始在计算机爱好者及一些大学生中快速传播开来。到了 20 世纪 90 年代中期，互联网浏览器的诞生推进了电子邮件营销的快速发展。电子邮件营销具有传播速度快、不受时间和空间限制、针对性强、成本低、内容多元化的特点。

2. 展会

20 世纪 90 年代初，我国的外贸主要通过展会方式来获取用户，外贸企业在展会上通过发放名片、商品宣传册的方式认识用户，展会结束后企业会积极跟进，尽量将在展会上认识的用户转化为订单。这个时期，中国进出口商品交易会（广交会）是境外客商了解中国企业和商品的唯一窗口，中国加入 WTO 以后，越来越多的境外客商来到中国，广交会一票难求，由于广交会效果明显，因此其规模一再扩大，还带动了广州宾馆、餐饮和旅游服务业的发展。后来又相继出现了华东交易会、宁波国际电子产品展、义博会等展会，直到 1997 年，中国展会经济基本成熟。如今，展会依然是非常重要的外贸营销方式。企业通过展会可实现与多个用户同时见面，可以在现场进行高效互动，让用户在短时间内进一步深入了解商品、企业等。

3. 搜索引擎营销

1996 年中国制造网上线，1998 年阿里巴巴上线，我国的外贸营销方式开始从线下转向线上，且线上营销方式的重要性逐渐增强。搜索引擎营销是一种全面而有效地利用搜索引擎来进行网络营销和推广的策略。搜索引擎营销追求高性价比，以最少的投入获得最大的访问量，并产生商业价值，它包含了从搜索引擎引入流量到最后达成销售的所有工作。电子商务的核心是引流，而引流的核心就是搜索引擎营销。

4. 社交媒体营销

2008 年，社交媒体和社交媒体营销兴起。社交媒体，是指一种允许人们通过撰写、分享、评价、讨论实现相互沟通的网站和技术，如新浪微博、微信等。社交媒体营销则是指利用社交媒体来进行的营销推广。

外贸社交媒体平台包括 Pinterest 等。不同的社交媒体在引流效果、停驻时间、转化率、性价比、平均客单价上都存在着差异。商家要学会巧妙结合多个社交媒体，以达到在提高品牌知名度的同时，获取更多的销售额和利润的目标。

5. 需求方平台

需求方平台（DSP）与传统广告方式不同，DSP 提供了一种全新的精准推送机制，为广告主实现了多屏整合、全流量、大数据的数字营销投放。2010 年 DSP 在我国兴起，2013 年得到迅速发展，在此期间，我国产生了一大批优秀的第三方 DSP 公司，如悠易互通、品友互动、易传媒等。

6. 重定位和再营销技术

重定位和再营销技术是指针对浏览过企业网站的用户进行再次营销的广告方式。

例如，我们在网上购买过或只浏览过的某种商品，在下一次上网时就会看到这些商品又出现在屏幕上。一般而言，网站转换率都低于 5%，这也意味着 95%的用户并没有被转换成订单，其原因是多方面的：可能是用户还没准备好购买，可能是用户还需要了解其他类似的商品，可能是用户根本不喜欢这件商品。对于前两种情况，我们还可以再次向用户进行商品展示来提高商品的购买量。

7. 整合营销

整合营销（Integrated Marketing）是一种对各种营销工具和手段的系统化结合，根据环境进行即时性的动态修正，以使交换双方在交互中实现价值增值的营销理念与方法。整合就是把各个独立的营销综合成一个整体，以产生协同效应，这些独立的营销工作包括广告、直接营销、销售促进、人员推销、包装、事件赞助和客户服务等。企业要战略性地审视整合营销体系、行业、商品及客户，从而制定出符合自身实际情况的整合营销策略。

▶▶ 4.1.3 跨境电子商务网络营销的常见方式

1. 搜索引擎营销

搜索引擎营销是 20 余年来，互联网中发展最为迅速的领域之一。互联网就好像一个巨型的图书馆，在这个图书馆中存在着并且时时刻刻都在产生着大量的信息。数以万计的信息远远超出了我们的想象与掌控，如果没有搜索引擎，也许我们根本无法找到想要的目标信息。

搜索引擎营销即 SEM，是 Search Engine Marketing 的缩写。SEM 是一种新型的网络营销方式，所做的就是全面而有效地利用搜索引擎来进行网络营销和推广。SEM 追求最高的性价比，即以最小的投入，获得最大的来自搜索引擎的访问量，并产生商业价值。

2. 电子邮件营销

电子邮件营销即 EDM，是网络营销方式中最古老的一种，可以说电子邮件营销比绝大部分网站推广和网络营销方式都要老。说到 EDM 营销，就必须有 EDM 软件对 EDM 内容进行发送，企业可以通过使用 EDM 软件向目标用户发送 EDM 邮件，建立同目标用户的沟通渠道，向其直接传达相关信息，以此促进销售。EDM 软件有多种用途，可以发送电子广告、商品信息、销售信息、市场调查、市场推广活动信息等。

3. 内容营销

内容营销是以图片、文字、动画等介质向用户传达企业的相关信息，以促进销售，即通过合理的内容创建、发布及传播，向用户传递有价值的信息，从而实现内容营销的目的。内容营销所依附的载体可以是企业的 Logo、画册、网站、广告，甚至可以是 T 恤、纸杯、手提袋等。根据载体的不同，内容营销有不同的传递介质，但内容的核心必须是一致的。从 19 世纪至今，伴随着传递介质的不断演变，内容营销经历了 4 个阶段：报纸/杂志、广播、电视、互联网。目前，内容营销的主要载体是互联网。

4. 网络广告营销

网络广告营销的收费方式有以下几种：按效果付费（CPM）、按点击付费（CPC）、按每行动成本付费（CPA）、按每购买成本付费（CPP）、按业绩付费（PFP）等。网络广告营销投入大、见效快，主要有搜索引擎 Adwords 广告、广告联盟等。

5. 社区论坛软文营销

国外社区和论坛的活跃度很高，只要发言，国外用户都会很踊跃地回复。因此，经常出现的现象是很多外贸 SOHO（Small Office，Home Office 的简称，意思是居家办公，指居家办公的自由职业者）在国外知名的行业社区和论坛随意打广告，带上自己网站的签名链接等，但这样往往会适得其反，引起国外用户的反感，封号是经常出现的事。这足以看出社区论坛软文营销的特点：量不在多，有用才行。这种零成本长期受益的社区论坛软文营销方式，非常适合中小跨境电子商务企业，以及外贸 SOHO。

6. 视频营销

随着企业影响力的上升，视频营销显得很有必要。我们经常会在国外知名网站上看到一些知名商品的广告，一旦成功，口碑的营销力将无法想象，不过最关键的是视频营销一定要有创意，这样才能形成"病毒式"营销，直插用户"软肋"，吸引用户眼球。

4.2　跨境电子商务站内网络营销推广

▶▶ 4.2.1　亚马逊的营销推广

亚马逊中的"Buy box"是每位卖家都想要抢占的"黄金"购物车，位于亚马逊商品详细信息页面右侧，用户可以将商品添加到购物车或立即购买商品。

亚马逊中的每个商品都有自己的商品详细信息页面，其中可能包含来自不同卖家的相同商品，这对亚马逊卖家而言，在亚马逊的商品详细信息页面上获得可见性是一项重大挑战。

当用户点击"Add to Basket"（添加到购物车）按钮时，他们只会从一个卖家处购买，并且是获得"黄金"购物车的卖家。亚马逊"黄金"购物车如图 4-1 所示。

图 4-1　亚马逊"黄金"购物车

亚马逊平台的门槛高，对所入驻的卖家要求也较高。"黄金"购物车是亚马逊从这些优质卖家中选择分配出来的，可以获得"黄金"购物车的卖家在优秀卖家的基础上还需要具备以下几个条件。

① 必须是专业卖家。

② 必须在亚马逊上有 2～6 个月的销售记录，必须是一个拥有较高的卖家等级、送货评级，同时缺陷率低于 1%的特色卖家。

③ 商品状态必须是新的。

④ 商品必须有库存。

在符合这些条件的优质卖家中，亚马逊会将 70%的"黄金"购物车分配给高评分卖家，25%的"黄金"购物车分配给中等评分卖家，剩余 5%的"黄金"购物车分配给低评分卖家。

▶▶ 4.2.2　eBay 的营销推广

eBay 的营销推广如图 4-2 所示。

图 4-2　eBay 的营销推广

1．Order discount

Order discount 即订单促销，是基于买家订单的金额或采购数量提供给卖家享受的折扣优惠，卖家可以使用该工具在任何新活动上节省资金。

2. Shipping discount

Shipping discount 即运费折扣，合并订单免运费是买家购买的商品达到一定的金额或数量时获得物流服务的升级。当买家对于商品有迫切需求，而卖家又提供了更快速的物流方式时，二者相契合可以让买家增加单次购买量以获得更快速的物流服务。

3. Sale event

Sale event 即降价活动，降价活动并不是针对商品具体的折扣设置，而是设定折扣的集合来扩大打折的效果。每件商品都需要用 Mark Down 先单独做好打折，然后放在一起做一个降价活动。Mark Down 简单来说就是针对选中的商品或品类进行降价的行为。因为降价活动的标题是买家可见的，所以一定要取一个具有吸引力的标题。

4. Codeless coupon

Codeless coupon 即优惠通道，优惠通道的促销方式同样可以设置以金额或数量为规则，但不同于其他促销方式，优惠通道是卖家自己设置一条链接给特定的买家来享受这个折扣。买家只有点击这条链接才能看到促销商品，常规搜索浏览是无法看到这个折扣设置的。因此，Codeless coupon 常被用于给一些复购率高的买家或店铺 VIP 定期发送专属的优惠，以及邮件营销的时候。

▶▶ 4.2.3　Wish 的营销推广

Wish 的营销推广如图 4-3 所示。

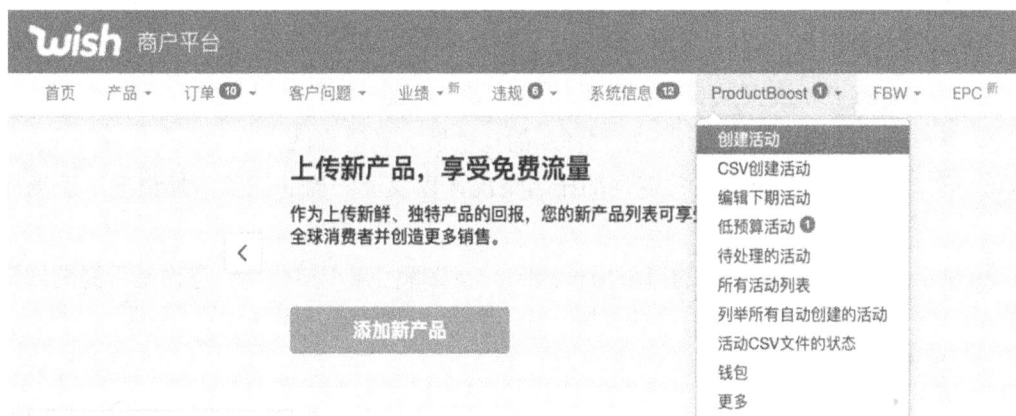

图 4-3　Wish 的营销推广

1. ProductBoost 概述

ProductBoost，简称 PB，是 Wish 平台推出的结合商业端数据与后台算法，增加商品曝光与流量的工具。ProductBoost 能够直接有效地为卖家打造爆款，使商品获得较好的展示排名，为店铺快速引流。ProductBoost 不会对所有商品进行推广，只会推广那些系统监测到的有用户市场的商品。卖家参加 ProductBoost 活动所产生的费用，每 15 天结算一次，从卖家账户当期余额中扣除。ProductBoost 推广周期最短为 1 天，最长为 4 周。

2. ProductBoost 推广商品的流程

ProductBoost 可以为店铺快速引流，卖家在日常使用 ProductBoost 进行商品推广的过程，主要遵循选品、关键词设置、商品竞价和推广活动优化 4 个流程。

（1）选品

适合参加 ProductBoost 活动的商品有以下 5 种。

① 已经在其他跨境电子商务平台获得成功的商品。

② 具有流行趋势且需求量非常大的季节性商品。

③ 市场中还未出现或未大范围出现的商品，对用户来说非常新奇的商品。

④ 质量和价格具备竞争优势的商品。

⑤ 流量大的商品。

（2）关键词设置

设置关键词的方法主要有以下 4 种。

① 借助工具选择相应的关键词。例如，使用 Google Adwords 工具，搜索自己打算推广的商品，选取 10～15 个关联性较强的关键词，然后到 Wish 用户端搜索这些关键词，观察哪些关键词在 Wish 平台内的反响比较好。

② 可以参考其他各大跨境电子商务平台的热门搜索词。

③ 查看商品行业分类情况，通过工具选择相应的关键词。

④ 通过一些比较专业的小语种跨境电子商务平台，选择一些小语种关键词。

（3）商品竞价

要设置 ProductBoost 商品竞价，须进行多次重复测试，以获得最优竞价。

① 第一周，可进行低价测试，根据商品的竞争情况确定价格。

② 第二周，搜索分析商品关键词的排名情况，以及上一周的流量转换情况，适当提高竞价。

③ 第三周，继续分析商品的流量增长情况，以及商品点击转化率，考虑是否提高或降低竞价。

（4）推广活动优化

通过多次对市场的测试与检验，卖家应每周统计所获得的流量，观察店铺活动关键词排名情况，并及时调整关键词设置。时刻关注商品在行业内销量的排名情况，考虑是否要加大 ProductBoost 的投入，以获得更多的自然流量。

4.3　跨境电子商务站外网络营销推广

▶▶ 4.3.1　电子邮件营销推广

电子邮件营销（E-mail Direct Marketing，EDM）是指商家通过向客户（含潜在客户）发送电子邮件广告，传递价值信息的一种网络营销手段。网络的普及、网上跨境电子商务的快速发展，以及物流体系的完善，为线下客户提供了一种新的网上消费环境，实现了与目标客户的高效快速沟通。欧美等发达国家的互联网在商业上的应用时长已经超过 20 年，在这段时间产生了各种互联网平台的网络营销方式，电子邮件营销就是其中代表之一。而相较于欧美发达国家比较成熟的许可式电子邮件营销方式，我国开展电子邮件营销起步比较晚，还经历了一段较长时间的无序发展时期，因此电子邮件营销在我国没有得到很好发展。但随着跨境电子商务的兴起，特别是在 B2B 领域，电子邮件营销凭借广泛、高效、低成本等优点逐渐成为重要的网络营销方式。

1. 电子邮件营销的业务流程

（1）设计电子邮件营销活动方案

商家在制订任何营销活动方案之前都要进行方案设计，从而确定本次营销活动的目标、计划、针对人群和管理控制方法，并且还要将目标划分为长短期目标，以分阶段达成目标。在每个分期目标中设置完成截止时间和负责人，以保证可以按计划实施目标。

（2）获得目标受众电子邮件地址

在设置好各项目标、计划以后，商家就要获得本次电子邮件营销中所使用的电子邮件地址。电子邮件地址可以通过以下 4 种途径获得。

① 从线上渠道获得。线上渠道获得的方式很多，如国际展会、调查问卷、企业黄页，以及其他公开渠道。从线上获得电子邮件地址的方式在早期 B2B 的外贸活动中曾占很重要的地位，但由于受到各种时空条件的限制，因此并不能作为现代电子邮件营销方式中电子邮件地址的主要获得方式。

② 从客户的注册信息中获得。目前大部分跨境电子商务平台都会要求客户使用电子邮箱注册账号，并且还要通过向客户电子邮箱发送电子邮件的方式来激活账号，因此向客户的注册电子邮箱发送营销邮件无疑是具有针对性的。

③ 从目标论坛中获得邮件地址。在本行业目标论坛上活跃的客户是具有较高效率的潜在客户，商家可以通过许诺发送目录、图片或优惠券的方式鼓励潜在客户留下电子邮件地址。以这种方式获得电子邮件地址带有许可式营销的意义，且电子邮件营销受众是主动接受电子邮件的，营销反馈率较高。

（3）选择适当的电子邮件服务商

商家在进行营销活动时一定要慎重选择电子邮件服务商。尽管目前国内的电子邮件服务商都可以发送跨国电子邮件，但是在实际工作中会发现某些电子邮件服务商的服务会更优一些，特别是在今天跨境电子商务发展迅速的时代，某些电子邮件服务商的客户端服务更加个性化、功能更强大。另外，考虑给予目标受众更加专业化和商业化的印象，应尽量选择有商务用途的电子邮件服务商。

（4）做好内容模板

商家在选择电子邮件服务商后还应该进行电子邮件模板设计，电子邮件模板设计应该根据目标受众进行。由于电子邮件病毒泛滥，因此相对于图文附件式的电子邮件，纯文本的电子邮件更容易被目标受众接受并打开。在收件人设置方面，为提高电子邮件的效率，减少客户对群发电子邮件的反感，收件人不宜罗列过多，可以使用暗送功能。

（5）电子邮件营销过程管理

电子邮件应有计划进行，可以按某个时间间隔发送，也可以在某个特殊时间节点发送。在营销活动过程中，商家应注意统计客户接收电子邮件并打开电子邮件的概率，总结不同营销方式的开件率。

（6）反馈监控

一项营销活动结束以后，商家还应该进行反馈监控。注意收集客户对此次营销活动的反馈意见，并整理出来为以后的活动做参考。

2. 发送电子邮件

请不要忽视发送电子邮件这个既简单又困难的环节，因为这关系到精心制作的电子邮件是否能准确送达客户手中。还有，选择合适的发送时间也是一个吸引客户看电子邮件的方法。

① 好的电子邮件标题：在打开电子邮件前最先映入眼帘的就是电子邮件标题，标题的好坏可以影响客户是否会打开这个电子邮件。在确定标题时，"重点+简洁有力的文字"是个不错的选择。

② 细分客户：发送电子邮件前一定要定位好你的客户，包括老客户，不同类型的客户发送的电子邮件要有所区别。

③ 使用专业的电子邮箱发送电子邮件。

④ 选择合适的发送时间：各大知名电子商务邮件，大部分集中在 7 点～9 点和 11 点～13 点这两个时间段发送，这两个时间段，恰恰是上班族打开计算机或想要休息一会儿的时间，这样就大大增加了客户打开电子邮件的可能性。

3. 数据监测

电子邮件发送后，对电子邮件后续的数据监测也是至关重要的，我们可以通过电子邮件的到达率、打开率、点击率等各方面数据来判断电子邮件营销的效果。

▶▶ **4.3.2 搜索引擎营销推广**

1. 搜索引擎

搜索引擎（Search Engine）是指根据一定的策略，运用特定的计算机程序从互联网上搜集信息，在对信息进行组织和处理后，为用户提供检索服务，将用户检索相关的信息展示给用户的系统。百度和谷歌等是搜索引擎的代表。

搜索引擎的工作原理其实非常简单，很多人误认为搜索引擎返回的结果是动态的，其实搜索引擎返回的结果是提前就已经抓取，然后经过了一系列算法筛选之后放入索引数据库中的，用户查询时就立即对索引数据库进行查找，反馈用户准确的关键字查询结果。搜索引擎工作原理如图 4-4 所示。

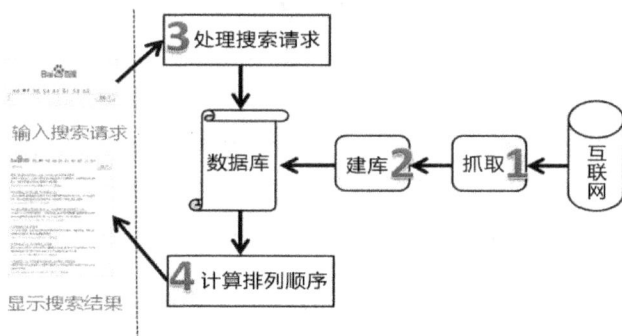

图 4-4　搜索引擎工作原理

2. 搜索引擎营销

搜索引擎营销（Search Engine Marketing，SEM）是目前应用广泛、时效性很强的一种网络营销推广方式。搜索引擎营销是利用搜索引擎的特点，根据客户使用搜索引擎检索信息的机会，配合一系列技术和策略，将更多的商家信息呈现给目标客户，从而使商家盈利的一种网络营销方式。

搜索引擎营销的基本过程包括以下 4 点。

① 商家将信息发布在网站上，使其成为以网页形式存在的信息源。

② 搜索引擎将网站网页信息收录到索引数据库中。

③ 客户利用关键词进行检索，检索结果中罗列相关的索引信息及其链接 URL。

④ 根据客户对检索结果的判断，选择有兴趣的信息，并点击 URL 进入信息源所在网页。

通过这 4 点便完成了商家从发布信息到客户获取信息的整个过程。

3. 搜索引擎选择技巧

如果跨境电子商务商家想要开拓国际市场，那么搜索引擎的排名将直接影响营销推广效果。众多商家多年的推广经验表明，选择更大型的搜索引擎进行营销能够让商家获得更佳的推广效果。如果能够用排名前几位的搜索引擎，那么商家将比其他竞争对手更早一步吸引到目标客户，更进一步扩大外销渠道，从而实现商家利益最大化。以下是排名靠前的几个搜索引擎。

（1）谷歌

谷歌公司成立于 1998 年 9 月 4 日，由拉里·佩奇和谢尔盖·布林共同创建，被公认为全球最大的搜索引擎公司。谷歌公司是美国的跨国科技企业，业务包括互联网搜索、云计算、广告技术等，还开发并提供大量基于互联网的产品与服务，其主要利润来源于 Adwords 等广告服务。

（2）微软必应

微软必应（Microsoft Bing）是微软公司于 2009 年 5 月 28 日推出的全新搜索引擎服务。为符合中国用户的使用习惯，Bing 的中文品牌名为必应。作为全球领先的搜索引擎之一，截至 2013 年 5 月，必应已成为北美地区第二大搜索引擎。

（3）百度

百度是全球最大的中文搜索引擎，2000 年 1 月由李彦宏、徐勇二人创建于北京中关村。"百度"二字源于中国宋朝词人辛弃疾《青玉案》中的一句词："众里寻他千百度"，象征着百度对中文信息检索技术的执着追求。百度于 2005 年 8 月 5 日在纳斯达克上市。百度秉承"以用户为导向"的理念，不断坚持技术创新，致力于为用户提供"简单、可依赖"的互联网搜索产品及服务，其产品及服务具体包括以网络搜索为主的功能性搜索，以贴吧为主的社区搜索，针对各区域、行业所需的垂直搜索、MP3 搜索，以及门户频道、IM 等，几乎全面覆盖了中文网络世界所有的搜索需求。

（4）Yandex

1997 年 9 月 23 日，俄罗斯搜索引擎 Yandex（语言目录）首次上线。Yandex 是俄罗斯重要的网络服务搜索引擎之一。Yandex 目前所提供的服务包括搜索、最新新闻、地图和百科、电子邮箱、电子商务、互联网广告及其他服务。Yandex 在俄罗斯本地搜索引擎的市场份额已远超俄罗斯谷歌。同时，Yandex 也是欧洲第二大搜索引擎。

4. 搜索引擎营销的推广方式

搜索引擎营销的推广方式主要有竞价排名、购买关键词广告、搜索引擎优化。

（1）竞价排名

竞价排名是指商家只有在网站付费后才能被搜索引擎收录，付费越高排名会越靠前，实质是商家为自己的网页购买关键字排名，搜索引擎按照点击计费的一种营销方式。商家可以通过调整每次点击付费的价格来控制自己在特定关键词搜索结果中的排名，并可以用相同的关键词捕捉不同类型的目标访问者。

（2）购买关键词广告

购买关键词广告是指在搜索引擎的搜索结果页面显示广告内容，实现高级定位投放，商家根据需要更换关键词，这就相当于在不同页面轮换投放广告。

（3）搜索引擎优化

搜索引擎优化（Search Engine Optimization，SEO）是在了解搜索引擎自然排名机制的基础上，对网站进行内部及外部的调整优化，改进网站在搜索引擎中的关键词自然排名以获得更多流量，从而达到网站销售及品牌建设的预期目标。搜索引擎优化包括网站内容优化、关键词优化、外部链接优化、内部链接优化、代码优化、图片优化、搜索引擎登录优化等。

5. 搜索引擎营销的技巧

在跨境电子商务行业中的搜索引擎，尤其是谷歌，是跨境电子商务商家引入流量最重要的渠道，下面以谷歌为例，分析搜索引擎营销的技巧。

（1）及时更新网站，丰富页面内容

网站内容的质量和时效性是谷歌排名算法的重要参考因素，因此，及时更新网站是维持和提升网站排名的有效方法。此外，网站内容最好是原创的，且不要是纯文本的内容，要适当添加图片和视频，以提升访客体验度。

（2）提升网站加载速度

网站加载速度也是谷歌排名算法的重要参考因素之一。如果网站的加载速度太慢，那么访客就容易跳转到其他网站，且现在越来越多的访客使用移动端搜索，网站的加载速度就显得更加重要，因此，最好将网站在移动端的加载速度降低到秒以下。

（3）注重链接的质量

对于已经有良好排名的关键词，无须再过多地设置链接，以免网站被禁和因不合理的速度被谷歌监测到大量链接；避免将多数链接全部指向同一篇文章；为访客提供有用的、相关的内容信息；将链接建立在网站的各个页面上，以保持链接布局的丰富性和多样性。

（4）重视出站链接和链向自己网站的内链

商家可以向在行业内的权威品牌提供出站链接，这样能保证网站内容的相关性，更容易得到谷歌的认同，商家要确保自己链接所指向的网页能够为访问者提供有价值的、相关的信息。例如，销售汽配类商品，可以与米其林的主页建立链接，但不能与哈佛大学的主页建立链接，因为哈佛大学网站的内容与销售的商品毫不相关。

所谓网站内链，是指网站内部页面之间的链接。做好网站内链，能够帮助搜索引擎更好地处理页面内容，此外还能延长访客驻留时间，因为访客能够在商家的网站方便地访问到更多的内容。但是，创建的网站内链同样不宜过多，适量即可。

（5）增加社交媒体曝光度

同样要重视在其他社交媒体平台的权重，如 Facebook、Twitter 等网站，这些社交媒体平台在谷歌上有非常好的排名，通过这些社交媒体平台获取链接，能够提升网站的相关性。如果你的网站有多人分享，那么在社交媒体上你就能获得更多的曝光机会，进而帮助自己的网站获得更好的排名。

▶▶ 4.3.3　社会化媒体营销推广

1. LinkedIn 营销

LinkedIn（领英）是商用型职场严肃网络社区平台，LinkedIn 与 Facebook 的最大区别是 LinkedIn 更加商务化、职场化，而 Facebook 则更加偏向生活化。正是因为 LinkedIn 的商务化、职场化属性，所以 LinkedIn 更适合跨境电子商务。

（1）LinkedIn 的主要功能

LinkedIn 的主要功能可以分为 4 个：社交、职业、企业展示、广告。

① 社交是 LinkedIn 最主要的功能，亦是 LinkedIn 创办的初衷。通过社交功能，LinkedIn 的用户可以在平台上进行商务交流，构建自己的人脉圈。

② 职业是在 LinkedIn 的社交功能中拓展出来的重要功能。LinkedIn 的用户可以通过展示自己的教育及职业背景，在人脉圈中获得业内的肯定，并进行求职。

③ 企业展示是 LinkedIn 针对企业用户推出的功能，企业用户可以在 LinkedIn 上创建企业账号，并进行企业形象展示、业务介绍的商务活动。

④ 广告是 LinkedIn 的非核心功能，用户可通过设置预算和出价控制推广活动成本，并且可以自助下单。

（2）LinkedIn 的推广方式

① 人脉推广。

人脉推广主要是通过搜索关键词的方式，加好友扩展人脉圈，然后在人脉圈中进行推广。搜索关键词可以通过行业关键词进行搜索，也可以通过潜在客户的电子邮箱进行搜索。

② 展示推广。

展示推广主要是以设置和维护主页的方式进行静态的推广。LinkedIn 可以设置个人用户和企业用户，用户可以在主页上展示照片和文字信息进行自我宣传以达到展示推广的目的。

③ 广告推广。

LinkedIn 推荐自助广告下单。在进行广告推广前，应先设置每日预算和总预算，然后选择手动或自动出价的方式进行竞价。LinkedIn 推荐自动出价，自动出价有利于用户了解整个预算表现潜力，并可以更好地控制效果单位成本和广告推广开销。LinkedIn 帮助中心说明了广告推广费用的最低要求，即广告推广需要满足最低每日预算、总预算和出价金额的要求，具体要求包括每个广告推广 10 美元的每日预算，每个广告推广 10 美元的总预算（企业推广内容的可选功能）和文字广告推广最低 2 美元的 CPC 或 CPM 出价。

2. Pinterest 营销

Pinterest（品趣思）是一个创意组合词，Pinterest 由 Pin（拼）+Interest（兴趣）组成，寓意为把自己感兴趣的东西（图片）用图钉钉在钉板（Pinboard）上。Pinterest 是全球最大的图片分享网站，采用瀑布流的形式展现图片，无须用户翻页，图片会不断自动地加载在页面底端，让用户不断地发现新图片。此外，用户也可以按主题分类添加和管理自己的图片收藏，并与好友分享。索尼等许多公司也在 Pinterest 建立了主页，用图片营销旗下的产品和服务。

（1）Pinterest 的推广技巧

目前在欧美市场上，许多商家都利用 Pinterest 做引流。据统计，注册 Pinterest 的用户 68% 以上是女性，且大多是年轻女性，所以，要做好社会化媒体营销推广，除要选好适合的社交平台之外，还要找到合适的消费群体。

跨境电子商务商家要在 Pinterest 上做好社会化媒体营销，就要利用自己获得的数据、自己店铺的品类、用户的行为，以及平台的渠道去制定相应的策略。

① 找到用户感兴趣的主题做主题。

Pinterest 中有各种各样的主题分类，跨境电子商务商家可以在 Pinterest 中找到一些相关的主题，观察这个主题中最受人关注的图片，从而将其作为选品的参考。一些有心的商家会根据图片的受欢迎程度，将最受欢迎的图片做成主题页面来吸引用户的眼球。有的商家在做了专题之后，就会将 Pinterest 上比较受欢迎的商品进行打折，而其他店铺没有折扣，这样就能获得更多的流量。

② 利用网络红人进行广泛传播。

相较其他社交平台，Pinterest 平台最大的好处就是图片上有链接，用户只要单击图片就可以直接进入商家的店铺，这在引流上可以发挥很大的作用。因此，如果商家的图片被更多的人分享，那么商家店铺的点击率就会升高，潜在的客户就会更多。例如，有一个跨境电子商务商家是这样做的：找到一些网络红人，由他们定期发布商家的商品图片到自己的主页上，每周发十几张图片。一年后，该店铺就实现了每天 1000 多个订单的目标。

③ 结合强关系的社交平台。

虽然利用 Pinterest 可以为跨境电子商务商家带来大量的兴趣类流量，但是 Pinterest 与客户建立的关系是一种弱关系，如果客户没有成功沉淀为老客户，那么可能就会很快流失。因此，商家还需要结合强关系的社会平台去做营销。在获得新客户的流量之后，商家要进行相应的转化，如在店铺中做相关的专题页面，通过强关系的社交平台将弱关系的社交平台的流量沉淀下来。

④ 注重精细化发展。

如果跨境电子商务商家能够做好精细化发展，那么就会形成强有力的竞争优势。要想进一步取得优势，商家要做的就是别人目前还做不到的，而 Pinterest 大多数流量都来自移动端，因为相对 PC 端，移动端在分享女性消费品方面更加便捷和迅速。从中我们也可以看出，未来跨境电子商务的很多订单可能会更多地出现在移动端，这也给跨境电子商务商家提供了一个主要的发展方向。

（2）Pinterest 的常用工具

① Pinterest group。

Pinterest group 工具可以挖掘出很多行业中大的群组。在输入关键词的时候，Pinterest group 工具会根据你的关键词筛选出相关的 Pinterest group。

② Pinterest anaytics。

Pinterest anaytics 工具是 Pinterest 官方自带的工具，它可以很好地分析出帖子的浏览量、点击量和存储量，非常方便。

▶▶ 4.3.4　网络直播营销推广

1. 网络直播营销的含义

网络直播营销是指采用视频直播的形式在 PC 端或移动端上，以为商家达到品牌推广或商品销售的目的所进行的营销。网络直播必备的特征包括以营销为目的、以直播为方式、以线上为平台（不包括传统的电视直播）。

2. 网络直播迅速发展的背景

随着市场环境的激烈变化，营销行业同样迎来了新的行业变革。新的营销方式越来越强调对消费者的直接运营，重视商品和消费者之间关系的建立和维系，而网络直播作为新的营销方式与工具，不仅聚合了人、货、内容、场景等多重因素，还实现了内容赋能传播、社交促进销售等意外收获。同时，"短视频+网络直播"方式的相互配合，已经成为越来越多商家与品牌的营销标配。

电子商务网络直播发展初期，在网络直播间总能看到以"全网最低价""大牌超低价""限时秒杀"为噱头的商品促销，这类商品确实可以因出现次数频繁而变得耳熟能详，但也只有在网络直播渠道中以极其明显的价格优势受到消费者的关注，消费者也仅是因为"占便宜"这个消费动机而为商品买账。在这种情况下，商品及其背后的品牌价值无法顺利传达到消费者，消费者与品牌之间产生的联系更是"不堪一击"，因此更无品牌忠诚可言。

通过"短视频+网络直播"的组合拳，可以解决上述问题，使品牌达到品效平衡。品牌首先可以通过短视频"种草"的方式使消费者形成商品认知，这类"种草"短视频可以理解为导购模式，很大程度上内容质量决定产生流量的多少，而消费者的情感认同、社交分享、多样化内容等要点，则是激发需求和转化效率的关键，前期的沉淀越多，消费者决策的速度就越快、转化效率就越高。短视频通过不断深挖和角度各异的内容，弥补了网络直播"不够深入"的不足，更好地为网络直播带货中的商品折扣销售做了内容铺垫。相关数据显示，短视频"种草"对"90后""00后"尤其见效，越年轻的消费者对KOL（关键意见领袖）的"种草"信赖度越高。

3. 网络直播和短视频营销的发展策略

品牌可以通过整合营销，率先在小红书、抖音、B站、微博、微信等多场景平台，以商品试用、开箱、好物分享、日常妆容分享、剧情植入、Vlog植入等多内容维度，进行短视频"种草"的投放，最终通过网络直播带货的方式收获市场与口碑，实现组合联动的全平台整合营销。

在整个链条前段的"种草"环节，需要品牌梳理清晰自身卖点，针对短视频平台机器用户特点发布"种草"内容，对应用户的需求和原动力，进行精准"撩拨"。例如，不同的KOL正在向精细化运营、深度垂直内容的领域发展，头部KOL并非是万能的，KOL的整合"种草"投放存在明显的营销优势。在内容方面，KOL"种草"可以分为3类——大咖同款、借势"种草"及营销造事，前两者可以借力打力地使消费者拥有想象空间，后者则更适合大品牌利用自身影响力的跨界融合。而在整个链条后段的网络直播环节，则又是一次对人、场、货的梳理。人即主播，可以通过专业的货品解读、导购能力，或者与粉丝之间的信任度有效地推动粉丝消费和决策；场则是不同的网络直播平台，由于各网络直播平台的能力各有差异，因此每个卖场的基因各不相同，品牌需要基于不同诉求选择更为适合自己的"直播卖场"；货则是网络直播中商品的组合策略，如"有品牌/商品高成熟度+利益刺激"的组合即意味着大概率的市场爆款与成功的网络直播转化。

▶▶ 4.3.5　大数据营销推广

1. 大数据营销的定义

大数据营销是指通过互联网采集大量的行为数据，首先帮助广告主找出目标受众，以此对广告投放的内容、时间、形式等进行预判与调配，并最终完成广告投放的营销过程。

随着数字生活空间的普及，全球的信息总量正呈暴发式增长，大数据、云计算等新概念和新范式广泛兴起，它们无疑正引领着新一轮的互联网风潮。

2. 大数据营销的特点

（1）多平台化数据采集

大数据的数据来源通常是多样化的，多平台化数据采集能对网民行为的刻画更加全面和准确。多平台化数据采集可包含互联网、广电网、智能电视，未来还有户外智能屏等。

（2）强调时效性

在网络时代，网民的消费行为和购买方式极易在短时间内发生变化。在网民需求点最高时及时进行营销是非常重要的。全球领先的大数据营销企业 AdTime 提出了时间营销策略，时间营销策略可通过技术手段充分了解网民的需求，并及时响应每个网民当前的需求，让网民在决定购买的"黄金时间"内及时接收到商品广告。

（3）个性化营销

在网络时代，广告主的营销理念已从"媒体导向"向"受众导向"转变。以往的营销活动须以媒体为导向，选择知名度高、浏览量大的媒体进行投放。如今，广告主完全以受众为导向进行广告营销，因为大数据技术可让广告主知晓目标受众所在的地理位置、关注着什么位置的什么屏幕。大数据技术可以做到当不同用户关注同一个媒体的相同界面时，广告内容有所不同，大数据营销实现了对网民的个性化营销。

3. 大数据营销的意义

（1）利用大数据改进企业广告投放策略

当前，越来越多的企业在大数据思维指导下进行广告投放，广告能通过对人群的定向，投放给准确的目标消费者。特别是互联网广告现在能够做到向不同的人发布最适合其自身的广告，同时谁看了广告、看了多少次广告，都可以通过数据化的形式来了解、监测，以使企业可以更好地评测广告效果，从而也使企业的广告投放策略更加有效。

（2）基于大数据的精准推广策略

没有目标消费者的精准定位且盲目推广是很多企业开展营销推广没有效果或效果甚微的主要原因。大数据时代一个重要的特点是：一方面能够实时全面地收集、分析消费者的相关信息数据，从而根据消费者不同的偏好、兴趣及购买习惯等特征有针对性、准确地向消费者推销最适合他们的商品或服务；另一方面，可以通过适时、动态地更新，丰富消费者的数据信息，并利用数据挖掘等技术及早预测消费者下一步或更深层次的需求，进一步加大推广力度，最终达到极大增加企业利润的目标。

（3）规模个性化商品策略的实施

传统市场营销商品的策略主要是：同样包装、同等质量的商品卖给所有消费者，或者同一个品牌、若干不同包装、不同质量层次的商品卖给大部分消费者，这使得很多企业的很多商品开始失去对消费者的吸引力，越来越不能满足消费者的个性化需求。

近年来，随着科技和互联网的发展，社会的生产制造向生产"智"造转变，同时大数据通过相关性分析，将消费者和商品进行有机串联，对消费者的商品偏好、消费者的关系偏好进行个性化定位，进而反馈给企业的品牌、商品研发部门，并推出与消费者个性相匹配的商品。

（4）大数据使营销渠道效能的潜力得以充分挖掘

以前市场营销的渠道大多采取代理制或购销制，企业与代理商或经销商之间存在一种利益博弈关系，相互之间的信息常常是不共享的，也经常会发生利益冲突。在大数据环境下，企业只有与各方合作者一起建立大数据营销系统平台，才能集中体现大数据、物联网、云计算、移动电子商务的优势，从而不断拓展企业营销渠道的外延与内涵。通过营销渠道各方协调一致增强消费者对商品品牌、服务的良好体验，进而激发消费者更加强烈的购买欲，使消费者与企业品牌的亲和度更加紧密，提升企业的利润空间。

（5）利用企业大数据集成系统制定科学的价格体系策略

现在，很多企业都构建了基于大数据技术的大数据营销平台，实现了海量、不同类型的数据的收集，并跨越多种不同的系统。例如，不同的渠道平台（网络销售平台，实体批发、零售平台）、不同的消费者需求、不同的细分市场，以及不同的但可以区隔的市场区域。这样就可以帮助企业迅速搜集消费者的海量数据，分析洞察和预测消费者的偏好、消费者对价格的接受度，分析各种渠道形式的测试销售数据，以及消费者对企业所规划的各种商品组合的价格段反应。企业能够利用上述大数据技术了解消费者的行为和反馈，深刻理解消费者的需求，关注消费者行为，进而可以高效分析信息并做出预测，不断调整商品的功能方向，验证商品的商业价值，制定科学的价格策略。

大数据对于人们来说有利有弊，它能够让人们更快速地找到自己想要的东西，但是也会有数据被泄露的风险，因此大数据的安全仍然是人们要重视的。

本章小结

本章介绍了跨境电子商务网络营销认知、跨境电子商务站内网络营销推广和跨境电子商务站外网络营销推广。主要的跨境电子商务网络营销渠道有电子邮件营销、搜索引擎营销、社会化营销，以及网络直播营销和大数据营销。通过对跨境电子商务网络营销渠道的介绍，读者会了解目前跨境电子商务领域常用的网络社交工具的类型及区别。跨境电子商务商家在做跨境电子商务的网络推广营销中，需要掌握注册方法、获取用户信息的方法，以及进行广告宣传的方法。

拓展实训

搜索引擎营销和电子邮件营销

【实训目的】

（1）掌握搜索引擎营销方法。

（2）掌握电子邮件营销方法。

【实训内容】

组建 5～6 人的跨境搜索引擎营销和电子邮件营销团队，每个团队分别调研 4 家国内跨境电子商务公司，如有棵树、百事泰、跨境通、傲基科技。

【实训步骤】

（1）登录网站：了解公司的商品和服务针对哪些用户群体。

（2）调研目标群体经常会使用什么搜索引擎。

（3）了解目标群体的搜索习惯。

（4）分析目标群体最关注的商品特征。

【实训内容】

组建 5～6 人的搜索引擎营销和电子邮件营销团队，分别查找与旅游、化妆品、服饰和母婴用品推荐相关的"网红"。

【实训步骤】

（1）每个团队查找一个商品类别的"网红"各 3 个，了解并深入调查每个"网红"的电子邮件营销运作模式。

（2）在全球速卖通 App 首页，进入"网红"专栏，查看"网红"推荐的博文，并进行模仿撰写，写一篇商品的推荐博文。

课后习题

1. 什么是电子邮件营销？做好电子邮件营销有哪些技巧？
2. 试述 Pinterest 如何进行企业推广。
3. 怎样在 LinkedIn 上建立人脉圈并做好营销推广工作？
4. 什么是网络直播营销和大数据营销？

第5章

跨境电子商务支付

章节目标

1. 了解跨境电子商务支付的背景与发展趋势。
2. 了解跨境电子商务支付工具。
3. 掌握主要跨境电子商务平台的支付方式。

学习重点、难点

学习重点：跨境电子商务支付工具。

学习难点：主要跨境电子商务平台的支付方式。

引例

　　跨境电子商务与跨境支付相互依存、彼此影响，跨境支付是跨境电子商务的重要环节，跨境支付除受汇率、税费、政策、基础设施等制约外，还涉及不同货币间能否通用、能否实现通汇通兑、不同货币间的汇率波动等问题。跨境电子商务在交易的过程中离不开跨境支付，了解跨境支付方式及其支付流程是跨境电子商务最基本的生存之道。

5.1 跨境电子商务支付概述

▶▶ 5.1.1 跨境电子商务的主要支付方式和支付渠道

1. 跨境电子商务的主要支付方式

跨境电子商务的业务模式不同，采用的支付结算方式也存在差异。跨境电子商务支付业务涉及资金结售汇与收付汇。从支付资金的流向来看，跨境电子商务进口业务涉及跨境支付购汇，购汇途径一般包括第三方购汇支付、境外电子商务接受人民币支付、通过国内银行购汇汇出等。跨境电子商务出口业务涉及跨境收入结汇，其结汇途径主要包括第三方收结汇、通过国内银行汇款、以结汇或个人名义拆分结汇流入等。

2. 跨境电子商务的主要支付渠道

我国跨境电子商务的主要支付渠道包括第三方支付平台、商业银行和专业汇款公司等。数据显示，我国使用第三方支付平台和商业银行的用户比例较高，其中使用第三方支付平台的用户比例更高。相比之下，第三方支付平台能同时满足用户对跨境电子商务支付便捷性和低费率的需求，这也是第三方支付平台受到越来越多用户青睐的缘由。从目前来看，跨境电子商务用户使用在线跨境支付方式较多。

▶▶ 5.1.2 跨境电子商务支付的发展前景

1. 万亿元市场即将到来，跨境支付规模高速增长

随着监管层在 2013 年对国内第三方支付机构放开，以阿里巴巴公司的支付宝为代表的支付机构开始发展跨境购物、汇款，以及境外移动支付，国内第三方支付机构的跨境互联网支付交易规模迅速增长，2013—2017 年间复合增长率达到 127.5%，2018 年交易规模已逼近 5000亿元，2020 年国内第三方支付机构的跨境互联网支付交易规模超过 1 万亿元。

跨境支付已然成为支付巨头的新战场。从国内看，第三方支付市场已在一二线城市相对饱和，面临巨大竞争压力；从技术输出看，经过多年积累，我国第三方支付不论在技术层面还是在模式层面均已领先世界；从生态建设看，支付作为商业的闭环和用户金融行为的第一入口，随着第三方支付企业用户的积累，为未来全方位增值服务奠定了基础；从利润层面看，相较海外动辄 1.5%~3% 的费率，中国的市场费率最高为 0.6%，仍存在下行空间，去海外市场追求利润成为必然。

另外，移动出海在 2019 年正式上升到国家战略层面，移动支付出海已经成为"一带一路"的关键一环。

2."鏖战"跨境支付,第三方支付机构加速布局

(1)国内互联网巨头布局

第三方支付在国内一二线城市已相对饱和,国内第三方支付竞争激烈,利润逐渐被压缩;第三方支付在海外市场没有相对成熟的发展模式,费率更高。在内外因的双重驱动下,第三方支付巨头将"战场"转移到海外,其中支付宝推出最早,先发优势明显;腾讯的微信支付后来者强势,布局速度快;银联利用渠道和合作优势,大拓疆土。作为国内首屈一指的综合性互联网金融平台,支付宝的国际布局战略代表了我国跨境支付的出海路径。从目前来看,支付宝的战略布局包含 3 个举措,即服务国人出境游、搭建跨境电子商务,以及构建海外金融平台。

在服务国人出境游方面,支付宝通过与当地支付机构合作和与退税机构合作两种方式布局海外线下支付业务。与当地支付机构合作的方式凭借大量出国游客及支付宝的高渗透率,可以帮助当地商家吸引顾客,受到国外商家及本土支付机构的欢迎;与退税机构合作的方式通过与退税机构合作可以优化用户体验。

在搭建跨境电子商务方面,阿里巴巴建立"国际版天猫"——全球速卖通,通过电子商务的方式推动支付工具的推广;在构建海外金融平台方面,支付宝旨在成为其他国家的"支付宝",而由于受当地牌照限制,支付宝多采取收购当地支付机构的方式,并在后续持续提供技术和运营扶持。

目前,支付宝已经在英国、印度、菲律宾、印度尼西亚、马来西亚、巴基斯坦、孟加拉国、韩国、中国香港等国家和地区,落地了 9 个属于本地人的"支付宝"。截至 2019 年 5 月,支付宝已与全球 250 多个金融机构建立合作,一方面为海外商家和用户提供在线收付款服务,另一方面在全球 54 个国家和地区为中国用户提供境外线下支付的服务。

目前支付宝在境外的线下支付业务,集合了全球衣、食、住、行等各个领域的数十万家商家,并且全球有超过 80 个机场使用支付宝进行实时退税。

而对标支付宝的微信支付,在跨境支付业务的布局上也不落后。目前,微信支付接入的国家和地区已增至 40 个、支持 13 种外币直接结算,有 8 亿名用户绑定自己的银行卡账户,微信支付在全球范围具有大约 10 亿名用户。

2019 年 1 月,微信支付和法国百货公司巴诗威百货合作打造智慧百货,引进微信支付智慧生态解决方案,并发布以"智慧生活零时差"为主题的全球战略;2019 年 4 月,微信与迪拜旅游局、EMAAR 集团宣布推出"WeChat Go 欢迎计划",推动"小程序+微信支付"在迪拜及哈利法塔落地。中国游客可以用小程序购买门票。

以往国内进行跨境支付的机构主要是银联。银联凭借强大的国内银行网络,发展境外刷卡及跨境网购、外贸 B2B 业务。银联凭借资源优势,在境外的合作网络更加广泛,银联卡受理网络已延伸到 168 个国家和地区,手机闪付、二维码支付的布局也在加快推广中,目前已得到 10 多个国家和地区商家的支持。

据悉,银联国际与华为合作,2019 年向俄罗斯市场推出 Huawei Pay 服务,用户下载并安装华为钱包即可使用 Huawei Pay 服务。

（2）其他第三方支付机构跨境支付概况

相较支付宝和微信支付在跨境支付业务上主要发力 C 端市场，重点布局落地境外或海外 C 端移动支付及退税服务，连连跨境支付主要发力 B 端市场。连连跨境支付在欧洲、美洲、亚洲等多个国家和地区都设立了海外持牌金融公司，与全球众多知名金融机构及跨境电子商务平台达成合作，成功对接国内 11 个电子口岸，支持全球 16 个主流结算币种，全球跨境支付服务网络逐步成型。

截至 2018 年年底，连连跨境支付的支付历史累计交易 930 亿元，历史累计交易笔数 370 万笔，累计服务跨境电子商务商家 39 万家，累计交易金额 27000 亿元，累计交易笔数 9.26 亿笔，累计服务人数 3.69 亿人。

2019 年 6 月 5 日，连连跨境支付收款产品全面接入 Shopee 六大站点，帮助中国跨境电子商务商家淘金东南亚和中国台湾地区的市场。

宝付网络科技（上海）有限公司是 2017 年唯一获批跨境外汇支付试点资质的支付机构，自 2017 年 2 月底获得试点资质后，其一直致力于打造跨境电子商务"一站式跨境收付平台"，并积极开拓跨境支付新市场。目前宝付跨境支付业务专注于跨境电子商务零售行业，因为这类商品的贸易平台与企业对跨境支付的需求较为强烈，随之带动仓储、物流等上下游相关服务行业也有强烈的跨境支付需求。宝付跨境支付已着手布局全球战略，现阶段聚焦美国、日本和欧洲市场。

宝付跨境支付的解决方案包括全币种收款、报关报检、全场景支付等服务，并为跨境电子商务、酒店住宿等行业提供一站式解决方案，全面满足商家需求。

联动优势获得国家外汇管理局北京外汇管理部跨境外汇支付试点和中国人民银行跨境人民币支付试点资质，开展跨境支付业务，是 Wish 等知名跨境电子商务平台的重要合作伙伴。联动优势为开展跨境电子商务的境内外商家和跨境电子商务平台提供外币和人民币支付、结算的整体解决方案，可实现 1~3 个工作日到账。联动优势是目前获准开展跨境支付试点业务的机构中，试点业务范围最全（共 9 类）的第三方支付机构。

5.2 跨境电子商务支付工具

▶▶ 5.2.1 线下支付工具

1. Western Union

西联汇款（Western Union）是西联国际汇款公司的简称，西联国际汇款公司是世界领先的特快汇款公司，迄今已有 150 年的历史，它拥有全球最大、最先进的电子汇兑金融网络，代理网点遍布全球近 200 个国家和地区。

（1）西联汇款的付款流程

西联汇款分为现金即时汇款和直接到账汇款两类。现金即时汇款有 3 种方式：西联网点、网上银行（目前支持光大银行和农业银行）和银联在线。西联汇款的付款流程有如下 5 点。

① 在西联网点填妥"西联汇款申请书"和"境外汇款申请书"。

② 递交填妥的表格、汇款本金、汇款手续费及个人有效身份证件，可以持外币汇款也可以以人民币购汇汇款。

③ 汇款完成后，汇款人会收到一张印有汇款监控号码（MTCN）的收据，汇款人须准确通知收款人有关的汇款人姓名、汇款金额、汇款监控号码及发出汇款国家等信息，为确保汇款安全，勿将监控号码泄露给除收款人之外的其他人。

④ 数分钟后，收款人可于收款国家的代理西联汇款业务的银行网点提取汇款。

⑤ 每笔汇出的汇款都要填写"境外汇款申请书"进行国际收支申报。

（2）西联汇款的收款流程

作为出口商，当客户汇款过来后，要了解在银行取款的流程，具体的流程有如下 5 点。

① 确保汇款由境外已获授权的西联网点发出，并与汇款人核实汇款人姓名、汇款金额、汇款监控号码及发出汇款的国家。

② 收到汇款人通知后，到就近代理西联汇款业务的银行网点兑付汇款。

③ 提交填妥的"收汇申请书"，出示有效身份证件。

④ 提取汇款及取回收据。

⑤ 境外个人的每笔汇款及境内个人等值 2000 美元以上（不含）的汇款，还需要填写"涉外收入申报单"进行国际收支申报。

（3）西联汇款的特点

西联汇款的特点如表 5-1 所示。

表 5-1　西联汇款的特点

项　　目	内　　容
费用	西联汇款的手续费由买方承担；需要买卖双方到当地银行实地操作；在卖方未领取钱款时，买方可以将支付的资金撤销回去
优点	1. 手续费由买方承担； 2. 对于卖方来说最划算，可先提钱再发货，安全性好； 3. 到账速度快
缺点	1. 由于对买方来说风险极高，因此买方不易接受； 2. 买方和卖方需要去线下代理西联汇款业务的银行操作； 3. 手续费较高
适用范围	1 万美元以下的小额支付

2. MoneyGram

速汇金汇款是 MoneyGram 推出的一种快捷、简单、可靠、方便的国际汇款方式，目前该公司约在全球 150 个国家和地区拥有总数超过 5000 个的代理网点。收款人凭汇款人提供的编号即可收款。

速汇金汇款的特点，如表 5-2 所示。

表 5-2　速汇金汇款的特点

项　目	内　容
费用	外转账费率，单笔速汇金最高汇款金额不得超过 10000 美元（不含），每天每个汇款人的速汇金累计汇出最高限额为 20000 美元（不含）
优点	1. 速汇金汇款在汇出后十几分钟即可到达收款人手中； 2. 在一定的汇款金额内，汇款的费用相对较低，无中间行费，无电报费； 3. 手续简单，汇款人无须选择复杂的汇款路径，收款人无须预先开立银行账户，可实现资金划转
缺点	1. 汇款人及收款人必须为个人； 2. 必须为境外汇款； 3. 进行境外汇款必须符合国家外汇管理局对个人外汇汇款的相关规定； 4. 客户如持现钞账户汇款，还须缴纳一定的钞变汇的手续费，国内目前只有工商银行、交通银行、中信银行 3 家银行代理了速汇金收付款服务

3. Moneybookers

Moneybookers 是一家极具竞争力的网络电子银行，诞生于 2002 年 4 月，是英国伦敦 Gatcombe Park 风险投资公司的子公司之一。Moneybookers 网络电子银行中的外汇是可以转到国内银行账户中的。

Moneybookers 汇款的特点，如表 5-3 所示。

表 5-3　Moneybookers 汇款的特点

项　目	内　容
费用	从银行上载资金免费；从信用卡上载资金：3%手续费；发钱：1%手续费（直到 0.50%）；到银行取钱：固定费用 1.8 美元；通过支票取钱：固定费用 3.5 美元
优点	1. 安全，因为是以 E-mail 为支付标识的，付款人不再需要暴露信用卡等个人信息； 2. 用户必须激活认证才可以进行交易； 3. 用户只需要收款人的电子邮箱地址就可以发钱给他； 4. 可以通过网络实时进行收付费
缺点	1. 不允许用户有多个账户，一个用户只能注册一个账户； 2. 目前不支持未成年人注册，须年满 18 岁才可以注册
安全性	登录时以变形的数字作为登录手续，以防止自动化登录程序对账户的攻击，只支持 128 位高度加密的行业标准

▶▶ 5.2.2 线上支付工具

1. 国际信用卡

国际信用卡收款,即通过第三方信用卡支付公司提供的支付通道完成收款。目前,国际信用卡收款的模式是支付网关对支付网关模式(类似网银支付)。信用卡消费是当今国际流行的一种消费方式,尤其在欧美地区,信用体系非常完善,人们早已习惯使用信用卡进行提前消费,基本已实现人手一张信用卡。六大国际信用卡组织如图 5-1 所示。

图 5-1 六大国际信用卡组织

（1）支付流程

① 买家从自己的信用卡上发出支付指令给发卡银行。

② 发卡银行垫钱为买家支付给收款银行。

③ 发卡银行通知买家免息期满的还款日期和金额。

虽然买家已经完成交易,但是当买家做出如下行动时,货款才能保证到达卖家手中:买家在还款日期前还款,交易顺利完成后,买家收货成功;买家先还部分货款(一般大于银行规定的最低还款额),其余部分货款向银行贷款,并确认同意支付利息,以后再逐步偿还,最终买家得到融资便利,银行得到利息收入,卖家及时得到货款。

（2）信用卡的优点

使用信用卡在线支付,买家不能轻易拒付,拒付会影响买家的信用卡信誉额度。信用卡的优点有以下几点。

① 迎合国外买家的消费习惯,使支付更方便。

② 减少拒付。由于是银行对银行的模式,买家拒付需要到发卡银行进行拒付,同时发卡银行也会对该笔拒付进行核查,核查是否属于恶意拒付(如果是恶意拒付,发卡银行就会在持卡人的信用记录上记录),恶意拒付会对持卡人以后的生活、学习、工作带来很大的不便,所以持卡人一般不会随意拒付。账号对账号模式的拒付对持卡人的信用记录没有任何影响。所以银行对银行模式的拒付比率相对账号对账号模式的拒付比率要小,根据国际卡组织统计使用信用卡消费的拒付比率不超过千分之五。

③ 扩大潜在买家范围。信用卡支付是只要买家持有信用卡就能完成付款,所以信用卡持

有人比在支付公司的注册人数要多得多。信用卡支付是大多数人都能接受的，也乐意使用的一种方式。

④ 不会冻结账户。使用信用卡支付时，如果有一笔交易存在交易争议，就会冻结该笔交易的金额，但不影响整个账户。信用卡通道注重买卖双方的利益，会根据商品的发货情况及买家的态度来进行处理，不会因关闭通道造成卖家账户冻结，因此对拒付的处理无疑更加公平。

⑤ 买家付款过程简单方便。在买家页面选定相应的商品后直接进入信用卡验证页面，从而减少付款步骤，方便买家付款，付款快捷（仅需 3～5 秒）。

⑥ 用户群巨大。国际 Visa、Master 卡用户量超过 20 亿人，特别是在欧美地区，使用率很高。

（3）信用卡的缺点

① 需要开户费和年服务费，使用门槛高。

② 仍可能存在拒付。国际信用卡本身有 180 天的拒付期，个别信用卡甚至在 180 天后还可以拒付。

2．WebMoney

WebMoney（简称 WM）是由成立于 1998 年的 WebMoney Transfer Techology 公司开发的一种在线电子商务支付系统，是俄罗斯主流的电子支付方式，其支付系统可以在包括中国在内的全球 70 个国家使用。

使用 WebMoney 前需要先开通一个 WebMoney 账号，此账号可以即时与别人聊天。WebMoney 账号里面可设有多种货币的钱包，如以美元来计的 Z 钱包里的货币就是 WMZ，这也是目前国内外比较通用的 WM 货币。WebMoney 有多种使用方式，应用得比较多的是 Mini 版本，只需要注册和设置账号就可以转账，但 Mini 版本的转账有日限额和月限额；其次是 Keeper Classic 版本，需要下载软件安装，最新版本的 Keeper Classic 版本注册需要用 Mini 版本账号转换进行二次注册。

国际上越来越多的公司和网络商店开始接受 WebMoney 支付，它已经成为人们进行跨境电子商务支付强有力的工具，你只需花 3 分钟就可以免费申请一个 WebMoney 账号，WebMoney 账号之间互相转账只需 10 秒，且可以把账号里的资金转到全球任何一个人的账号里。

（1）WebMoney 的优点

① 安全性。转账需要手机短信验证，异地登录 IP 保护等多重保护功能。

② 迅速性。即时到账。

③ 稳定性。俄罗斯最主流的电子支付方式，在俄罗斯各大银行均可自主充值取款。

④ 国际性。人人都能在网上匿名免费开户，可以零资金运行。

⑤ 方便性。只需要知道对方的账号即可转账汇款。

⑥ 隐私性。匿名申请，隐私保护。

⑦ 通用性。全球许多外汇、投资类站点、购物网站都接受 WebMoney 收付款。

（2）WebMoney 的缺点

WebMoney 支持中国银联卡取款，但手续费很高，流程很复杂。

3. 连连支付

连连支付，全称是连连银通电子支付有限公司，是连连集团旗下全资子公司，属于浙江省级高新企业，成立于 2003 年，注册资金 3.25 亿元，是专业的第三方支付机构，是中国行业支付解决方案提供商。连连支付 2011 年 8 月获得中国人民银行颁发的支付许可证，为浙江省第二家获得该支付许可证的企业，连连支付覆盖全国范围的互联网支付、移动手机支付业务。2013 年 11 月，连连支付与中国银行义乌分行合作开展跨境人民币收支业务，获得中国人民银行义乌市支行的批准许可。

2013 年至 2015 年期间，连连支付获得中国人民银行颁发的"跨境人民币结算业务批复"及国家外汇管理局颁发的"跨境外汇支付业务批复"，成为中国（杭州）跨境电子商务综合试验区首批试点企业。

2017 年，连连支付正式上线跨境收款产品。连连支付为跨境电子商务商家提供收款、付款、多店铺统一管理、VAT 缴纳等一站式跨境金融服务，支持全球 6 个结算币种。在跨境支付业务上，连连支付累计服务了全国 30 万家跨境电子商务商家，上线英镑、欧元、日元、澳币、加币等币种的收款服务，免费缴纳 5 国的 VAT 税费。连连支付在中国香港、美国、英国、欧洲、巴西、东南亚等地都设立海外公司，拥有当地的海外金融牌照，在 2018 年上线的实时到账功能最快为 2 秒。

连连支付研发了反洗钱、反欺诈双引擎系统，为全球跨境电子商务商家提供了一站式综合解决方案。

连连支付是中国领先的行业支付解决方案提供商和第三方金融服务提供商，目前与 20 多家银行达成了紧密合作，支付流程简单快捷，打造了以"跨境支付、移动支付、O2O 支付、大数据风控"为业务核心的"全球化支付解决方案"。针对国内外商家垂直领域提供定制化支付解决方案，解决了互联网交易中"支付转化率、O2O 交互、风险交易"等多项问题，极大地缩短了跨境贸易商家的资金汇兑周期，提升了全球贸易企业的货币处理效率，助推了互联网交易产业的进一步完善。连连支付服务行业领域涉及电子商务、航旅、消费分期、互联网金融等，累计服务商家近万家，累计服务用户超过 3 亿人次。

第三方支付对互联网金融的意义十分重大，不仅承载着基础服务的功能，还承载着众多用户的信赖。连连支付在支付体系监管、风控能力、前端体验、后端技术等方面积累了明显的优势，有效地平衡了支付安全及支付流程的畅快体验，让用户体验到优质服务的同时为商家们解决了令其头疼的"顽疾"，这不仅是对传统金融行业的一种有力的补充，还是对实体经济转型升级的重要驱动力。

此外，目前大部分领先的 P2P 理财平台都使用过连连支付，包括京东金融、百度金融等。

5.3 主要跨境电子商务平台的支付方式

▶▶ 5.3.1 阿里巴巴国际站的支付方式

Escrow 服务是阿里巴巴国际站针对国际贸易提供交易资金安全保障的服务，它联合第三方支付平台 AliPay 提供在线交易资金支付的安全保障，同时保护买卖双方从事在线交易，并解决交易中的资金纠纷问题。

1. Escrow 服务流程

Escrow 服务即国际支付宝服务，主要为在线交易提供资金安全保障，是在交易双方的快递订单/在线批发订单中提供资金安全的担保服务。Escrow 服务流程如图 5-2 所示。

| 1. 买家下单 | 2. 买家付款到Escrow账户 | 3. 卖家发货 | 4. 买家确认收货 | 5. 放款至卖家国际支付宝账户 |

图 5-2　Escrow 服务流程

① 买家通过阿里巴巴国际站下单。

② 买家通过阿里巴巴 Escrow 账户付款。

③ 买家付款后，平台会通知卖家发货，卖家看到买家的付款信息后通过 EMS、DHL、UPS、FedEx、TNT、顺丰速运、邮政航空等 7 种运输方式发货。

④ 买家在阿里巴巴国际站确认收到货。

⑤ 当买家收到货或买家收货超时时，平台会自动放款给卖家。

2. 费用

仅开通阿里巴巴国际站平台的 Escrow 服务不需要支付额外费用，但在使用该服务的过程中会产生交易手续费和提现手续费。

① 手续费为 5%，须包含在商品价格中，可根据交易手续费平衡交易商品价格。

② 提现手续费：美元提现每次须支付 15 美元的手续费，由银行收取；人民币提现无手续费。

3. 优点

① 多种支付方式：支持信用卡、银行汇款、第三方钱包等多种支付方式。

目前，Escrow 服务支持的支付方式有信用卡、T/T 银行汇款、Moneybookers、借记卡等，更多符合各地买家支付习惯的支付方式还在不断加入中。

② 安全保障：全面保障卖家的交易安全。

国际支付宝是一种第三方支付服务，而不只是一种支付工具。对于卖家而言，它的风控体系，可以使信用卡免受被盗的风险，同时可以避免在交易中使用其他支付方式导致的交易欺诈。

③ 方便快捷：线上支付，直接到账，足不出户即可完成交易。

使用 Escrow 服务收款无须预存任何款项，阿里巴巴国际站会员只需绑定 Escrow 服务账户和美国银行账户，就可以分别进行人民币和美元的收款。

④ 品牌优势：背靠阿里巴巴和支付宝两大品牌，海外发展潜力巨大。

4. 最大限额

为降低 Escrow 服务用户在交易过程中产生的交易风险，目前 Escrow 服务支持单笔订单金额在 1 万美元以下的交易。

▶▶ 5.3.2　亚马逊的支付方式

1. 亚马逊收款方式选择分析

目前，市面上重要的 5 种亚马逊收款方式是 Payoneer、World First、PingPong 卡、美国银行账户、中国香港银行账户。亚马逊收款方式如表 5-4 所示。

表 5-4　亚马逊收款方式

名　　称	Payoneer	World First	PingPong 卡	美国银行账户	中国香港银行账户
提现人民币	√	√	√		
注　册　费	免费	免费	免费	1 万~3 万元注册美国公司的费用	500~5000 元注册中国香港公司的费用
入　账　费	无（累积入账费 20 万元以下的，只有美元入账收 1%）	无	无	无	（3%~5%）×兑换成港币的费用（亚马逊资金需要强制换成港币）
提　现费用	最高 2%，根据累计入账量可调低至 1%	1%~2.5%	最高 1%，提现越多越便宜	45 美元/每笔	与具体银行有关
年　　费	无，有实体卡才有年费	无	无	有	有
直　接　收取	是	是	是	否	否
美元、欧元、英镑、加元、日元	美元、欧元、英镑、日元	美元、欧元、英镑、日元	仅支持美元	仅支持美元	需要先兑换成港币
提　现　速度	1~3 个工作日	1~3 个工作日	1 个工作日，最快可当天到账	7 个工作日内	7 个工作日内

2. Payoneer

Payoneer 成立于 2005 年，总部设在美国纽约，是万事达卡国际组织授权的具有发卡资格的机构。Payoneer 的主要业务是帮助其合作伙伴，将资金下发到全球，同时为全球用户提供美国银行/欧洲银行收款账户，用于接收欧美电子商务平台和企业的贸易款项，为支付人群提供简单、安全、快捷的转款服务。

（1）收费标准

① 转账到全球 210 个国家的当地银行账户，收取 2%的手续费。

② 使用 Payoneer 万事达卡内的资金，ATM 取款每笔取现手续费为 3.15 美元；在我国使用 ATM 取款直接取人民币，每天最多取 2500 美元，还有不高于 3%的汇率损失；POS 机消费不收取费用。

③ 超市、商场消费，每天最多消费 2500 美元，Payoneer 不收取手续费。

④ 根据合作联盟的不同，以上费用都有所不同。

⑤ Payoneer 万事达预付卡的年费为 2995 美元，每年收取一次。

⑥ 美国银行账户将转账金额的 1%作为手续费，每笔进账都收取手续费。

（2）优点

① 便捷。凭中国身份证即可完成 Payoneer 账户在线注册，并可自动绑定美国银行账户和欧洲银行账户。

② 合规。像欧美企业一样接收欧美公司的付款，并通过 Payoneer 和中国支付公司的合作完成线上的外汇申报和结汇，可避开每年 5 万美元的个人结汇额度限制。

③ 安全。对于欧美用户的入账，在提供一定文件的基础上为商家审核并提供全额担保服务。

（3）缺点

① Payoneer 账户之间不能互转资金，无法通过银行卡或信用卡充值，无法通过 Payoneer 收款。

② 手续费较高。

▶▶ 5.3.3　eBay 的支付方式

PayPal（国内称之为"贝宝"），是美国 eBay 公司的全资子公司，1998 年 12 月由 Peter Thiel 和 Max Levchin 建立，总部位于美国加利福尼亚州的圣何塞市。PayPal 致力于提供普惠金融服务，帮助人们和企业参与全球经济并获得成功。目前，PayPal 支付平台遍及全球 200 多个国家和地区，支持用户接收 100 多种货币付款、56 种货币提现，并在 PayPal 账户中拥有 25 种不同货币的余额。

PayPal 也和一些电子商务平台合作，成为它们的货款支付方式之一，但是在用这种支付方式转账时，PayPal 会收取一定数额的手续费。2019 年 10 月 1 日，PayPal 收购国付宝 70% 股权后正式进入中国支付市场。

1. PayPal 账户详解

（1）个人账户

个人账户适用于在线购物的买家用户，主要用于付款和收款，但比起高级账户或企业账户少了一些商家必备的功能和特点，如查看历史交易记录的多种筛选功能、商家费率等集成工具，因此不建议商家选择个人账户。

（2）高级账户

高级账户适用于在线购物或在线销售的个人商家，可以付款、收款，并可享受商家费率、使用网站付款标准、快速结账等集成工具，以及集中付款功能。高级账户推荐进行跨境交易的个人商家使用。

（3）企业账户

企业账户适用于以企业或团体名义经营的商家，特别是使用公司银行账户提现的商家。企业账户拥有高级账户的所有商家功能，可以设立多个子账户，适合大型商家使用，可对每个部门设立子账户进行收款。

2. PayPal 的优点

① 全球用户。PayPal 在全球 200 多个国家和地区拥有超过 22 亿个用户，已实现在 24 种货币间进行交易。

② 品牌效应强。PayPal 在欧美地区的普及率极高，是全球在线支付的代名词，其强大的品牌优势能让网站轻松吸引众多的境外用户。

③ 资金周转快。PayPal 独有的即时支付、即时到账的特点，让商家用户能够实时收到境外用户支付的款项，同时最短仅需 3 个工作日即可将账户内的款项转账至境内的银行账户，及时、高效地帮助商家开拓境外市场。

④ 安全保障高。PayPal 有完善的安全保障体系、丰富的防欺诈经验和在业界具有竞争力的风险损失率，可以确保用户的交易顺利进行。

⑤ 小额业务成本低。PayPal 在小额付款业务上的成本优势明显，无须注册费用和年费，手续费也仅为传统支付方式的 1/2。

3. PayPal 的缺点

① 大额业务成本高。在进行大额收付款业务时，付款的手续费较高。

② 欺诈风险。如果用户收到的商品不理想，那么就可以要求退款，少部分人会利用这个规则进行欺诈，因此商家面临的欺诈风险较高。

③ 资金冻结。PayPal 容易产生资金冻结问题，给商家带来不便，这和 PayPal 相对偏袒买家利益是分不开的。

④ 不易登录。我国用户在登录 PayPal 时，有时会不易登录，这与 PayPal 的服务器在美国有一定的关系。

▶▶ 5.3.4　Wish 的支付方式

1. Wish 收款方式

Wish 支持商家使用以下方式收款：联动优势支付（UMPAY）（直达中国账户）、PayEco（易联支付）、AllPay、Payoneer、PayPal 及 PingPong（直达中国账户）。

Wish 收款方式如表 5-5 所示。

表 5-5　Wish 收款方式

序号	第三方支付提供商	类　　别	入账时间	提现速度	收取费用
1	联动优势支付（UMPAY）（直达中国账户）		5～7 个工作日		1%，不收取货币兑换手续费
2	PayEco（易联支付）		5～7 个工作日	1～3 个工作日	0.1%
3	AllPay	直达中国大陆地区个人银行账户（借记卡）	5～7 个工作日		付款金额的 0.8%，收款转换汇率
4	Payoneer	中国大陆地区账户	数个工作日	1～2 个工作日	对 Wish 商家开放极具吸引力的分级提款手续费政策（起始手续费为 1%或更低）
5		国际账户	数个工作日	1～2 个工作日	根据所在地区收取至多为 1%的提款手续费
6	PayPal		5～7 个工作日	2～7 个工作日	0.1%
7	PingPong（直达中国账户）		6 个工作日	1 个工作日	1%或更低（没有隐性费用）

2. 联动优势支付的优点

（1）实时汇率

联动优势支付提供实时结汇服务，每笔资金兑换，联动优势支付都将通过合作银行以实时现汇买入价进行结汇，且无额外货币兑换费用。

（2）安全合规

联动优势支付受中国人民银行、国家外汇管理局、香港海关多重监管，保证资金安全。全天 7×24 小时的客户服务，保障实时风控，即时拦截风险交易。

（3）便捷

联动优势支付不需要商家注册 UMP 账户，支持 15 个外币币种，不受国家外汇管理局年度结算总额度 5 万美元的限制。

（4）资金到账速度快

联动优势支付不需要中间账户，结算资金直达商家收款账户，采用 T+0/T+1 日结算，UMP 每日安排两个批次的操作。

本章小结

通过对本章的学习，我们对跨境电子商务支付有了较为全面的认识，掌握了跨境电子商务支付的背景和流程；了解了不同国家和地区的跨境电子商务支付方式、跨境电子商务的支付工具和主要跨境电子商务平台的支付方式。

拓展实训

国际支付宝账号操作

【实训目的】

掌握第三方支付工具操作。

【实训内容】

注册国际支付宝账号，比较国际支付宝与国内支付宝的区别。

【实训步骤】

（1）打开国际支付宝账号登录页面。

（2）注册国际支付宝账号。

（3）比较国际支付宝与国内支付宝的区别。

课后习题

1. 分析我国跨境电子商务支付的现状和发展趋势。
2. 分别列举两个线上和线下支付工具的例子，并分析其优缺点。
3. 简述阿里巴巴国际站的支付方式。
4. 简述 eBay 的支付方式。

第6章
跨境电子商务物流

章节目标

1. 掌握跨境电子商务物流的含义。
2. 了解我国跨境电子商务物流发展过程中存在的问题。
3. 掌握跨境电子商务物流的类型。
4. 掌握跨境电子商务物流报关的操作流程。

学习重点、难点

学习重点：跨境电子商务物流的类型。
学习难点：根据不同跨境电子商务平台，选择适合店铺的跨境物流解决方案。

引例

经济全球化的发展使得各国之间的商贸往来更加频繁，世界各国向海外出口优势商品并进口所需商品，成为促进本国经济社会发展的重要举措。随着我国经济发展进入新常态，跨境电子商务物流作为国民经济增长的新亮点，引起了国家和企业界的重视。新常态下跨境电子商务物流模式直接影响跨境电子商务的发展，优质的跨境电子商务物流，能够促使跨境电子商务交易更加便利。

6.1　跨境电子商务物流概述

▶▶ 6.1.1　认识跨境电子商务物流

跨境电子商务运作过程涉及信息流、商流、资金流和物流,信息流、商流和资金流均可通过计算机和网络通信设备在虚拟环境下实现,但物流是不能在虚拟环境下实现的。国际物流系统包括仓储、运输、配送、流通加工、包装、装卸搬运和信息处理 7 个子系统。国际物流系统高效率、高质量、低成本的运作是促进跨境电子商务发展的保证。

跨境电子商务物流是指位于不同国家或地区的交易主体通过跨境电子商务平台达成交易并进行支付后,通过跨境物流送达商品,进而完成交易的一种活动。也就是说,跨境电子商务物流是采用现代物流技术,利用国际化的物流网络,选择最佳的方式与路径,以最低的费用和最小的风险,对货物(商品)进行物理性移动的一种国际商品流通活动。跨境电子商务物流要实现国际商品交易的最终目的:卖方交付单证、发送货物和收取货款;买方接收单证、支付货款和收取货物。

跨境电子商务物流与传统物流的不同之处在于交易的主体分属不同关境,商品需要从供应方国家(地区)通过跨境物流方式实现空间位置转移,在需求方所在国家(地区)内实现最后的物流与配送,跨境电子商务物流包括境内物流、国际(地区间)物流与运输、目的国(地区)物流与配送三部分。

▶▶ 6.1.2　跨境电子商务物流的类型

在跨境电子商务迅猛发展的同时,跨境电子商务物流成本高、配送速度慢、服务水平低等已成为跨境电子商务发展进程中亟待解决的问题。不同于国内物流,跨境电子商务物流距离远、时间长、成本高,不仅如此,中间还涉及目的地通关(办理出关手续)等相关问题。面对各式各样的物流方案和物流服务商,跨境电子商务商家选择适合自己的跨境电子商务物流模式至关重要。

目前,我国的跨境电子商务物流模式主要有以下 5 种。

1. 邮政包裹模式

邮政网络基本覆盖全球,比其他物流渠道范围都要广,这主要得益于万国邮政联盟和卡哈拉邮政组织(KPG)。万国邮政联盟是联合国下设的一个关于国际邮政事务的专门机构,其通过一些公约法规来改善国际邮政业务,发展邮政方面的国际合作。万国邮政联盟由于会员众多,而且会员国之间的邮政系统发展很不平衡,因此很难促成会员国间的深度邮政合作。2002 年,邮政系统相对发达的 6 个国家和地区(中、美、日、澳、韩及中国香港)的邮政部门在美国召开了邮政 CEO 峰会,并成立了卡哈拉邮政组织,后来西班牙和英国也加入了该组织。卡哈拉邮政组织要求所有成员方的投递时限要达到 98%的质量标准。如果货物没能在指定日期投递给收件人，那么负责投递的运营商就要按货物价格赔付给客户，这些严格的要求促使成员方之间深化合作，努力提升服务水平。例如，从中国发往美国的邮政包裹，一般 15 天以内就可以到达。据不完全统计，中国跨境电子商务 70% 的包裹是通过邮政系统投递的，其中中国邮政占 50% 左右。中国商家使用的其他邮政包括中国香港邮政、新加坡邮政等。

优势：邮政网络覆盖全球。由于邮政一般为国有，有国家税收补贴，因此价格非常便宜。

劣势：一般以私人包裹方式出境，不便于海关统计，也无法享受正常的出口退税；同时，速度较慢，丢包率高。

2. 国际快递模式

国际快递是指国际四大商业快递巨头，即 DHL、TNT、FedEx 和 UPS。这些国际快递商通过自建的全球网络，利用强大的 IT 系统和遍布世界各地的本地化服务，为网购中国商品的海外用户带来了极好的物流体验。

优势：速度快、服务好、丢包率低，尤其是发往欧美发达国家非常方便。例如，使用 UPS 从中国寄包裹到美国，最快可在 48 小时内到达；使用 TNT 从中国寄包裹到欧洲，一般 3 个工作日即可到达。

劣势：价格昂贵，且价格变化较大。一般跨境电子商务商家只有在客户强烈要求时效性的情况下才会使用，且会向客户收取运费。

3. 国内快递模式

目前，我国的跨境物流仍停留在传统物流层面，缺失高端与增值服务。国内快递主要指 EMS、顺丰和"四通一达"（申通、圆通、中通、百世汇通、韵达）。在跨境物流方面，"四通一达"中的申通、圆通布局较早，发力拓展的时间不长，如美国申通 2014 年 3 月才上线，圆通也是 2014 年 4 月才与 CJ 大韩通运展开合作的。相比之下，顺丰的国际化业务要更成熟，目前已经开通了到美国、澳大利亚、韩国、日本、新加坡、马来西亚、泰国、越南等国家的快递服务，发往亚洲国家的快件一般 2～3 天可以送达。在国内快递中，EMS 的国际化业务是最完善的，依托邮政渠道，EMS 可以直达全球 60 多个国家和地区，费用相对较低，中国境内的出关能力很强，到达亚洲国家需 2～3 天，到欧美国家则需 5～7 天。

优势：速度较快，费用较低。

劣势：由于并非专注跨境业务，因此相对缺乏经验，对市场的把控能力有待提高，覆盖的海外市场也比较有限。

4. 专线物流模式

专线物流一般是通过航空包舱方式将货物运输到国外，再通过合作公司进行目的地的派送。专线物流的优势在于能够集中大批量到某个特定国家或地区的货物，通过规模效应降低成本。因此，专线物流的价格通常比商业快递低。在时效上，专线物流稍慢于商业快递，但比邮政包裹快很多。市面上最普遍的专线物流是美国专线、欧洲专线、澳大利亚专线、俄罗斯专线等，也有不少物流公司推出了中东专线、南美专线、南非专线等。

优势：集中大批量货物发往目的地，通过规模效应降低成本，因此价格比商业快递低，速度快于邮政小包，丢包率也比较低。

劣势：相比邮政小包，专线物流的运输成本较高，而且在国内的揽收范围相对有限，覆盖地区有待扩大。

5. 海外仓储模式

海外仓储服务指为商家在销售目的地进行货物仓储、分拣、包装和派送的一站式控制与管理服务。确切来说，海外仓储应该包括头程运输、仓储管理和本地配送 3 部分。

头程运输：中国商家通过海运、空运、陆运或联运将商品运送至海外仓库。

仓储管理：中国商家通过物流信息系统，远程操作海外仓储商品，实时管理库存。

本地配送：海外仓储中心根据订单信息，通过当地邮政或快递将商品配送给客户。

优势：用传统外贸方式走货到仓，可以降低物流成本；相当于销售发生在本土，可提供灵活可靠的退换货方案，提高了海外客户的购买信心；发货周期缩短，发货速度加快，可降低跨境物流缺陷交易率。此外，海外仓储可以帮助商家拓展销售品类，突破"大而重"的发展瓶颈。

劣势：不是任何商品都适合使用海外仓储，使用海外仓储的商品最好是库存周转快的热销单品，否则容易压货。同时，海外仓储对商家在供应链管理、库存管控、动销管理等方面提出了更高的要求。

对于跨境电子商务商家来说，首先应该根据所售商品的特点（尺寸、安全性、通关便利性等）来选择合适的物流模式，如大件商品（家具）就不适用邮政包裹模式，而更适合用海外仓储模式；其次，在淡旺季要灵活使用不同的物流模式，如在淡季时使用中邮小包降低物流成本，在旺季或大型促销活动时采用中国香港邮政、新加坡邮政或比利时邮政来保证时效；最后，售前要明确向客户列明不同物流方式的特点，为客户提供多样化的物流选择，让客户根据实际需求来选择物流模式。

▶▶ 6.1.3 我国跨境电子商务物流发展过程中存在的问题及发展趋势

跨境电子商务物流的快速发展有效地推动了国内商品出口的多样化，帮助更多小微企业加入跨境电子商务行列，也增加了跨境电子商务物流的业务量。但是，跨境电子商务物流由于周期长、成本高，往往难以满足客户退换货的要求。

我国跨境电子商务物流主要存在以下问题。

1. 物流链条长、作业复杂

由于增加了海外仓储配送、海上运输等过程，以及通关等环节，因此跨境电子商务的整个链条比普通物流的链条长、环节多，且涉及跨境电子商务、海关、国检、商检、税务、外汇等众多主体，各项信息须互联互通，其物流运作自然更为复杂，难度更大。例如，运往俄罗斯、巴西等新兴市场的物流时间往往是几天甚至是一个月之久。

2. 自动化、信息化程度不高

跨境电子商务物流涉及海量订单及海量 SKU（物理上不可分割的最小存货单位），订单商品分散，并且要快速完成订单拣选配送及退换货处理，因此对物流信息系统自动化程度要求较高。而目前多数跨境电子商务商家发展时间短，自身积累不足，物流信息系统不够先进，自动化物流设备及技术也引入较少，因此订单处理滞后、效率低且错误率高、库存管理混乱，甚至丢件等现象已成为困扰跨境电子商务物流发展的主要问题。

3. 跨境电子商务物流成本居高不下

在跨境电子商务蓬勃发展之前，以满足国际贸易需求的大批量的国际运输是跨境物流的主体，国际商品配送的区域及对象较少，而且传统国际贸易下的商品配送运作体系也较为成熟，因而单位商品分摊的成本比较小。而跨境电子商务面临的是海量订单，由于我国国内物流企业的国际服务能力欠缺，因此跨境电子商务商家为安全实现跨境交付，对于小额订单往往通过国际快递邮寄商品，其物流成本是正常物流成本的 3 倍以上，以至于经常出现一笔订单的利润还不够支付快递费用的现象。以 FedEx 为例，500 克商品从中国运送到美国，需要快递费 307 元，且须另收关税、附加费和燃油附加费。

4. 跨境电子商务物流服务水平参差不齐

目前，大型跨境电子商务平台和第三方物流企业服务比较专业、运作比较规范，但中小物流企业的服务还存在诸多问题。例如，部分物流企业缺乏服务与诚信意识，有的企业承诺使用快捷、价格昂贵的空运，实际却使用成本低廉但耗时长的海运，即收取空运的费用，但提供海运效率的服务，以获取更大的差价；有的企业假日无人服务，客户服务或投诉电话形同虚设，物流进程无法实时掌控；还有一些企业员工调包货物、货损拒不赔偿等问题。

5. 通关效率低下问题

通关效率是指从报关开始一直到报关结束后放行，在此期间承担货物的受托物流企业所花费的时间占总报关时间的比重。当前我国跨境电子商务在发展过程中，通关效率低下是阻碍我国跨境电子商务发展的三大因素之一。由于各国海关政策不同，有些国家海关申报手续烦琐、时间长，费用支出也非常高，因此经常发生进口国海关扣货查验的现象，处理结果通常是直接没收、退回货物或再补充报关材料。直接没收或退回货物的结果非大型跨境电子商务企业往往难以承受，而补充报关材料将延误货物交货期，客户可能取消订单或拒绝付款。

6. 退换货等逆向物流问题严重

逆向物流是指在物流过程中，客户不满意导致退货，或者由于其他原因（如因质量问题召回返厂、以旧换新等）向最后目的地移动货物。在跨境物流中会有多种原因导致货损率高，产生退换货需求。此外，在欧美等一些发达国家和地区存在着"无理由退货"的消费习惯和文化，使得退换货的现象更加普遍。跨境电子商务退换货是难题，由于跨境电子商务的逆向物流涉及两个或两个以上的国家或地区，退换货就必然牵涉到过程烦琐造成的时间漫长问题及货物退税问题。在我国，就退换货所引发的退税问题，海关还没有统一的政策和解决方案，只能依据各个口岸的海关自己出具的一些暂行政策来解决。绝大多数海外网购者由于高额退换成本及烦琐流程，最终会放弃退换货，从而影响其购买体验。

对于物流业而言，其核心任务就是将不同地区的货物交换运输，从而满足客户对异地货物的需求。传统物流业的发展因受到市场需求管理不足的影响，企业难以对大范围地区的物流需求进行掌控，从而影响了物流业的扩展。而跨境电子商务的发展可以帮助跨境物流业，以更低的成本获取更多的业务资源，从而推动物流业跨国业务的开展。在跨境电子商务的发展趋势下，物流业发展模式的优化能够对其资金周转和经营成本的降低产生直接的影响。

未来，我国跨境电子商务物流的发展趋势主要有以下几个方面。

1. 促使仓库基地海外化

仓库基地海外化是在主要的国际市场上建立跨境电子商务企业自己的海外仓库，企业可以将其货物运输到海外仓库中存放。这时，海外的消费者在平台上下单后，海外仓库就可以完成对清单的整理并配货。当海外仓库完成配货后，大型跨境电子商务企业可以利用海外物流进行配送，而中小跨境电子商务企业则可以将后续的配送任务转交给第三方物流企业。这种在海外建立仓库的模式可以帮助跨境电子商务企业提前将货物配送到目的国，并且不受货物重量与体积的限制。在主要销售市场建立物流仓库基地，能够极大提高物流配送效率、降低消费者等待的时间，这对于树立良好的企业形象，服务客户并提升客户的消费意愿都具有重要的促进作用。此外，在海外建立仓库也方便客户换货，从而提高跨境电子商务企业的售后服务水平，增加跨境电子商务企业的信誉。对于热销商品而言，建立海外仓库的意义十分明显。

2. 提升信息化水平

在当今经济发展的过程中，互联网的信息技术起到的作用十分重要，可以说将传统产业与互联网的信息技术进行融合，是实现传统产业创新发展的主要途径。跨境物流是一种涉及信息十分复杂，但重复性又较高的产业类型，要促进跨境物流更好地服务跨境电子商务的发展需要做到以下几点：首先，政府或行业协会应当引导制定跨境物流发展的统一信息化技术标准；其次，国家要加大在基础信息服务上的投入力度，从而创造更加便利的基础信息使用环境；最后，跨境物流本身也应当对其内部信息化建设进行改造升级，从而完善跨境物流内部信息化水平，实现与国家标准的对接。

在互联网的发展趋势下要实现跨境物流的发展，就必须有一批懂技术、会经营、会操作的高水平从业人员，为此各方就必须加强对从业人员的综合能力培养，在这个过程中，政府、高校、企业及个人应当从以下几个方面努力。其一，政府应当定期举办相关的跨境物流发展培训活动。其二，高校应当发挥人才培养功能，一方面招收跨境物流专业的学生，另一方面则为社会上已经从事跨境物流行业的人员进行再培训。其三，企业应当建立起互联网背景下跨境物流从业人员的长期培训机制，使其在实践中不断提升。其四，从业人员个人也应当高标准要求自己，积极学习跨境物流发展的技能。

3. 促进网络与营销的国际化发展

跨境物流企业的发展离不开一定的规模效益，跨境物流企业在发展过程中，要想更好地支持跨境电子商务的发展，必须有一定的规模。跨境物流企业之所以要实现一定的发展规模，其出发点首先在于当跨境物流形成一定的国际化规模后，能够降低运输成本并提高整体运输设备的使用效率。其次，当跨境物流企业形成一定规模后，可以购置一些大型运输工具，进一步提升自身的服务能力。最后，这种规模化能够促进跨境物流企业更好地参与到国际竞争中，从容应对国际物流企业的挑战。而要实现跨境物流企业的规模化发展，核心在于构建一套系统化的国际物流网络体系，从而扩大跨境物流企业服务的市场范围。要促进我国跨境物流企业更好地布局物流网络，相关部门必须加强资金支持力度，而跨境物流企业自身也应当树立国际化的发展意识。随着市场竞争的日益激烈，要推动跨境物流企业的发展，就必须提升其市场营销能力，走国际化营销道路。国际化的市场营销可以帮助跨境物流企业提升市场份额，而市场份额的提升能够进一步促进跨境物流企业的国际化发展。

6.2 邮政物流介绍

▶▶ 6.2.1 EMS 介绍

邮政物流是指各国邮政部门所属的物流系统。邮政物流包括各国邮政局的邮政航空小包、大包及中国邮政速递物流分公司的 EMS、ePacket、e 特快等。

EMS（Express Mail Service）即特快专递邮件业务，是一项由中国邮政速递物流与各国（地区）邮政合作开办的在中国大陆地区与外国，以及中国港、澳、台地区间寄递特快专递邮件的服务。

1. EMS 说明

EMS 国际快递的投递时间通常为 3～8 个工作日（不包括通关时间）。由于各个国家及地区的邮政、海关通关时间长短不一，因此有些国家和地区的包裹投递所需时间可能较长。卖家可登录 EMS 的官方网站，在"服务指南"板块查看包裹投递信息，以及资费标准、体积和重量限制、禁寄商品等。

2. EMS 的优劣势

（1）优势

① 投递网络强大，覆盖范围广，价格较为便宜，以实际重量计算，不算抛重。

② 享有优先通关权，且通关时可不用提供商业发票，通关不过的货物可以免费运回国内，而其他快递一般要收费。

③ 比较适合小件的货物，以及对时效性要求较低的货物。

（2）劣势

① 相对商业快递来说，速度较慢。

② 查询网站信息更新不及时，出现问题后只能做书面查询，耗费的时间较长。

③ 不能一票多件，运送大件货物的价格较高。

▶▶ 6.2.2　ePacket 介绍

ePacket 俗称 e 邮宝，又称 EUB，是中国邮政速递物流股份有限公司为适应跨境电子商务轻小件货物寄递需要推出的经济型国际速递业务。

1. ePacket 说明

ePacket 利用邮政渠道通关，进入合作邮政轻小件网络投递。国际 ePacket 业务已经在美国、澳大利亚、英国、加拿大、法国、俄罗斯、以色列和沙特阿拉伯开通，也称为美国专线、澳大利亚专线、欧洲专线、俄罗斯专线、中东专线。

ePacket 的寄送要求有如下几种。

（1）最大尺寸

① 非圆筒形货物：长+宽+高≤90 厘米，单边长度≤60 厘米。

② 圆筒形货物：直径的两倍+长度≤104 厘米，单边长度≤90 厘米。

（2）最小尺寸

① 非圆筒形货物：单件邮件长度≥14 厘米，宽度≥11 厘米。

② 圆筒形货物：直径的两倍+长度≥17 厘米，长度≥11 厘米。

2. ePacket 的优劣势

（1）优势

① 经济实惠，免收挂号费和退件费。

② 时效快，7～10 天即可妥投，价格低，安全可靠。

③ 服务专业，为中国电子商务卖家量身定制。

④ 提供包裹跟踪号，一站式操作。

（2）劣势

① 只能邮寄不超过 2 千克的货物。

② 寄送范围有限。

③ 不提供查单服务，也不承担邮件丢失、货物延误赔偿责任。

【例 6-1】计算国际 ePacket 的运费、国际 ePacket 美国路向报价。国际 ePacket 业务资费如表 6-1 所示。

表 6-1　国际 ePacket 业务资费

路　　向	处理费+包裹运费	上门揽收费	挂号费、退还费	时　　效	备　　注
美国	7 元/件+0.08 元/克（国内一区） 9 元/件+0.09 元/克（国内二区） 10 元/件+0.1 元/克（国内三区）	少于 5 件，5 元/次；5 件及以上免收	免	7～10 个工作日	起重 60 克，不足 60 克按 60 克收取
俄罗斯	10 元/件+0.1 元/克			7～10 个工作日	
加拿大	25 元/件+0.07 元/克			7～10 个工作日	
英国	25 元/件+0.07 元/克			7～9 个工作日	
法国	26 元/件+0.07 元/克	少于 5 件，5 元/次；5 件及以上免收	免	7～10 个工作日	
澳大利亚	25 元/件（≤500 元/克）+0.07 元/克 30 元/件（＞500 元/克）+0.08 元/克			7～15 个工作日	
以色列	22 元/件+0.07 元/克			7～10 个工作日	
沙特阿拉伯	26 元/件+0.05 元/克			7～10 个工作日	
乌克兰	8 元/件+0.1 元/克			7～10 个工作日	

一位美国消费者从"Eternal Glasses"（杭州）的全球速卖通店铺购买了一副太阳镜，包装重量为 0.15 千克（150 克），若选择国际 ePacket 运输，请计算运费。

解答：运费=处理费+包裹运费+上门揽收费+挂号费+退还费（杭州为国内一区）。

处理费：7 元/件。

包裹运费=150×0.08=12 元。

上门揽收费=5 元/次。

挂号费、退还费均免。

所以，本次运费=7+12+5=24 元。

▶▶ 6.2.3　中国邮政大包、小包介绍

1. 中国邮政大包

中国邮政大包，又称航空大包或中国邮政航空大包。中国邮政大包服务不同于中国邮政小包的服务，它是中国邮政国际普通邮包裹 3 种服务方式中的航空运送方式服务，可寄达全球 200 多个国家或地区，对时效性要求不高且重量稍重的货物，可选择此方式发货。

重量在 2 千克以上，通过邮政空邮服务寄往国外的大邮包，称为国际大包。国际大包分为普通空邮（Normal Air Mail）（非挂号）和挂号（Registered Air Mail）两种，前者费率较低，不提供网上跟踪查询服务；后者费率稍高，可提供网上跟踪查询服务。

（1）中国邮政大包说明

① 体积限制及运送时效。

根据运送物品的重量和所到达的国家和地区不同，中国邮政大包的资费标准，以及包裹体积、重量限制标准有所不同，具体可登录官网进行查询。

根据目的地不同，中国邮政大包的运送时效也有所不同，通常到亚洲临近国为 4～10 天，到欧美主要国家为 7～20 天，到其他国家和地区则为 7～30 天。

② 计费方式。

中国邮政大包对包裹重量有限制，要求不能超过 30 千克，计费时不计算体积重量，没有偏远附加费和燃油附加费。计算公式为：

运费=首重 1 千克的价格+续重 1 千克的价格×续重的数量

此外，中国邮政大包需要收取 8 元/件的报关手续费用。

（2）中国邮政大包的优劣势

① 优势。

第一，成本低，且不计算体积重量，没有偏远附加费和燃油附加费。

第二，覆盖范围广，通关能力强。

第三，运单操作简单、方便。

② 劣势。

第一，部分国家或地区限重 10 千克，最重不能超过 30 千克。

第二，速度较慢。

第三，查询信息更新不及时。

2. 中国邮政小包

中国邮政小包又称中国邮政航空小包、邮政小包、航空小包，是指包裹重量在 2 千克以内，外包装长、宽、高之和不大于 90 厘米，且单边长度不大于 60 厘米，通过邮政空邮服务寄往国外的小邮包。中国邮政小包可以分为平邮小包和挂号小包两种，可寄往全球各个邮政网点。

（1）中国邮政小包说明

1）规格限制。

包裹重量≤2 千克，寄往阿富汗限重 1 千克。

① 最大尺寸。

a. 非圆筒形货物：长+宽+高≤90 厘米，单边长度≤60 厘米。

b. 圆筒形货物：直径的两倍+长度≤104 厘米，单边长度≤90 厘米。

② 最小尺寸。

a. 非圆筒形货物：单件邮件长度≥14 厘米，宽度≥9 厘米。

b. 圆筒形货物：直径的两倍+长度≥17 厘米，长度≥10 厘米。

2）运费计算。

① 平邮运费=标准运费×实际重量×折扣。

② 挂号运费=标准运费×实际重量×折扣+挂号费 8 元。

3）中国邮政小包通关的注意事项。

第一，由于中国邮政小包只是一种民用包裹，并不属于商业快递，且海关对个人邮递物品的验放原则是"自用合理数量"，因此中国邮政小包并不适用于寄递数量太多的货物。

第二，限值规定。海关规定，对寄自或寄往境外的个人货物，每次允许进出境的限值分别为800元和1000元；对超出限值部分，属于单一不可分割且确属个人正常需要的，可从宽验放。

（2）中国邮政小包的优劣势

① 优势。

第一，运费比较便宜。中国邮政小包运达大部分国家的时间并不长，因此属于性价比较高的物流方式。

第二，中国邮政的包裹在海关操作方面比快递简单很多，享有"绿色通道"，因此中国邮政小包的通关能力很强，覆盖面广。

第三，中国邮政小包能邮寄的货物比较多。

② 劣势。

第一，限重较低，只有2千克，阿富汗限重1千克，包裹如果超限，需要将其分成多个包裹邮寄。

第二，运送时间较长，如俄罗斯、巴西等国家超过40天才显示买家签收。

第三，跟踪查询不方便。许多国家不支持前程跟踪查询，官网只能跟踪查询国内部分，国外部分无法跟踪查询，卖家需要借助其他工具进行跟踪查询。

【例6-2】计算中国邮政小包的物流运费。

一位俄罗斯买家从"Miss Lady Show"的全球速卖通店铺购买了2条人造水晶项链，重量为15克/条（纸箱重量10克），若选择中国邮政小包运输，请计算运费。俄罗斯路向中国邮政小包报价如表6-2所示。

表6-2　俄罗斯路向中国邮政小包报价

代　码	国　　名	计费区/元	资费标准（元/千克）	挂号费/元
RU	俄罗斯	11	96.3	8

解答：

情形一：

若直接去邮局邮寄，则运费为：100/1000×96.3+8=17.63元。

若直接去邮局邮寄，则邮寄计费的重量首重为100克，不到100克的按照100克计算，并且没有折扣。

情形二：

若选择与国际货运代理合作，则运费为：40/1000×96.3×0.95+8=11.66元。

若选择与国际货运代理合作，那么就按照货物的实际重量计算运费，不计算货物的首重，并且能够享受一定折扣（如9.5折），但国际货运代理会要求每天提供一定的订单量，发货的订单量决定了折扣的高低。挂号费不能打折。

（3）其他邮政小包

跨境电子商务卖家除可以选择中国邮政小包外，还可以根据货物的特点（是否能带电池等）选择其他国家和地区的邮政小包，如新加坡邮政小包、瑞士邮政小包、中国香港邮政小包等。

① 新加坡邮政小包：可以寄递装有电池的货物。

② 瑞士邮政小包：支持带电的货物配送。

③ 中国香港邮政小包：综合质量较高，各个指标稳定；平邮性价比极高。

6.3　国际商业快递介绍

国际商业快递也称国际快递，是指在两个或两个以上国家（或地区）之间进行的快递、物流业务，是国家与国家（或地区）传递信函、商业文件及物品的递送业务，即通过国家之间的边境口岸和海关对快件进行检验放行的运送业务。国际快件到达目的国之后，需要在目的国进行再次转运，才能送达最终目的地。

在跨境电子商务中，使用国际商业快递是非常频繁的。目前，市场上较为主流的国际商业快递主要有 TNT、UPS、FedEx、DHL。国际商业快递的特点是自己建的网络可覆盖全世界，并且拥有强大的 IT 系统和遍及全球的本地化服务，给消费者带来了很好的物流体验。但国际商业快递价格昂贵，跨境电子商务商家使用时需要考虑商品的体积、重量，偏远地区须付额外费用。

▶▶ 6.3.1　TNT 介绍

荷兰天地公司（Thomas National Transport，TNT）成立于 1946 年，是荷兰邮政集团的子公司，由澳大利亚人 Thomas（托马斯）在澳大利亚的悉尼市成立。1997 年，TNT 被荷兰邮政兼并，总部移至荷兰的阿姆斯特丹。

TNT 国际网络覆盖世界 200 多个国家和地区，提供一系列独一无二的全球整合性物流解决方案。TNT 拥有欧洲最大的空运联运快递网络，能实现门到门的递送服务，并且通过在全球范围内扩大运营分布来最大限度地优化网络效能。TNT 是欧洲最大的快递公司，在欧洲市场的占有率为 65%。1988 年，TNT 进入中国市场，TNT 中国拥有 26 家国际快递分公司及 3个国际快递口岸，拥有中国最大的私营陆运递送网络，服务范围覆盖中国 500 多个城市。

1．TNT 说明

TNT 要求单件包裹的三条边的长度分别不得超过 240 厘米、150 厘米、120 厘米，单件包裹的重量不得超过 70 千克。包裹的体积重量超过实际重量的部分按照重量计费，体积重量的计算公式是：体积（立方厘米）÷5000。

2．TNT 的优劣势

（1）优势

① 服务区域。TNT 覆盖 200 多个国家和地区，网络覆盖广，查询网站信息更新快，遇到问题响应及时。

② 服务。提供全球货到付款服务及报关代理服务，通关能力强，用户可及时、准确地追踪查询货物。

③ 价格。无偏远派送附加费。

④ 时效。正常情况下 2～4 个工作日通达全球，特别是到西欧，仅需 3 个工作日。

（2）劣势

① 价格相对较高，要计算货物的体积重量。

② 对货物的限制较多。

▶▶ 6.3.2 UPS 介绍

美国联合包裹服务公司（United Parcel Service，UPS）起源于 1907 年在美国西雅图成立的一家信使公司，创始人是 Jim Casey（吉姆·凯西）和 Claude Ryan（克劳德·里安）。

为了达到支持全球商业的目标，UPS 如今已发展成为拥有 497 亿美元资产的大公司。UPS 目前是世界上最大的快递承运商与包裹递送公司，也是专业的物流、资本与电子商务服务领导性的提供者。UPS 亚太地区创建于 1988 年，总部在新加坡。在中国，UPS 的影响力要略逊于 FedEx。

UPS 主要包含 4 种业务服务，分别是 UPS Worldwide Express Plus（全球特快加急服务）、UPS Worldwide Express（全球特快服务）、UPS Worldwide Saver（全球速快服务）、UPS Worldwide Expedited（全球快捷服务）。

1. UPS 说明

UPS 要求每个包裹的重量不得超过 70 千克，每个包裹的长度不得超过 270 厘米，每个包裹的周长不得超过 330 厘米。UPS 国际小型包裹一般不接受超重或超过尺寸标准的包裹，否则要对每个超重或超过尺寸标准的包裹收取相应的附加费。货物体积重量的计算公式是：体积（立方厘米）÷5000。

2. UPS 的优劣势

（1）优势

① 服务区域。UPS 覆盖 200 多个国家和地区。

② 服务。UPS 提供全球货到付款服务，免费、及时、准确的上网查询服务，加急限时派送服务，有超强的通关能力。UPS 的强势地区为美洲地区，性价比最高，可定点、定时跟踪，查询记录详细，通关便捷。

③ 价格。UPS 可以有 3.5～6.5 的折扣。

④ 时效。UPS 正常情况下 2～4 个工作日通达全球，48 小时可到达美国，查询网站信息更新快，解决问题及时、快捷。

（2）劣势

① 运费较高，要计算货物包装后的体积重量。

② 适合发 6～21 千克的货物，对托运货物限制比较严格。

【例 6-3】计算 UPS 的运费。

一位西班牙消费者在某知名服装定制品牌网站定制了一件衬衫，包装重量为 450 克，包装尺寸为 20 厘米×10 厘米×8 厘米，拟选用 UPS，请计算运费（经查 UPS 的报价表，中国到西班牙的报价为 230 元/0.5 千克，货物重量每增加 0.5 千克，运费增加 62 元）。

解答：

先计算货物的体积重量：（20×10×8）/5000=0.32（千克）=320（克）。

由于货物的毛重为 450 克，毛重大于体积重量，因此按照毛重计算运费。

运费：450/500×230=207（元）。

由于 UPS 要求货物首重为 500 克，不足 500 克的按照 500 克计算，因此该票货物的运费为 230 元。

▶▶ 6.3.3　FedEx 介绍

美国联邦快递集团（Federal Express，FedEx）的联邦快递在 1971 年由美国耶鲁大学毕业生、前美国海军陆战队队员 Frederick W.Smith（费雷德里克·W. 史密斯）在阿肯色州小石城创立，1973 年迁往田纳西州孟菲斯市，改名为联邦快递公司。

联邦快递公司是具有全球规模的快递运输公司，为遍及全球的消费者和企业提供涵盖运输、电子商务和商业运作等一系列的服务，是一家国际性速递公司，提供隔夜快递、地面快递、重型货物运送、文件复印及物流服务，其年营业额高达 390 亿美元。联邦快递公司的亚太区总部设在中国香港，同时在上海、东京、新加坡等地均设有区域性总部。

1995 年 9 月，联邦快递公司在菲律宾苏比克湾建立了第一家亚太运转中心，根据公司在美国成功运作的"中心辐射"创新运转理念，亚太运转中心现已连接了亚洲地区 18 个主要经济与金融中心。联邦快递公司 1984 年进入中国，与天津大田集团成立合资企业大田联邦快递有限公司。FedEx 的服务分为联邦快递优先服务（FedEx IP）和联邦快递经济服务（FedEx IE）。

1. FedEx 说明

FedEx 包裹的体积限制为：单件包裹最长边≤274 厘米，（最长边+其他两边）×2≤330 厘米。包裹重量限制为：单票包裹的总重量≤300 千克，超过 300 千克须提前预约；若一票多件，其中每件包裹的重量≤68 千克，单件或一票多件中的单件包裹超过 68 千克，也须提前预约。包裹体积重量的计算公式是：体积（立方厘米）÷5000。

2. FedEx 的优劣势

（1）优势

① 时效。FedEx 的包裹一般在 2～4 个工作日可以送达，网络覆盖广，跟踪反馈信息快。

② 服务区域。FedEx 通达全球 220 多个国家和地区，派送网络遍布世界各地。

③ 服务。FedEx 提供国际快递预付款服务，免费、及时、准确的上网查询服务，代理报关服务及上门取件服务。FedEx 极快的响应速度让用户可以享受高效率的服务，通关能力极强。

④ 价格。FedEx 到中南美洲和欧洲的价格较有竞争力。

（2）劣势

① FedEx 价格较贵，需要计算货物的体积重量。

② FedEx 对托运货物有较严格的限制。

③ FedEx 会收取偏远附加费、单件超重费、地址更改派送费。

▶▶ 6.3.4 DHL 介绍

德国敦豪国际公司（DHL）是最早进入中国的跨国快递巨头，1969 年创立于美国旧金山，现隶属德国邮政全球网络。DHL 由 3 名朝气蓬勃的创业者（Adrian Dalsey、Larry Hillblom 和 Robert Lynn）共同创建，DHL 的 3 个字母来自 3 个创始人的名字。DHL 是全球快递、洲际运输和航空货运的领导者，也是全球第一的海运和合同物流提供商。

DHL 在欧洲仅次于 TNT。在中国，DHL 与中国对外贸易运输（集团）总公司合资成立了中外运敦豪，DHL 是进入中国市场时间最早、经验最为丰富的国际快递公司。

1. DHL 说明

DHL 货物的体积重量计算公式为：体积（立方厘米）÷5000，计费时取货物的实际重量和体积重量二者中的最大者。通过 DHL 运送的货物，一般从客户交货之后第二天开始的 1～2 个工作日就会有物流信息，参考妥投时效为 3～7 个工作日（不包括通关时间）。

2. DHL 的优劣势

（1）优势

① 专线。DHL 建立了欧洲专线及周边国家专线服务，服务速度快、安全、可靠、查询方便。

② 价格。DHL 针对 20 千克以下小货和 21 千克以上大货的运价较便宜，并且 21 千克以上的货物更有单独的大货价格，部分地区的大货价格比国际 EMS 的价格还要低。

③ 服务区域。DHL 派送网络遍布世界各地，查询网站货物状态信息更新及时、准确，提供包装检验与设计服务、报关代理服务，在美国和欧洲各国有较强的通关能力。

④ 时效。DHL 正常情况下 2～4 个工作日通达全球，特别是到达欧洲和东南亚地区的速度较快，到欧洲需 3 个工作日，到东南亚地区仅需 2 个工作日。

（2）劣势

① DHL 的小件货物价格没有优势。

② DHL 对托运货物的限制比较严格，拒收许多特殊货物。

【例 6-4】计算 DHL 的运费。

浙江金远电子商务有限公司在全球速卖通平台上向美国消费者销售了一款婚纱，婚纱包装重量为 2.6 千克，长×宽×高为 30 厘米×20 厘米×10 厘米，拟使用 DHL 快递，请计算运费（经查 DHL 的报价表，美国在计费 6 区，重量 3.0 千克货物的运费是 706 元，每票最低征收燃油附加费 160 元）。

解答：

该婚纱体积重量=（30×20×10）/5000=1.2 千克＜2.6 千克，货物毛重大于体积重量，因此按照毛重计算运费。

美国在计费 6 区，所以运费为 706+160=866 元，但 DHL 会有折扣。

6.4　专线物流介绍

专线物流一般指通过海运、航空包舱等方式将货物运送到国外，再通过合作公司进行目的国派送的物流方式。专线物流能够集中大批量到某个特定国家或地区的货物，通过规模效应降低成本，是比较受欢迎的一种物流方式。

目前，业内使用最普遍的专线物流包括美国专线、欧洲专线、澳大利亚专线、俄罗斯专线等，也有不少物流公司推出了中东专线、南美专线。物流专线根据运输方式又可分为航空专线、港口专线、铁路专线、大陆桥专线、多式联运专线等，如顺丰的深圳—台北航空线、中欧（武汉）冠捷班列等。

专线物流具有时效快、成本低、安全、可追踪、易通关的特点。当然，专线物流也有其劣势，如通达地区有限、运费成本略高、可托运的产品有限（有些专线目前仍然不能寄送带电池的电子产品和纯电池，不能托运指甲油、香水、香薰和打火机等热销产品）。

▶▶ 6.4.1　Special Line-YW 介绍

Special Line-YW 即燕文航空挂号小包，简称燕文专线，是北京燕文物流有限公司通过整合全球速递服务资源，利用直飞航班配载，由国外合作伙伴快速通关并进行投递的服务。线上发货燕文航空挂号小包（Special Line-YW）的物流商北京燕文物流有限公司是国内最大的物流服务商之一。

燕文专线目前已开通拉美专线、俄罗斯专线和印度尼西亚专线，拉美专线直飞欧洲可避免旺季爆仓，使投妥时间大大缩短。俄罗斯专线实行一单到底，全程无缝可视化跟踪，国内快速预分拣、快速通关、快速分拨派送。一般情况下，俄罗斯人口 50 万人以上的城市最长 17 天可完成派送，其他城市最长 25 天可完成派送。印度尼西亚专线采用中国香港邮政挂号小包服务，并经中国香港中转，到达印度尼西亚的平均时效优于其他小包。

1. Special Line-YW 说明

Special Line-YW 按克收费，经济小包最低收费标准为 10 克；单件包裹限重在 2 千克以内。

（1）最大尺寸

① 非圆筒形货物：长+宽+高≤90 厘米，单边长度≤60 厘米。

② 圆筒形货物：2 倍直径及长度之和≤104 厘米，单边长度≤90 厘米。

（2）最小尺寸

① 非圆筒形货物：单件表面尺码≥9 厘米×14 厘米。

② 圆筒形货物：直径的两倍+长度≥17 厘米，长度≥10 厘米。

2. Special Line-YW 的优劣势

（1）优势

① 时效快。Special Line-YW 可根据不同目的国选择服务最优质和派送时效最好的合作伙伴；在北京、上海和深圳 3 个口岸直飞各目的国，避免了国内转运时间的延误，并且和口岸仓航空公司签订协议保证稳定的仓位；全程追踪，派送时效在 10～20 个工作日。

② 交寄便利。Special Line-YW 提供免费上门揽收服务，揽收区域之外的可以自行发货到指定揽收仓库。

③ 赔付保障。若包裹丢失或损毁则提供赔偿，用户可在线发起投诉，投诉成立后最快 5 个工作日完成赔付。

（2）劣势

① 不支持发全球，普通包裹目前只可送达 40 个国家。

② 不能寄送如手机、平板电脑等带电池的包裹，或者纯电池（含纽扣电池）和任何可重复使用的充电电池，如锂电池、内置电池、蓄电池、高容量电池等，这些包裹无法通过机场货运安检。

▶▶ 6.4.2 Ruston 介绍

Ruston 是由黑龙江俄速通国际物流有限公司提供的中俄航空小包专线服务。Ruston 是通过国内快速集货、航空干线直飞，在俄罗斯通过俄罗斯邮政或当地落地配送公司进行快速配送的物流专线的合称，是针对跨境电子商务物流需求的小包航空专线服务，渠道时效稳定快速，全程物流可跟踪。

1. Ruston 说明

Ruston 的运费根据包裹重量按克计算，1 克起算；单件包裹的限重在 2 千克以内。

（1）最大尺寸

① 非圆筒形货物：长+宽+高≤90 厘米，单边长度≤60 厘米。

② 圆筒形货物：2 倍直径及长度之和≤104 厘米，单边长度≤90 厘米。

（2）最小尺寸

① 非圆筒形货物：单件表面尺码≥9 厘米×14 厘米。

② 圆筒形货物：直径的两倍+长度≥17 厘米，长度≥10 厘米。

2. Ruston 的优劣势

（1）优势

① 经济实惠。

② 运送时效快。Ruston 包机直达俄罗斯，80%以上的包裹 25 天内可到达。

③ 全程可追踪。Ruston 货物信息 48 小时内上网，实现货物全程可视化追踪。

④ 赔付保障。若邮件丢失或损毁则提供赔偿，用户可在线发起投诉，投诉成立后最快 5 个工作日完成赔付。

（2）劣势

① Ruston 不能寄送如手机、平板电脑等带电池的货物，或者纯电池（含纽扣电池）。所有手表（包括但不限于电子表、机械表、石英表等）、键盘、鼠标、带电或可以装电池的玩具、游戏手柄、会发光的手机壳，均须走带电渠道。

② 备货要求严格。商家在线创建物流订单后，需要为每个小包打印并粘贴地址标签；合并小包时需要在大包上标明仓库，如 Ruston—燕文—上海仓。大包内需要附上小包清单，标注内含小包数量。

▶▶ 6.4.3　Aramex 介绍

中东地区的居民生活富裕，但物资缺乏，加上互联网的普及率高，人们跨境网购的热情日益高涨，往往会选择单价比较高的货物。中东地区的跨境电子商务发展迅速，也得益于物流和支付的顺畅。

Aramex 即中外运安迈世，创建于 1982 年，在国内也称中东专线，中东专线可通达中东、北非、南亚等 20 多个国家和地区，在当地具有很大优势。Aramex 的总部位于迪拜，是中东地区的国际快递巨头，在中东地区通关速度快、时效快、覆盖面广、经济实惠。

1. Aramex 说明

Aramex 的标准运费由基本运费和燃油附加费两部分构成，对包裹的体积和重量的限制分别是：单件包裹的重量不超过 30 千克，单边尺寸不超过 120 厘米，周长不超过 330 厘米。

2. Aramex 的优劣势

（1）优势

① 运费价格。Aramex 寄往中东、北非、东南亚等国家和地区，价格具有显著的优势，是 DHL 的 60%左右。

② 时效。时效有保障，Aramex 包裹寄出后大部分在 3～5 天可以投递，大大缩短了世界各国间的商业距离。

③ 无额外费用。

④ 包裹信息实时更新，寄件人每时每刻都能跟踪到包裹的最新动态信息。

（2）劣势

① Aramex 的主要优势在中东地区凸显，但在别的国家或地区则不存在这些优势，区域性很强。

② 对货物的限制也较多：涉及知识产权的货物一律无法寄送；电池及带有电池的货物无法寄送；各寄达国（地区）禁止寄递进口的货物；任何全部或部分含有液体、粉末、颗粒状、化工品、易燃、易爆违禁品，以及带有磁性的货物（上海仓库可安排磁性检验后出运）均不予接收。

6.5 海外仓集货物流

6.5.1 海外仓产品运费模板设置

海外仓集货物流指为商家在销售目的地进行仓储、分拣、包装及派送的一站式控制及管理服务。确切地说，海外仓集货物流包括预定船期、头程国内运输、头程海运或头程空运、当地通关及报税、当地联系二程拖车、当地使用二程拖车运送目的地仓库并扫描上架和本地配送几部分。

海外仓的管理方式能大大改善消费者的购物体验，所以全球速卖通平台鼓励第三方物流公司以海外仓的形式给众多商家提供服务。全球速卖通平台的管理理念是不直接参与海外仓建设，但对于使用海外仓的商家会予以特别的标识。对于当地的消费者来说，他们会更多选择使用有海外仓服务的商家来缩短送货时间，以改善购买体验。

设置海外仓的具体步骤如下。

第一步：新增或编辑运费模板。

进入商家后台—"产品管理"—"模板管理"—"运费模板"，单击"新增运费模板"或选择现有运费模板进行编辑，新增或编辑运费模板如图 6-1 所示。

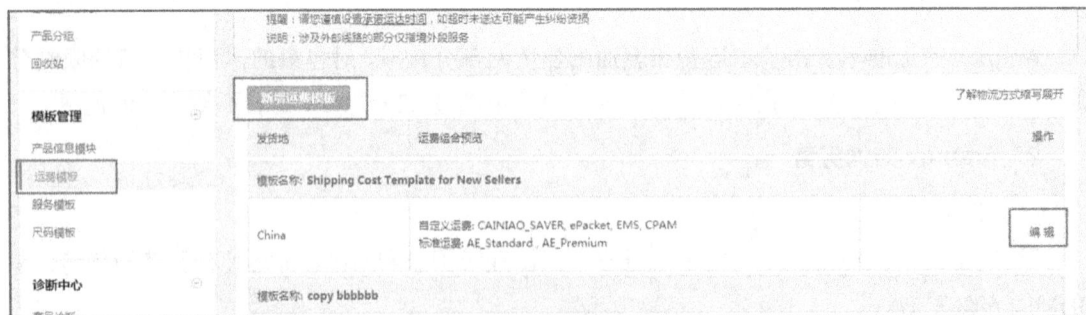

图 6-1 新增或编辑运费模板

第二步：选择发货地。

单击"添加发货地"，勾选需要设置的发货国家，单击"保存"，同个运费模板可以同时设置多个发货国家，选择发货地如图 6-2 所示。

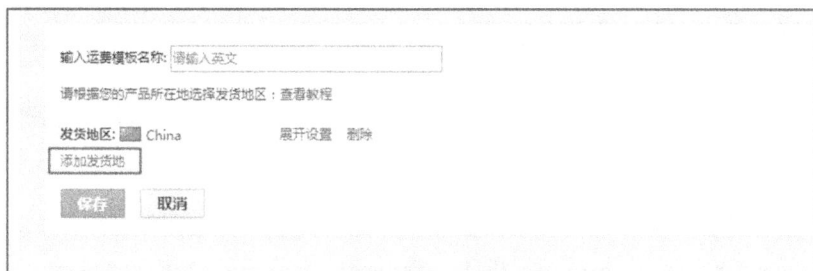

图 6-2　选择发货地

目前，运费模板中可选择的发货地设置仅包含中国在内的 10 个国家或地区，如果产品发货地不在其中，那么请选择发货地为中国。后续平台会根据商家发货地区分布新增支持的发货国家。

第三步：设置运费及限达时间。

单击"发货地区"后的"展开设置"，可针对不同的发货地区，以及不同的物流方式分别设置运费及承诺运达时间，设置运费及限达时间如图 6-3 所示。

图 6-3　设置运费及限达时间

可以单击"自定义运费"，选择物流方式支持的国家及运费，也可以单击"自定义运达时间"，对不同国家设置不同的承诺运达时间。

例如，发货地在美国，可以设置支持发往美国、加拿大、墨西哥、智利、巴西 5 国，并分别设置运费及承诺运达时间。当发货国与目的国一致时（除俄罗斯），承诺运达时间最长不能超过 15 天，俄罗斯可按照分区设置承诺运达时间。

产品发货地必须和运费模板设置完全一致，跨境电子商务卖家需要根据自己的海外仓所在地新增或编辑运费模板。

▶▶ 6.5.2 海外仓产品运费模板选用

单击"发布"或"编辑"，进入产品发布页面，正常填写产品信息。商家需要特别注意"发货地"和"运费模板"信息的填写。

1. 填写发货地

① 在"发货地"一栏勾选产品发货地，可以同时勾选多个发货地，如图 6-4 所示。

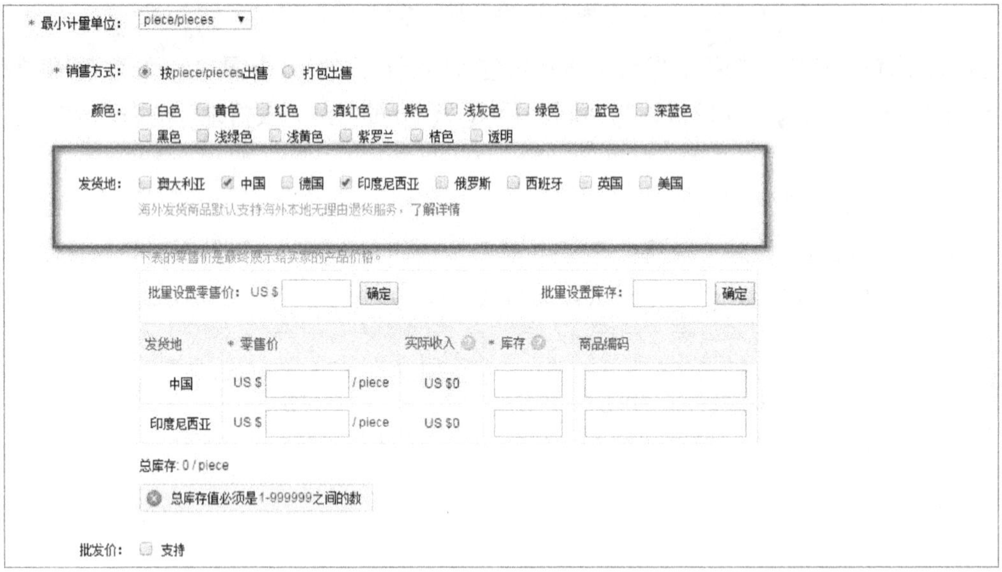

图 6-4　发货地填写

② 商家可以根据每个海外仓产品的特点进行库存、价格等设置，如图 6-5 所示。

图 6-5　设置海外仓产品

③ 其他操作与目前产品发布一致。

2. 选择产品运费模板

① 产品发布页面只展示能够选择的运费模板（运费模板中的发货地与选择的产品发货地完全一致），发货地不匹配的运费模板将不展示。产品运费模板如图 6-6 所示。

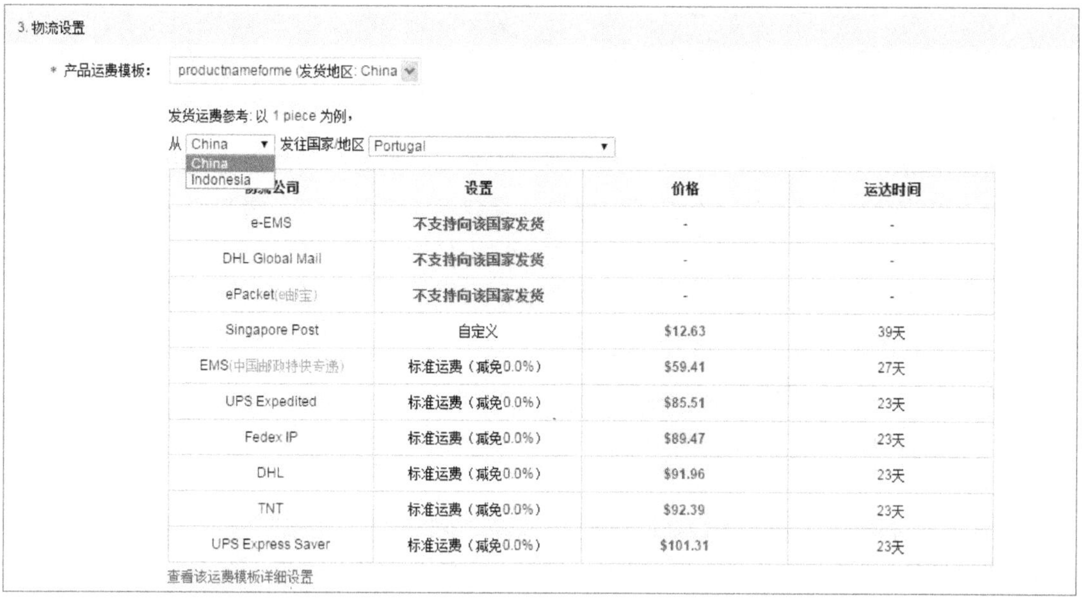
3. 物流设置

* 产品运费模板： productnameforme (发货地区: China

发货运费参考：以 1 piece 为例，

从 China 发往国家/地区 Portugal

物流公司	设置	价格	运达时间
e-EMS	不支持向该国家发货	-	-
DHL Global Mail	不支持向该国家发货	-	-
ePacket(e邮宝)	不支持向该国家发货	-	-
Singapore Post	自定义	$12.63	39天
EMS(中国邮政特快专递)	标准运费（减免0.0%）	$59.41	27天
UPS Expedited	标准运费（减免0.0%）	$85.51	23天
Fedex IP	标准运费（减免0.0%）	$89.47	23天
DHL	标准运费（减免0.0%）	$91.96	23天
TNT	标准运费（减免0.0%）	$92.39	23天
UPS Express Saver	标准运费（减免0.0%）	$101.31	23天

查看该运费模板详细设置

图 6-6 产品运费模板

② 产品运费模板选择完成后，其他操作按正常的产品发布流程进行。

③ 产品发布成功后，商家可以在“管理产品”页面通过产品运费模板筛选海外发货的产品。全球速卖通平台的消费者也可以通过筛选“Ship from”来选择自己想要的海外仓。选择海外仓如图 6-7 所示。

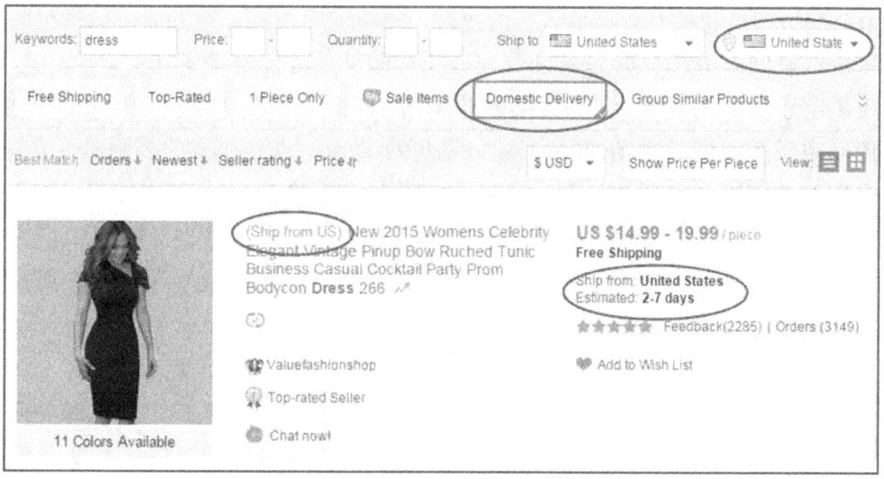

图 6-7 选择海外仓

6.6 跨境电子商务物流中的通关与报关

▶▶ 6.6.1 跨境电子商务零售通关和报关流程

1. 跨境电子商务进口通关和基本流程

（1）通关、清关和报关的基本概念

通关就是清关，它们还有另外一个名字——结关，主要指转运货物及进出口货物在进入一国关境或国境时必须得到海关的认同，办理一系列手续后，转运货物及进出口货物才能被放行，提货人才能提到货。同样的道理，运送货物的各种运输工具，如船，在进出境或转运时，也需要办理相关手续得到海关的认同。海关是不允许货物或运输工具自由流通的，所以不管是什么货物或运输工具在入境时都是需要通关的。

报关是办理转运货物或进出口货物流通时在海关申报的手续，进出口货物在报关时需要办理一系列手续，以及需要提交一系列资料。本国想要进出口货物时须向本国海关申报报关。

通关、清关和报关之间的区别是：通关、清关是相对出口国而言的，报关是相对进口国而言的。在出口货物时要经过本国查验等一系列手续才能允许货物流通，就是报关，本国相当于出口国，向别人出口货物；反之则是清关，就是到了他国，要通过他们的查验。

（2）中国跨境电子商务的进口通关新政

在出现跨境电子商务之前，一般贸易、国际邮件、商业快件是 3 种合法的通关形式。海关对进口实物按"是否有贸易属性"区分为"货物"与"物品"两类，分别纳入不同的监管框架和制度流程。海关对入境通关的基本原则是对个人物品实行抽检查验，只有在超出"自用、合理"范围等情况下，才申报纳税等海关手续。海关对一般贸易项目则按"一关三检"进行监管，即根据不同货物征收关税、增值税、消费税，商品须申请商品检验、动植物检验和卫生检疫。进口单位只有向海关提交必备单证及完成税费缴纳后才能够顺利通关。

随着跨境电子商务的发展，进口包裹数量剧增，海关查验压力增大，通关效率也下降。相当一部分跨境电子商务进口货物通关出现"蚂蚁搬家"和"灰色通关"等困难。于是，中国政府积极出台相关政策以加快通关便利化改革，按照海关总署 2018 年第 194 号《关于跨境电子商务零售进出口商品有关监管事宜的公告》文件精神，2019 年 3 月 31 日之后，所有开展跨境电子商务零售进口业务的跨境电子商务企业都必须是境外注册企业（不包括在海关特殊监管区域或保税物流中心内注册的企业）。

为促进跨境电子商务的发展，各地监管部门都开始实施"单一窗口"制度，"单一窗口"为跨境电子商务企业、物流企业、支付机构提供统一的数据申报入口，实现海关商检与跨境电子商务、支付、运输渠道及仓储企业的系统对接，多方协同作业、信息共享。

跨境电子商务有两种基于电子化的通关模式——保税备货进口通关和直购进口集货通关。

企业完成相关信息备案后，只要"三单"（跨境电子商务企业提供的订单、支付企业提供的支付单、物流企业提供的运单，简称三单）信息一步到位，便可自动合成清单，集中向海关申报，实现跨境电子商务进口的"一次申报"，通关效率高。"单一窗口"数据传送流程图如图 6-8 所示。

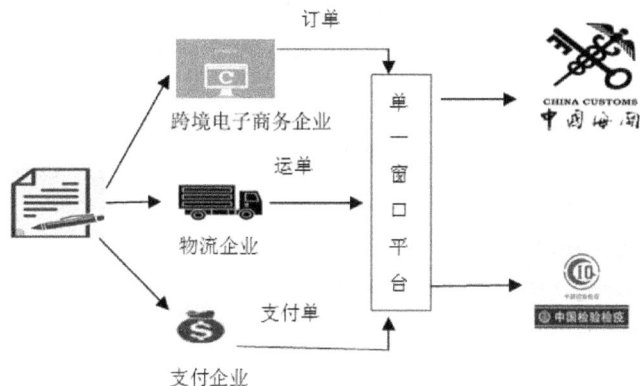

图 6-8　"单一窗口"数据传送流程图

（3）保税备货进口通关和直购进口集货通关的基本流程

① 保税备货进口通关。

保税备货进口通关是一种"先备货后接单"的模式，属于 B2B2C 模式，分为两个环节：第一个环节（B2B）就是跨境电子商务企业先将境外商品批量备货至海关监管下的保税仓库；第二个环节（B2C）就是等国内消费者下单支付后再从保税区直接发出，在海关、国检等监管部门的监管下实现快速通关。

跨境电子商务保税备货进口通关模式适用的海关监管方式有两种：宁波、上海、杭州、福州、平潭、郑州、深圳、重庆、广州、天津这 10 个试点城市适用的监管方式代码为 1210（保税电子商务）；其他城市适用的监管方式代码为 1239（保税电子商务 A）。保税备货进口通关基本流程如图 6-9 所示。

图 6-9　保税备货进口通关基本流程

a．申请保税。

跨境电子商务企业在开展保税进口业务前，需要在电子口岸中心完成包括电子注册、企业备案、数据对接等前期准备工作，以获得保税资格。

b．保税备货。

按照海关总署公告 2016 年第 26 号文件规定，在将商品运入关区前需要办理商品备案、申请保税账册、报检报关预录入、一线口岸转关等入区准备工作。在商品运抵保税监管区以后，待办理完入区通关手续（须提交报关单），由通关代理贴完商品标签条码后放入跨境保税仓库货架完成保税备货。

c. 出区通关。

备货在保税仓库的商品经跨境电子商务平台消费者下单后，平台自动获得消费者个人身份信息与个人订单信息，当地物流企业会收到货物运送的运单信息，支付企业也会收到该订单的支付单信息，以上"三单"（订单、运单、支付单）通过海关跨境通关系统"单一窗口"平台完成"三单对碰"，海关放行后提货发国内快递至消费者手中。

d. 后期核销。

消费者收货后，物流企业将收货信息推送到"单一窗口"平台，跨境电子商务企业接到核销通知后办理跨境账册的后期核销工作。

② 直购进口集货通关。

直购进口集货通关是一种"先下单后发货"的模式。直购进口集货通关是商家将多个已售出的商品，在海外分拨中心进行集货打包，将同一个目的地的商品，以海运、空运等方式直接运输进境，集货到海关监管下的保税仓库，通过跨境电子商务服务平台和海关通关管理系统对订单、支付单、运单等记录的信息进行申报，并按税率缴纳关税，实现快速通关。由于直购进口集货通关可从海外直接发货，所以在商品种类的多样性上具有优势，对代购类、品类较宽泛的跨境电子商务平台，以及海外电子商务平台来说比较适用。直购进口集货通关基本流程如图 6-10 所示。

前期准备　▷　口岸通关　▷　园区通关

图 6-10　直购进口集货通关基本流程

a. 前期准备。

直购进口集货通关的前期准备与保税备货进口通关前期准备的模式基本一致，经营跨境直邮业务的电子商务企业，在开展直邮业务前，需要在电子口岸平台在海关和国检部门办理电子商务企业与商品的备案，并选择通关服务代理企业。

b. 口岸通关。

在跨境电子商务平台获得消费者订单后，商家需要在商品运抵前向海关和国检办理预报。商品运抵一线口岸后，商家需要在商品通过口岸检验后，在跨境电子商务通关服务平台的"个人物品申报单管理"界面进行 EDI 申报。

c. 园区通关。

园区通关包括间隔时间较短的入区通关与出区通关。直邮进口商品运抵目的地跨境园区之后，商家需要在园区办理入区通关所需的报检与通关手续（审核 EDI 数据），与保税备货进口通关不同的是，直购进口集货通关在入区通关时不需要核验通关单。在出区通关环节，直购进口集货通关和保税备货进口通关的货物在海关放行前都需要缴纳跨境电子商务综合税。

集货直邮模式是跨境直邮模式的升级版，是 B2C 模式下的常用物流模式。集货直邮模式是指消费者购买境外商品之后，供应商集中发货到海外仓，商品被包裹化后由国际转运发货，然后完成境内通关后被配送到消费者手中的模式。

2. 跨境电子商务出口报关和基本流程

出口报关是履行海关进出境手续的必要环节之一。出口报关是进出境运输工具的负责人、货物和物品的收发货人或代理人，在通过海关监管口岸时，依法进行申报并办理有关手续的过程。

出口报关涉及的对象可分为进出境的运输工具和货物、物品两大类。由于性质不同，因此其报关程序各异。运输工具（如船舶、飞机等）通常应由船长、机长签署到达及离境报关单，交验载货清单、空运单、海运单等单证向海关申报，作为海关对装卸货物和上下旅客实施监管的依据。而货物和物品则应由其收发货人或代理人，按照货物的贸易性质或物品的类别，填写报关单，并随附有关的法定单证及商业和运输单证报关，如属于保税货物，应按保税货物的方式进行申报，海关对应办事项、监管办法与其他贸易方式的货物有所区别。

（1）跨境电子商务 B2C 出口报关

① 一般出口模式。

一般出口模式指跨境电子商务企业根据境外消费者的网购订单，直接从境内启运订单商品，从跨境电子商务零售出口监管场所申报出口，并配送给消费者的跨境电子商务零售出口业务模式。

一般出口模式采用"清单核放、汇总申报"的方式，跨境电子商务出口商品以邮寄、快件的方式分批运送，海关凭清单核放出境，定期把已核放清单数据汇总成出口报关单，跨境电子商务企业或平台凭此办理结汇、退税手续。

一般来说，跨境电子商务 B2C 出口报关需要经过以下 5 个步骤。

第一，海外消费者在海外直接下单，跨境电子商务企业在跨境电子商务服务平台上备案。

第二，商品售出后，跨境电子商务企业、物流企业、支付企业向跨境电子商务服务平台提交订单、支付单、运单三单信息。

第三，跨境电子商务服务平台完成三单比对，自动生成商品清单，并向中国电子口岸发送清单数据。

第四，商品运往跨境电子商务平台仓库。

第五，海关通过跨境电子商务服务平台审核，确定单货相符后，货物放行出口。

跨境电子商务一般出口流程如图 6-11 所示。

② 保税出口模式。

跨境电子商务 B2C 保税出口模式，简称"保税电子商务"，俗称"备货模式"，其海关监管代码为 1210。1210 要求开展区域必须是跨境电子商务进口试点 10 个城市的特殊监管区域。商家将出口商品批量备货至海关监管下的保税仓库，消费者下单后，跨境电子商务企业根据每笔订单办理海关通关手续，在保税仓库完成贴面单和打包，经海关查验放行后，由跨境电子商务企业委托物流企业配送至消费者手中。保税出口模式的优点是可以提前批量备货，从而可以降低国际物流成本，而且通关效率高，售后服务响应快；其缺点是因使用保税仓库备货，所以占用资金大。保税出口模式适用于业务规模大，且可从空运过渡到海运的大批量订单。

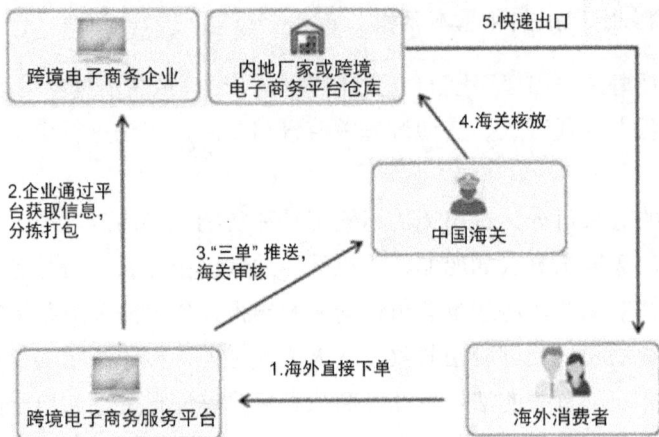

图 6-11　跨境电子商务一般出口流程

（2）跨境电子商务 B2B 出口报关

① 出口报关新政。

跨境电子商务出口从 B2C 向 B2B 大货模式延伸，丰富了跨境电子商务出口模式。针对这个跨境电子商务出口新模式，我国政府相继出台了一些优惠待遇或财政补贴的激励政策。截至 2018 年 7 月 14 日，国务院分三批共批准包括杭州、宁波、天津、北京等 35 个城市作为跨境电子商务综合试验区，各试验区也积极抓住机遇建成"单一窗口"网络平台帮助企业实现通关、征退税、结汇等一条龙操作，引入阿里巴巴跨境供应链、浙江融易通等外贸综合服务平台，让广大中小企业赶上了"互联网+出口"的风口。2015 年 10 月 20 日，《中国（杭州）跨境电子商务综合试验区海关监管方案》通过了海关总署的批准，杭州启动了全国首批跨境电子商务 B2B 出口试点，根据此方案，杭州海关对跨境电子商务实行"清单核放、集中纳税、代扣代缴"的通关新模式，实现跨境电子商务进出口 B2B、B2C 试点模式全覆盖，同时申报模式更加简化。

② 出口报关基本流程。

跨境电子商务 B2B 出口报关基本流程如图 6-12 所示。

图 6-12　跨境电子商务 B2B 出口报关基本流程

a. 前期准备。

目前，跨境电子商务出口海关监管方式仍为"一般贸易（代码 0110）"方式，通关手续仍按现行传统贸易项下的申报规则进行申请。但跨境电子商务企业、电子商务交易平台、电子商务服务企业都需要事先在"单一窗口"平台进行备案和将商品上传至跨境电子商务平台等相关前期准备。

　　b．准备报关资料。

在获取海外订单后，商家在报关之前需要准备好报关资料，如发票、装箱单、合同、代理报关委托书、报关单等，委托报关单位根据监管条件进行报关操作。

　　c．出口报关。

代理单位在核对资料后通过"单一窗口"平台提交"电子报文"即可完成出口申报手续。电子申报成功后，"单一窗口"系统后台会自动将相关数据同时发送给海关、国检，并将退税申报发送给国税，将收汇信息发给外管，实现数据化全申报。"单一窗口"数据化全申报示意图如图 6-13 所示。

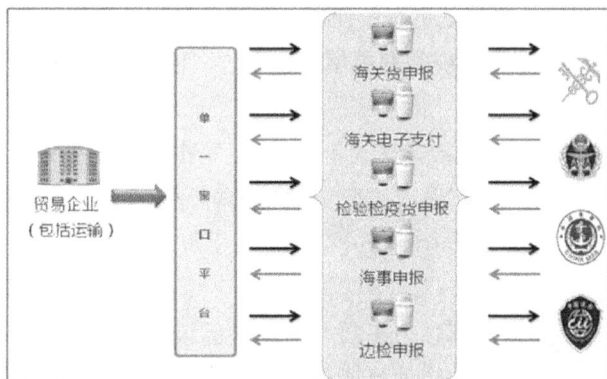

图 6-13　"单一窗口"数据化全申报示意图

▶▶ 6.6.2　跨境电子商务零售报关流程

跨境电子商务企业或其代理人应提交《中华人民共和国海关跨境电子商务零售进出口商品申报清单》（以下简称《申报清单》），出口采取"清单核放、汇总申报"方式办理报关手续。

"清单核放、汇总申报"是指跨境电子商务零售商品出口后，跨境电子商务企业或其代理人应当于每月 10 日前（当月 10 日是法定节假日或法定休息日的，顺延至其后的第一个工作日，12 月份的清单汇总应当于当月最后一个工作日前完成），将上月（12 月份为当月）结关的《申报清单》依据清单表头同一收/发货人、同一运输方式、同一运抵国、同一出境口岸，以及清单表体同一 10 位海关商品编码、同一申报计量单位、同一币制规则进行归并，汇总成《中华人民共和国海关出口货物报关单》向海关申报。

《申报清单》和《中华人民共和国海关进（出）口货物报关单》应当采取通关无纸化作业方式进行申报。

《申报清单》的修改或撤销，应参照海关总署《中华人民共和国海关进（出）口货物报关单》修改或撤销的有关规定办理。

1．报关流程

（1）申报

发货人根据出口合同的约定，按时、按质、按量准备好货物后，向运输公司办理租船订舱手续，准备向海关办理报关手续，或者委托专业（代理）报关公司办理报关相关手续。

若委托专业（代理）报关公司代理申报，跨境电子商务商家应该在货物出口之前在出口岸就近向专业（代理）报关公司办理委托报关手续。接受委托的专业（代理）报关公司向委托单位收取正式的委托书，报关委托书以海关要求的格式为准。

提前准备好报关用的单证能够保证出口货物的顺利通关。一般来说，报关所需的单证包括以下几种。

① 进口货物报关单。

一般填写一式二份（北京海关要求三份）。报关单填报项目要准确、齐全、字迹清楚、不能用铅笔；报关单内各栏目，凡海关规定有统计代号、税则号列及税率的，由报关员用红笔填写；每份报关单限填报四项货物。如发现须变更填报内容时，应主动、及时向海关递交更改单。

② 出口货物报关单。

一般填写一式两份（北京海关要求三份）。出口货物报关单的填单要求与进口货物报关单的填写要求基本相同。如因填报有误或须变更填报内容而未主动、及时更改的，出口报关后发生退关情况，报关单位应在三天内向海关办理更正手续。

③ 随报关单交验的货运单据、商业单据。

任何进出口货物通过海关，都必须在向海关递交已填好的报关单的同时，交验有关的货运单据和商业单据，接受海关审核诸种单证是否一致，并由海关审核后加盖印章，作为提取或发运货物的凭证。随报关单同时交验的货运单据和商业单据：海运进口提货单，海运出口装货单（须报关单位盖章），陆、空运运单，货物的发票（其份数比报关单少一份，须报关单位盖章），货物的装箱单（其份数与发票相等，须报关单位盖章）等。

需要说明的是，如海关认为必要，报关单位还应交验贸易合同、订货卡片、产地证明等。另外，按规定享受减、免税或免验的货物，应在向海关申请并已办妥手续后，随报关单交验有关证明文件。

④ 进出口货物许可证。

进出口货物许可证制度是对进出口贸易进行管理的一种行政保护手段。我国与世界上大多数国家一样，也采用进出口货物许可证制度对进出口货物、物品实行全面管理。必须向海关交验进出口货物许可证的商品并不固定，而是由国家主管部门随时调整公布的。凡按国家规定应申领进出口货物许可证的商品，报关时都必须交验由对外贸易管理部门签发的进出口货物许可证，并经海关查验合格无误后始能放行。但商务部所属的进出口公司、经国务院批准开展进出口业务的各部委所属的工贸公司、各省（直辖市、自治区）所属的进出口公司，在批准的经营范围内进出口商品，视为已取得许可，免领进出口货物许可证，只凭报关单即可向海关申报；只有在经营进出口经营范围以外的商品时才需要交验许可证。

⑤ 商检证书。

海关指示报关单位出具商检证书，一方面是监督法定检验商品是否已经接受法定的商检机构检验，另一方面是取得进出口商品征税、免税、减税的依据。根据《中华人民共和国进出口商品检验法》及《商检机构实施检验的进出口商品种类表》（以下简称《种类表》）规定，凡列入《种类表》的法定检验的进出口商品，均应在报关前向商品检验机构报验。报关时，对进口商品，海关凭商检机构签发的检验证书或在进口货物报关单上加盖的印章验收。

除上述单证外，对国家规定的其他进出口管制货物，报关单位也必须向海关提交由国家主管部门签发的特定的进出口货物批准单证，由海关查验合格无误后再予以放行。诸如食品卫生检验，药品检验，动植物检疫，文物出口签订，金银及其制品的管理，珍贵稀有野生动物的管理，进出口射击运动、狩猎用枪支弹药和民用爆破物品的管理，进出口音像制品的管理等均属此列。

在申报的时候，需要注意两点事项：出口货物的报关时限为装货的 24 小时前；不需要征税费、查验的货物，自接受申报起 1 日内办结通关手续。

（2）查验

查验是指海关对实际货物与报关单证进行核对，查验申报环节所申报的内容是否与查证的单、货一致，并查证是否存在瞒报、伪报和申报不实等问题。海关通过查验可以申报审单环节提出的疑点并进行验证，为征税、统计和后续管理提供监管依据。

海关查验货物后，要填写验货记录，内容包括查验时间、地点、进出口货物的收/发货人或其代理人名称、申报货物情况、货物的运输包装情况（如运输工具的名称、集装箱号、尺码和封号）、货物名称、规格型号等。

需要查验的货物自接受申报起 1 日内开出查验通知单，自具备海关查验条件起 1 日内完成查验，除须缴税外，自查验完毕 4 小时内办结通关手续。

根据《中华人民共和国海关法》的有关规定：进出口的货物除国家另有规定外，均应征收关税，关税由海关依照海关进出口税则征收。需要征收税费的货物，自接受申报起 1 日内开出税单，并与缴核税单 2 小时内办结通关手续。

（3）放行

对于一般出口货物，在发货人或其代理人如实向海关申报，并如数缴纳应缴税款和有关规费后，海关在出口装货单上盖"海关放行章"，出口货物的发货人凭此装船起运出境。

若申请出口货物退关，发货人应当在退关之日起 3 日内向海关申报退关，经海关核准后方能将货物运出海关监管场所。

（4）汇总征税

海关放行后，在出口退税专用报关单上加盖"验讫章"和已向税务机关备案的海关审核出口退税负责人的签章，退还报关单位。报关单的有关内容必须与船公司传送给海关的舱单内容一致，才能顺利核销退税。对于海关接受申报并放行后，由于运输工具配载等原因，部分货物未能装载上原申报的运输工具的，出口货物发货人应及时向海关递交《出口货物报关单更改申请单》及更正后的箱单发票、提单副本，进行更正，这样报关单上的内容才能与舱单上的内容一致。

2. 报关时需要提交的单证

① 进出口货物报关单：一般进口货物应填写一式二份；需要由海关核销的货物，如加工

贸易货物和保税货物等，应填写专用报关单一式三份；货物出口后须国内退税的，应另填一份退税专用报关单。

② 货物发票：要求份数比报关单少一份，对货物出口委托国外销售且结算方式是待货物销售后按实销金额向出口单位结汇的，出口报关时可准予免交。

③ 陆运单、空运单和海运进口的提货单及海运出口的装货单：海关在审单和验货后，在正本货运单上签章放行退还报关员，凭此提货或装运货物。

④ 货物装箱单：其份数同发票，但是散装货物或单一品种且包装内容一致的件装货物可免交货物装箱单。

⑤ 出口收汇核销单：一切出口货物报关时，应交验外汇管理部门加盖"监督收汇"章的出口收汇核销单，并将核销编号填在每张出口报关单的右上角。

⑥ 海关认为必要时，还应交验贸易合同、货物产地证书等。

⑦ 其他有关单证包括以下两种。

a. 经海关批准准予减税、免税的货物，应交验海关签章的减免税证明，北京地区的外资企业须另交验海关核发的进口设备清单。

b. 已向海关备案的加工贸易合同进出口的货物，应交验海关核发的"登记手册"。

3. 报关时需要注意的事项

根据《中华人民共和国海关法》相关规定：进出口货物收发货人、报关企业办理报关手续，必须依法经海关注册登记，未依法经海关注册登记不得从事报关业务；报关企业和报关人员不得非法代理他人报关，或者超出其业务范围进行报关活动。相关规定以法律的形式明确对向海关办理进出口货物报关纳税手续的企业实行注册登记管理制度。因此，完成海关报关注册登记手续，取得报关资格是报关单位的主要特征之一，也就是说，只有当有关的法人或组织取得了海关赋予的报关权后，才能成为报关单位，方能从事有关的报关活动。另外，报关单位还必须是"境内法人或组织"，能独立承担相应的经济和法律责任，这是报关单位的另一个特征。

报关时的主要注意事项有以下几点。

① 进口单证（装箱单、发票、贸易合同）等所有单证一定要与实际货物一致。

② 装箱单、发票、贸易合同等单证上的货物品名一定要一致，并且和实际货物的品名要一致。

③ 装箱单上的货物重量和方数要和提单上的一致，并且要和实际货物一致。

④ 合同上面要有合同号，发票上面要有发票号。

⑤ 是木质包装的需要在木质包装上有 IPPC 标识。

⑥ 从韩国和日本进口货物，还要有非木质包装证明。

⑦ 凡进口下列 9 类商品必须提前 5 天预申报：汽车零件、化工产品、高科技产品、机械设备、药品、多项食品、多项建材、钢材和摩托车零配件。

⑧ 凡进口旧印刷机械，进口年限不能超过 10 年，超过 10 年的国家不允许进口。

⑨ 凡进口发电机组，工作实效不能超过 15000 小时，年限不能超过 8 年。

⑩ 旧医疗器械，国家不允许进口。

本章小结

本章分 6 节来阐述与探讨跨境电子商务物流。6.1 节介绍了跨境电子商务物流的含义、跨境电子商务物流的类型，以及我国跨境电子商务物流发展过程中存在的问题及发展趋势。6.2 节至 6.5 节介绍了主要的跨境电子商务物流模式：邮政物流、国际商业快递、专线物流及海外仓集货物流。6.6 节主要讲述了跨境电子商务通关与报关的基本流程。

拓展实训

全球速卖通平台物流模板操作

【实训目的】

（1）了解如何设置跨境电子商务全球速卖通平台的物流规则。

（2）设置运费模板、规划发货方式和流程。

【实训内容】

小东的全球速卖通店铺终于有一个订单了，订单顾客来自俄罗斯的圣彼得堡，接下来小东要为这个订单安排发货，请您为小东规划一下发货方式和流程。

【实训步骤】

（1）在全球速卖通平台注册账号。

（2）设置全球速卖通物流模板。

课后习题

1. 简述何为跨境电子商务物流。

2. 简述跨境电子商务物流的几个分类。

3. 简述常用的几种商业快递。

4. 在阿里巴巴平台采用跨境供应链服务进行物流运输有什么优缺点？为什么许多大商家不愿意采用跨境供应链服务。

5. 简述海外仓的主要功能。

第7章

跨境电子商务客户服务

章节目标

1. 掌握跨境电子商务客户服务的职能。
2. 了解跨境电子商务客户服务工具。
3. 掌握询盘沟通的方法。
4. 了解售后纠纷提交和协商步骤。

学习重点、难点

学习重点：能够熟练运用全球速卖通评价系统，掌握获得买家好评的技巧。
学习难点：能掌握避免产生纠纷的技巧，以及解决纠纷需要注意的问题。

引例

　　维护好客户关系能够帮助店铺吸引更多的回头客，降低营销成本，提升客单利润率，帮助店铺可持续运营。但是在交易过程中，难免会产生差评和纠纷，此时就需要卖家想办法解决差评和纠纷，减少自身损失。因此，熟练掌握沟通技巧，以及解决差评和纠纷的方法是卖家的必修课。

7.1　跨境电子商务客户服务概述

▶▶ 7.1.1　跨境电子商务客户服务工具

1. 平台即时聊天工具

阿里巴巴为境内电子商务（淘宝、天猫、1688）提供了即时聊天工具——阿里旺旺。同样，阿里巴巴也为跨境电子商务（阿里巴巴国际站、全球速卖通）提供了阿里旺旺国际版——TradeManager，提供在线沟通、联系人管理、消息管理、登录记录查询等基本功能。阿里旺旺国际版如图 7-1 所示。

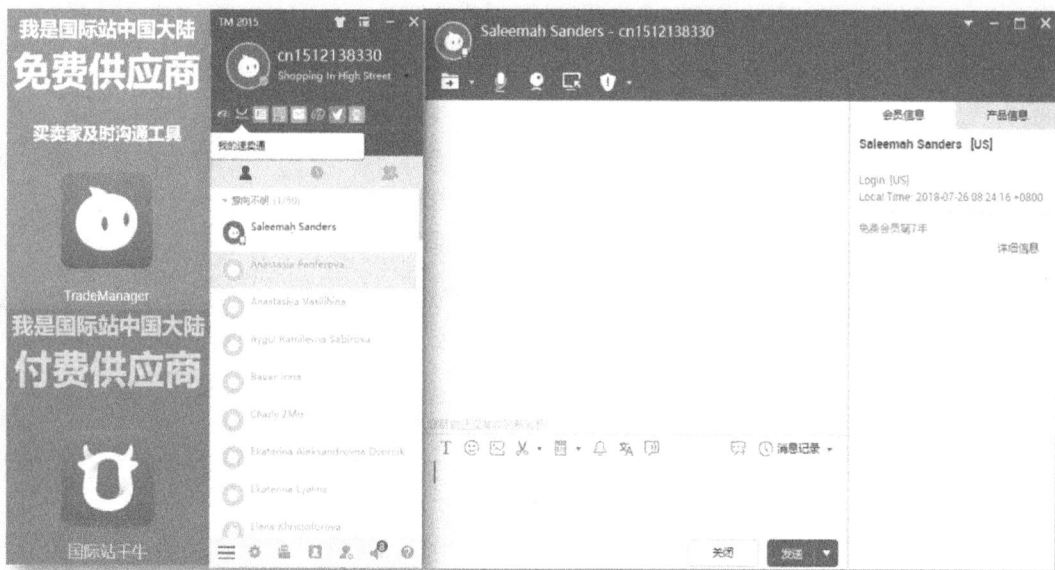

图 7-1　阿里旺旺国际版

2. 站内信或订单留言

以全球速卖通为例，在未达成交易之前，买家一般通过站内信与卖家建立联系，咨询商品问题，全球速卖通站内信入口如图 7-2 所示，全球速卖通站内信编辑页面如图 7-3 所示。买方成功下单并付款后，买卖双方就可以通过订单留言来沟通，全球速卖通订单留言编辑页面如图 7-4 所示。订单留言和站内信是全球速卖通平台鼓励买卖双方沟通的渠道。买卖双方关于订单的沟通都在订单留言中完成，一方面可减少买卖双方沟通渠道的选择，避免错过重要信息，另一方面订单留言是纠纷判责中参考证据的重要组成部分，可保证订单沟通信息的完整。当订单发生纠纷时，站内信和订单留言沟通记录的截图都可以作为有效的证据。

图 7-2　全球速卖通站内信入口

图 7-3　全球速卖通站内信编辑页面

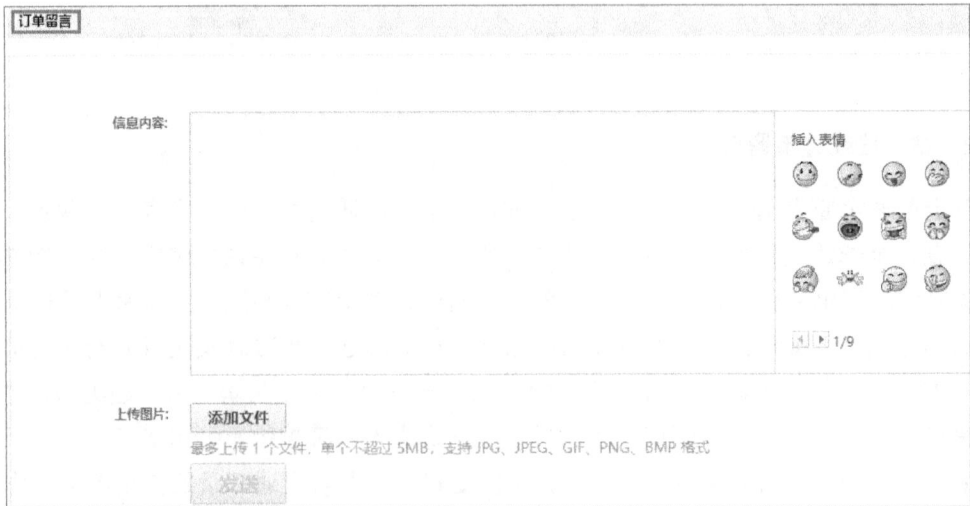

图 7-4　全球速卖通订单留言编辑页面

亚马逊平台没有专门的即时聊天工具，当买家想对购买的商品进行咨询时，需要先在商品详情页找到卖家，单击"Sold by"后面的卖家名称，然后单击"Ask a question"向卖家咨询。亚马逊平台买家留言如图 7-5 所示。

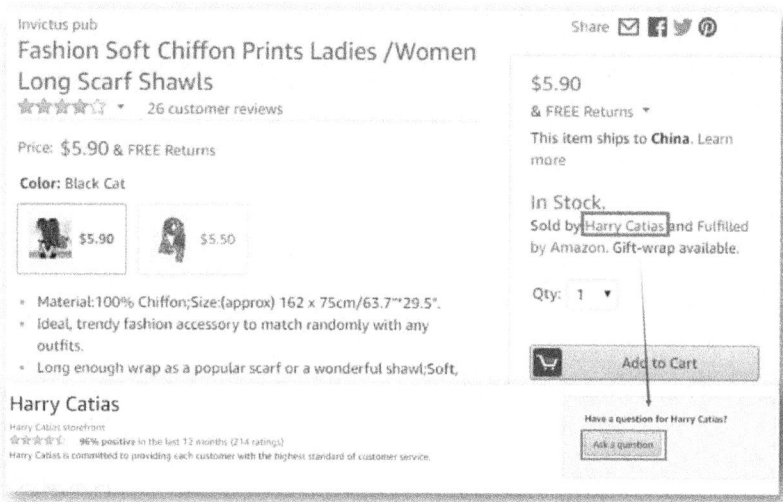

图 7-5 亚马逊平台买家留言

Wish 平台在买家后台设有"客户问题"版块，分为"未处理""已回复""已关闭"3 种状态，卖家须在 48 小时内回复客户问题。如果超过 48 小时，那么 Wish 平台的客户服务人员将介入，并以客户利益为先解决问题。

卖家可以单击"查看"，在跳转页面中查看有关客户问题的所有信息，这是买家发送给卖家的有关订单或商品的消息。卖家可以回复买家的客户问题，并在解决后将"客户问题"关闭。Wish 平台"客户问题"详情如图 7-6 所示。

图 7-6 Wish 平台"客户问题"详情

3. 其他即时通信工具

当企业普通客户成长为重点客户时，为了与客户保持及时畅通的联系，卖家必定会用到邮件、短信、电话或其他社交工具。

即时通信（Instant Message，IM）能实时发送和接收互联网消息等。在跨境电子商务业务中，选择合适的即时性沟通工具可以让网上磋商效率得以提高，但选择工具时应当针对不同目标市场客户群的使用习惯及不同跨境电子商务平台的站内信息反馈功能来进行。

国内外主流的即时通信工具如表 7-1 所示。

表 7-1　国内外主流的即时通信工具

序号	即时通信工具	特　点	注 意 事 项
1	Skype	Skype 是全球免费的语音沟通工具，以较高的声音质量和网络电话为特点，配套多国翻译组件，支持视频聊天、多人语音会议、多人聊天、传送文件、文字聊天等功能	使用前须先到 Skype 官网购买充值卡
2	MSN	MSN 英文全称是 Microsoft Service Network，是最早的在线聊天工具之一，并且有对应的邮箱，MSN 在世界的地位如同 QQ 在国内的地位，在高峰期曾一度占有全球 60%以上的市场份额	有些地方需要绑定 Skype 才能使用
3	Viber	Viber 是一种智能手机用的跨平台网络电话和即时通信工具。Viber 的使用方法与微信的较为相似。用户用手机注册后，装上软件，可同步到自己的通讯录并和国外用同类工具的用户交流	有流量及 Wi-Fi 就可以免费使用
4	腾讯 QQ	腾讯 QQ 是腾讯公司开发的一款基于 Internet 的即时通信工具，功能强大，支持在线聊天、视频电话、共享文件、网络硬盘、自定义面板、QQ 邮箱等多种功能	主要被国内用户使用，一部分国外用户也在使用

此外，kik、WhatsApp、SKOUT 等也是国外常用的即时通信工具，上述工具都有相应的手机软件，装到手机上就可以和客户随时随地联系。

▶▶ 7.1.2　跨境电子商务客户服务的职能

跨境电子商务客户服务的职能包括 4 个方面，即解答客户咨询、处理产品售后问题、促进产品销售和监控管理产品运营。

1. 解答客户咨询

跨境零售电子商务的商业本质是零售业的分支，而基于零售业的特点，客户必然会对卖家提出大量关于产品和服务的咨询，所以客服人员的接待咨询工作主要分为以下两大类。

（1）产品方面

通常在售前环节咨询的客户都是潜在客户，他们还处于选择产品的过程之中，此时，客服人员对客户问题及时、专业、有针对性的回答十分重要。否则，在竞争激烈的大环境下，客户会选择立刻离开，改选其他产品。可见，这个阶段的客服人员应十分熟悉本企业的产品，包括产品的质量、规格、使用情况、特点等。此外，客服人员应具有较强的理解能力，有针对性地回答客户的问题，若答非所问或泛泛而谈，会导致客户感觉客服人员不专业而离开。

目前，我国跨境电子商务行业主要涉及的产品问题如下。

① 产品种类繁多。我国跨境电子商务行业相关产品种类从 3C、玩具，到服装、配饰、家居、运动等，涉及的种类不断丰富，基本已经覆盖国内所有的日用消费品。

② 国外产品规格与国内差异较大。例如，在服装尺码标准方面，美国、欧洲等国家的标准，与中国的标准存在差异；在电气设备的标准方面，欧洲、日本、美国等国家和地区电器的电压与国内的标准不同，如简单的电源插头都有巨大差异。

综合以上两个问题，跨境电子商务客服人员在解决客户关于产品的问题时也会面临更大的困难，但不管问题多么复杂，客服人员都应该为客户提供完美的解答和可行的解决方案。以上两个问题也增加了中国卖家对客服人员培训的难度。

（2）服务方面

服务实现更加复杂是跨境电子商务行业的另一个特点。当卖家面临国际物流运输、海关申报通关、运输时间及产品安全性等问题时，其处理过程更加复杂。而当国外客户收到产品后，在使用产品的过程遇到问题时，也需要客服人员具备优秀的售后服务能力，为国外客户提供有效的解决方案，进而降低售后服务成本，为国外客户提供良好的购物体验。

2. 处理产品售后问题

在国内电子商务交易中，大多数买家在下单前都会与客服人员进行沟通，咨询产品库存、产品是否可以提供折扣或赠品等问题，而在跨境电子商务交易中，买家往往是静默下单且及时付款的。卖家要做的是在产品详情页面上借助文字、图片、视频等对产品进行详细透彻的介绍，并说明能够提供的售前、售后服务，而这些内容都将成为卖家向买家做出的不可改变、不可撤销的承诺。

在跨境电子商务交易中，当买家联系卖家时，往往是因为产品货运物流出现了问题，或者是其他服务出现了重大问题，而这些问题是买家无法自己解决的，因此在跨境电子商务交易中，一旦买家联系客服人员，通常就是买家投诉。跨境电子商务的客服人员主要的工作就是解决各种售后投诉。

3. 促进产品销售

在跨境电子商务交易中，如果客服人员能够充分发挥主动性，主动促成订单交易，那么将为企业和团队带来巨大的能量。以阿里巴巴跨境电子商务平台为例，其在成立之初的定位是"面向欧美市场的小额批发网站"，但随着时间的推移，阿里巴巴跨境电子商务平台逐渐成长为一个完善的跨境电子商务 B2C 零售平台，订单以面向欧美、俄罗斯、巴西等国家和地区的零售型产品为主。不可否认的是，仍然有不少国外买家习惯在跨境电子商务平台上寻找种类多样、质优价廉的中国产品，也就是说，在现在的跨境电子商务交易中，小额的国外批发采购客户仍占有不小的比例。

这些买家的购买模式通常是先挑选几个中国卖家的店铺，采购小额的样品，待确认样品的质量、款式及卖家服务水平之后，买家会尝试订购单笔大额订单，随后逐渐与中国卖家发展为稳定的采购批发供应关系。而这些买家与中国卖家的接触往往是通过客服人员进行的，因此优秀的客服人员需要具备营销意识和技巧，能够将零散买家中的潜在批发买家发展为实际的、稳定的长期客户，这就是客服人员促进产品销售的职能。

4. 监控管理产品运营

由于跨境电子商务具有跨国交易、订单零碎的特点，因此在产品开发、采购、包装、仓储、物流、海关通关等环节容易出现混乱的情况。出现问题后，企业和团队无法责任到位，长此以往，问题往往无法被发现并得到有效解决，这将随时给企业和团队带来损失。因此，对于一个企业或团队来说，必须建立一套完整的问题发现和解决机制，以便在出现问题之后能进行及时有效的处理。

跨境电子商务的客服人员能够直接接触到广大客户，能够直接聆听客户提出的问题，是团队最先发现问题的接触点。因此，跨境电子商务团队中的客服人员必须发挥监控管理产品运营的职能，定期将客户提出的问题进行分类总结，并及时向销售、采购、仓储、物流等各部门的主要负责人反馈，为这些部门决策者进行岗位调整和工作流程优化提供第一手参考依据。

▶▶ 7.1.3 跨境电子商务客户服务的技巧

做好客户服务工作，可以提升买家的购物体验、提高转化率，是促进买家二次购买的有效途径，这就要求客户服务人员必须掌握提升买家满意度的技能，并能有效地进行二次营销。

1. 买家满意度的提升

买家满意度是指买家通过对一个产品的可感知效果与他的期望值相比较，所形成的愉悦或失望的状态。较高的买家满意度将会为店铺带来更多的重复购买，吸引买家更快下单，还能间接提升产品的排序，增加产品的曝光度，帮助卖家享受更好的资源，如更多的橱窗推荐位、图片银行空间、动态多图数量等。

在交易过程中，影响买家满意度的重要因素有商品质量、物流速度、物流服务、交易沟通、售后服务等。因此，卖家可考虑从以下几个角度着手提升买家满意度，改善交易过程中买家的购物体验。

（1）产品信息描述尽可能详细和完整

通常来说，买家希望从产品的详情描述界面中了解产品信息的多个方面，因此，卖家在产品详情描述界面中要尽可能地包含买家需要的相关信息。标题内容要详细，要尽可能包含售后服务、质量保证等信息，可以将产品的信用保证、产品材料、认证标识，以及支付方式包括退换货政策等，都在产品的详情描述界面中显示。产品详细信息介绍及物流、售后服务等各方面的说明，不仅让买家对产品有了全面的认知，同时物流方式、支付方式和售后保障的介绍还增强了产品的吸引力。

（2）及时地回复询盘

回复询盘应礼貌、简洁、清晰、直截了当，也要避免过多的沟通次数导致丢失商机。

（3）与买家保持良好沟通

交易中买卖双方的沟通是非常必要的，特别是如果买家对卖家的某件产品有兴趣时，就会多问一些问题以便更清楚地了解产品。卖家遇到买家咨询时应积极回应，同时留意是否是因为产品详情描述界面不清楚等原因造成的买家对产品有疑问，并随后修改产品详情描述界面。

如果卖家在与买家的沟通中出现误会或争执，一定要冷静地寻找原因。一般来说，出现误会或争执可能是因为产品描述有歧义、多人操作店铺账号但没有对客户要求及时备案等细节造成的。卖家与买家耐心沟通后，多数情况下可以消除误会并增进买家对产品的了解。

（4）为买家提供优质的物流体验

优质的物流体验包括发货速度、物流运送时间、货物完整度、送货员的服务态度等重要内容。为买家提供优质的物流体验，卖家可以从以下几个方面入手。

① 选择合适的物流。

不同国际快递的物流服务重点会有所区别，且不同国家和地区的买家对物流的要求也会不同。物流方式应与产品的价格匹配，卖家可以控制物流时效的稳定性：在旺季，可以选择信用等级更高的物流方式；在淡季，则可以多尝试几家物流商。物流稳定性越好，越能赢得买家的信赖。

建立相应的理赔机制，物流方式要考虑物流商的承运能力，在保证物流派送安全稳妥的前提下，要避免产生不必要的售后问题和损失。所以，卖家要对物流商全环节操作的专业度进行详细的了解。专业、稳定的物流团队能够向卖家在拓展海外市场或在入驻电子商务平台时提供有效经验，让卖家少走弯路，因此各种服务的细节决定了这家物流商是否值得依赖。

② 及时发货。

通常，买家都希望能尽快收到自己购买的产品。因此，当买家付款后卖家最好能在最短的时间内发货。发货后，卖家要及时填写物流单号，并第一时间联系买家，告知对方物流运送情况。

③ 做好物流跟踪。

卖家应做好物流跟踪，并及时与买家联系确认货物的送达及反馈。

（5）为买家提供高质量的产品

卖家要在发货前检查货物的状态，为买家提供高质量的产品，尽可能避免出现产品描述与产品不符的情况，注重产品的包装专业整洁度，并可以随产品附赠礼品，给买家创造意外的惊喜。卖家为买家提供良好的购物印象，有利于提高复购率。

2. 做好二次营销

不论是亚马逊、eBay 还是全球速卖通，在卖家的交易中，老买家都会占据一半甚至更多的交易额。卖家要想保持稳定增长的交易额，成长为大卖家，做好老买家的服务和二次营销是非常关键的。

（1）寻找重点买家

一次简单的交易从买家下单到买家确认收货并给予好评就结束了，但一个优秀的卖家仍有很多事情可以做。卖家可以通过对买家交易数据的整理，识别出有潜力持续交易的买家，更有针对性地维系他们，并向他们推荐优质产品，从而使这些老买家持续稳定地下单。具体来讲卖家可以通过以下几点寻找重点买家。

① 分析买家评价。

卖家可以通过分析买家购物之后的产品评价来判断买家的性格。例如，有的买家对产品的评价比较严格，会详细说明产品的质量、包装、物流等情况，这类买家对产品的要求较高，应对其提供较为完善的客户服务。

卖家还可以从买家的文字风格来判断买家的性格。例如，买家使用的语言严谨精练，可判断其可能是雷厉风行、不喜欢拖泥带水的性格。如果卖家能够摸清买家的性格，那么就可以依此积极调整自己的沟通方式，这样更利于发展客户。

② 分析买家购买记录。

很多有经验的卖家，都会对买家订单进行归类整理，根据每个买家的采购周期长短、评价情况、买家所处国家（地区）等维度来寻找重点买家。卖家除可以分析自己店铺中的买家订单之外，还可以从其他店铺中挖掘买家，重点关注其他店铺中购物 3 次以上或采购金额较大的买家，并对其进行分类管理。

对买家进行分类管理，既能帮助卖家抓住重点买家，也能减少卖家维系买家的成本，有经验的卖家会在与买家联系的过程中，主动了解买家的背景、喜好和购买的产品，从中识别出有购买潜力的买家，为后期获取大订单打下基础。

（2）积极进行二次营销

卖家开展二次营销的机会主要表现在感恩节、圣诞节等一些重要节日，这是买家的购物高峰期。卖家还可以做一些产品的特价销售，在每次有新的优质产品上线时，宣传最新产品，做一些让利买家促销活动。卖家要抓住这些重要的时间点，运用这些促销方式，对刺激买家的二次购买将产生极好的效果。稳定持续的二次购买率，能让卖家获得稳定的交易量。

（3）注意沟通时间点

由于时差的缘故，在卖家日常工作的时间（北京时间 8:00—17:00），会发现大部分国外买家的即时通信都是离线的。当然，即使国外买家不在线，卖家也可以通过留言的方式联系国外买家。不过，建议卖家应尽量选择国外买家在线时联系，这意味着卖家应该在晚上的时间联系国外买家。因为这个时候国外买家在线的可能性最大，沟通效果更好。

（4）主动联系买家

有了明确的重点买家之后，卖家要做的就是更好地掌控住重点买家的购买力。此外，在与买家沟通的过程中，要尽量避免长篇幅的语言，要合理分段、分层，而且要将最重要的信息放在正文的前面。

（5）态度不卑不亢

虽然卖家始终要将买家放在第一位，但是过分的谦卑会使卖家失去主动权，特别是在谈判中，更会使卖家处于被动地位。不要让买家有高高在上的感觉，更不能让买家感觉卖家是在"求"他下单。买卖双方是平等的，卖家需要好的买家，买家也同样需要好的卖家，没有卖家的支持，他们也很难买到自己想要的产品。

7.2 跨境电子商务售前客户服务与沟通

▶▶ 7.2.1 跨境电子商务售前客户服务的准备工作

在整个客户服务的工作流程中，售前客户服务的工作内容主要是从事引导性的服务，如迎接客户、推荐产品、回答客户对产品技术方面的咨询、提供客户下单指引等。也就是说，从客户进店咨询到拍下订单付款的整个工作环节都属于售前客户服务人员的工作范畴。售前客户服务人员需要充分做好售前准备工作，灵活掌握沟通的技巧，了解跨境电子商务平台的规则与注意事项，熟悉产品信息，了解相关的产品推广活动，熟悉沟通工具的使用，并掌握基本的交流、沟通方法，这些都是售前客户服务人员最基本的工作能力，具体有以下几个方面的内容。

1. 把握公司及产品情况

在跨境电子商务客户选择产品的过程中，客户往往不够专业或缺乏对相关产品的了解，所以跨境电子商务客户服务人员在帮助客户解决问题的过程中，需要从更专业的角度来解决问题。

售前客户服务人员在向客户推荐产品时，无论是产品涉及的专业术语、行业专用的概念还是购买流程中涉及的税费及物流问题，售前客户服务人员都需要向客户介绍得简明扼要，并进行适当的简化，用通俗易懂的方式向客户解释和说明。

从长远来看，售前客户服务人员就客户提出的咨询问题耐心细致地进行解答，并且能够顺利且彻底地解决这些疑难问题，会十分有效地增强客户对卖家的信任感，进而形成客户黏性。

2. 掌握客户心理

（1）掌握客户静默式下单的心理

很多时候，跨境电子商务的客户在下单购买之前都不会与卖家联系，这就是所谓的静默式下单，这也就意味着在跨境电子商务中，客户在售前联系客户服务人员时往往是带着问题的。例如，客户购买的是一个技术型产品，或者客户需要批发购买产品，客户下单前联系卖家就是为了确认一些特殊的技术指标或批发条款。由于时差和距离的原因，加上在语言文化方面可能存在沟通不畅，客户作为不专业的一方，是很难清晰地理解某些中国卖家写的产品应用说明的。如果售前客户服务人员在回复消息的过程中让客户等待时间过久，各种主客观的因素叠加在一起容易引起客户的不满，也会直接导致在实际操作中，许多客户缺乏与售前客户服务人员沟通的耐心，不愿相信售前客户服务人员的说明和解释。因此，售前客户服务人员一定要关照外国客户的心理需求，清楚、明确地进行产品介绍，给客户提供专业化的咨询服务，这样才能有效地引导客户购买产品，提高咨询转化率。

（2）配合客户需要得到确定回答的心理

从商务礼仪的角度讲，售前客户服务人员要确保在谈判开始时，就做谈判的主导，设法引导客户的情绪，为后面的双方沟通与问题解决打好基础。

在跨境电子商务交易的过程中，当出现问题时，客户普遍会感到问题很棘手，并出现焦躁心态，卖家首先需要做到的就是在沟通的各个环节，特别是在与客户第一次接触时，设法淡化时间、空间上的疏离感，第一时间向客户保证能够在客户的购物过程中，为客户答疑解惑，帮助客户顺利地购买到心仪的产品。在实际的售前客户服务工作中，客户服务人员要从字里行间的细节中向客户呈现出亲切的态度，这对于顺利解决问题，说服客户接受卖家提出的解决方案是非常有效的。

（3）要对客户所有的消息都进行回复

许多跨境电子商务平台都会在后台系统监控所有站内信或订单留言的平均回复时间。售前客户服务人员平均回复时间越短，时效越高，也能侧面体现出售前客户服务人员的服务水平越高。

在实际操作中，售前客户服务人员往往还会遇到这种情况：经过沟通后，售前客户服务人员顺利帮助客户解决了问题，而客户往往只回复一封简单的邮件，如"OK"。许多售前客户服务人员在操作时遇到这种邮件可能就不做任何回复了。由于各个跨境电子商务平台的后台系统无法真正识别客户发出的信息内容是否需要回复，因此这些简短的客户信息如果没有得到及时的回复，仍可能影响后台系统对店铺回复信息时效的判断。长期来讲，售前客户服务人员不回复这种简单的邮件对店铺是没有好处的。

因此，售前客户服务人员要做到无论在何种情况下，在与客户进行互动中，都要对客户所有的消息或邮件进行回复，这既是出于礼貌，也是出于技术角度的考虑。

3. 利用产品 SKU 库更好地服务客户

对于有些卖家而言，建立产品 SKU 库与客户列表是特别重要的，特别是要把客户资料与产品信息结合起来。建立产品 SKU 库可以表示出厂价格、物流费用、销售价格、提现费用等，以便更快地查找到客户购买产品的价格动态信息与销售数量。此外，建立产品 SKU 库对产品分类也十分有用。

4. 售前推销话术的准备

售前客户服务人员要不断加强语言的学习，特别需要准确并熟练地掌握所售产品的专业词汇，注意与语言相关的沟通技巧，避免低级的拼写与语法错误，正确使用客户的母语。

售前客户服务人员在通过邮件与客户联系时，要注意按照文章的逻辑进行分段，尽量使用结构简单、用词平实的短句。

▶▶ 7.2.2　跨境电子商务售前客户服务与沟通工作模板

用英文与客户沟通最重要的是要做到以下几点：一是清楚，即用词肯定准确，内容主旨清晰；二是简洁，用简短的语句做清楚的表达，尽量避免使用过于复杂的词汇；三是礼貌，英文书写要有一定的礼貌用语。

售前沟通主要是为客户解答关于产品信息（如价格、数量、库存、规格型号、用途）、运费、运输等方面的问题，促使客户尽快下单。

1. 买家光顾店铺查看产品

Dear friend,

Thank you for visiting our store, you can find what you want from our store. If we don't have the item, please tell us and we will spare no effort to find it.

Best Regards!

译文：亲爱的朋友，感谢您光临我的商店，您可以从我的商店中找到您所需要的产品。如果没有您需要的产品，您可以告诉我们，我们可以帮您找，请放心购买任何产品！致以最诚挚的问候！

2. 买家询问产品价格和库存

Dear friend,

Thank you for your inquiry. Yes, we have this item in stock. How many do you want? Right now, we only have X color and X style left. Because they are hot selling items, the product has a high risk of selling out soon. Can you please place your order as soon as possible?

Best Regards!

译文：亲爱的朋友，谢谢您的咨询，您现在浏览的商品有货，您要多少件？现在我们只有 X 颜色和 X 款。因为这款产品非常畅销，请您尽快下单，谢谢！致以最诚挚的问候！

3. 批量购买、询问价格

Dear friend,

Thanks for your inquiry. We cherish this chance to do business with you very much. The order of a single sample product costs X USD with shipping free included. If you order X pieces in one order, we can offer you the bulk price of X USD/piece with free shipping. I look forward to your reply.

Best Regards!

译文：亲爱的朋友，感谢您的询问，我们很希望和您做交易。一个样品的订单需要 X 美元，且免运费，如果您订购 X 件产品，我们可以为您提供 X 美元/件的批量价格。期待您的答复。致以最诚挚的问候！

提示：请填写店铺产品的价格，以及购买件数和优惠价格。

4. 鼓励买家提高订单数量，提醒买家尽快确认订单

Dear friend,

Thank you for your order, if you confirm the order as soon as possible, I will send some gifts. Good news: recently there are a lot of activities in our store. If the value of goods you buy count to a certain amount, we will give you a satisfied discount。

Best Regards!

译文：亲爱的朋友，谢谢您的惠顾，如果您尽快确认订单，我们将会赠送您礼物。好消息：店铺最近有很多活动，如果您购买货物的价值达到一定等级，我们会给您一个满意的折扣。致以最诚挚的问候！

5. 核对基本信息

Dear friend,

Thank you for your order. In order to ensure the accuracy of your order, please confirm the following basic information:a. Check your receipt address is correct;b. Product name or number;c. Color;d. Quantity;e. Transportation way.

After you confirm the correct order, we will arrange the shipment at the first time.

Best Regards!

译文：亲爱的朋友，非常感谢您的购买，为了确保您订单的准确性，请确认以下几点基本信息：①请检查您的收件地址是否正确；②产品名称或编号；③颜色；④数量；⑤运输方式。您确认订单正确后，我们将在第一时间安排发货。致以最诚挚的问候！

6. 下单但未付款的对策

Dear friend,

We have got your order of X. But it seems that the order is still unpaid. If there's anything I can help with the price, size, etc., please feel free to contact me. After the payment is confirmed, I will process the order and ship it out as soon as possible. Thanks!

Best Regards!

译文：亲爱的朋友，我们已收到您的订单 X，但订单似乎未付款。如果在价格和尺寸等方面有什么需要帮助的，请随时与我联系。当您付款完成后，我将立即备货并发货。谢谢！致以最诚挚的问候！

7. 产品断货的对策

Dear friend,

We are very sorry that item you ordered is out of stock at the moment. I will contact the factory to see when it will be available again. I would like to recommend some other items of similar styles. Hope you like them too. You can click on the following link to check them out X(link:＿＿＿).If there's anything I can help with, please feel free to contact us.

Best Regards!

译文：亲爱的朋友，真是对不起，您订购的产品目前缺货。我会与工厂联系，确认供货时间，并及时告知您。以下链接提供的产品也很不错，您可以看看。有什么我可以帮忙的，请随时与我们联系。致以最诚挚的问候！

提示：请在横线处添加同类产品的链接。

8. 买家未付款的对策

Dear friend,

We've reset the price for you. We have given you an X% discount on the original shipping price. Since the price we offer is lower than the market price and as you know shipping cost is really high, our profit margin for this product is very limited. Hope you are happy with it and you are welcome to contact me if there's anything else I can help with.

Best Regards!

译文：亲爱的朋友，我们已经为您重置价格并给您原运价 X% 的折扣。如您所知，运输成本非常高，我们提供的价格比市场价格低，我们从这个产品中赚取的利润有限。希望您对此感到满意，有什么我可以帮忙的，请随时与我联系。致以最诚挚的问候！

提示：请填写运费折扣。

9. 提供折扣

Dear friend,

Thank you for message. Well, if you buy both of the X items, we can offer you an X% discount, once we confirm your payment, we will ship out the items for you in time.

Please feel free to contact us if you have any further questions.

Best regards!

译文：亲爱的朋友，感谢您给我的信息。目前我们正在进行促销，如果您同时购买了 X 个产品，我们可以给您 X% 的折扣。一旦我们确认您付款后，我们将及时为您发货。如果您有任何问题，请随时与我们联系。谢谢！致以最诚挚的问候！

提示：请填写希望买家购买的件数和店铺能提供的折扣。

10. 买家议价

Dear friend,

Thank you for taking interests in our item. I am afraid we can't offer you that low price you bargained as the price we offer has been carefully calculated and our profit margin is already very limited. However, we can offer you an X% discount if you purchase more than X pieces in one order. If you have any further questions, please let me know.

Best Regards!

译文：亲爱的朋友，感谢您对我们产品感兴趣，但很抱歉我们不能给您更低的价格。事实上，我们的产品价格是经过精心计算且合理的，我们的利润已经很有限了，但如果您一次购买产品超过 X 件，我们将给您 X%的折扣。有任何问题请联系我。致以最诚挚的问候！

提示：请填写希望买家购买的件数和店铺所能提供的折扣。

11. 买家要求免运费的对策

Dear friend,

Sorry, free shipping is not available for orders sent to X. But we can give you an X% discount of the shipping cost。

Best Regards!

译文：亲爱的朋友，很抱歉，到 X 是不能免运费的，但是我们可以在运费上给你 X%的折扣。致以最诚挚的问候！

提示：请填写地区和运费折扣。

12. 买家希望提供样品，而店铺不支持提供样品

Dear friend,

Thank you for your inquiry. I am happy to contact you.

Regarding your request, I am very sorry to inform you that we are not able to offer free samples. To check out our products we recommend ordering just one unit of the product (the price may be a little bit higher than ordering by lot).Otherwise, you can order the full quantity. We can assure the quality because every piece of our product examined by our working staff. We believe trustworthiness is the key to business.

If you have any further questions, please feel free to contact me.

Best Regards!

译文：亲爱的朋友，谢谢您的咨询，我很高兴与您联系。关于您的要求，我很抱歉，我们无法提供免费样品。为了检验我们的产品，我们建议您只订购一件产品（价格可能比批量订购稍高），或者您可以订购全部数量的产品。我们可以保证产品的质量，因为我们的每件产品都经过工作人员仔细检查。我们相信诚信是经营成功的关键。如果您还有任何问题，请随时联系我。致以最诚挚的问候！

13. 没有好评，买家对店铺的产品表示怀疑

Dear friend,

I am very glad to receive your message. Although I haven't got a high score on AliExpress, I've been doing business on eBay for many years and I am quite confident about my products. Besides, since offers Buyer Protection service which means the payment won't be released to us until you are satisfied with the product and agree to release the money. We sincerely look forward to establishing long business relationship with you.

Best Regards!

译文：亲爱的朋友，我很高兴收到您的邮件。虽然我在全球速卖通平台上没有得到高分评价，但我一直在 eBay 平台上做了多年生意，我对我的产品很有信心。此外，全球速卖通平台提供第三方担保支付服务，这意味着付款将不会直接发放给卖家，直到您对产品质量和交易都非常满意。希望能够与您长期合作。致以最诚挚的问候！

14. 买家询问是否有直销航运

Dear friend,

We offer drop shipping service. You can simply specify the shipping address and we will drive the order to you designated address.

Best Regards!

译文：亲爱的朋友，我们支持直销。您只需写明收货地，我们将把您的订单送到您指定的地址。致以最诚挚的问候！

7.3 跨境电子商务售中客户服务与沟通

售中客户服务阶段是指从客户下单到客户签收产品的阶段，这个阶段的客户服务与沟通也是体现卖家服务质量的重要环节。

▶▶ 7.3.1 跨境电子商务售中客户服务业务范围

售中客户服务与沟通涉及的业务范围包括订单处理、物流跟踪、关联产品定向推荐、特殊订单处理与交流。售中客户服务既是满足客户购买产品欲望的服务行为，又是不断满足客户心理需要的服务行为。在售中服务阶段，卖家的服务质量是决定客户是否购买的重要因素。因此，提高服务质量对售中客户服务来说至关重要，卖家应该实行售中客户服务规范化，分别制定具体的内容和要求。

售中客户服务与沟通的主要形式包括邮件交流、在线即时交流及部分口语交流等。在与客户交流时，卖家应主动、热情、耐心、周到地为客户提供最优质的服务解决方案，把客户的

潜在需求变为现实需求，达到产品销售的目的。优秀的售中客户服务人员应为客户提供享受感，促使客户尽快做出购买决策。融洽而自然的售中客户服务，还可以有效地消除卖家与客户之间的隔阂，让客户与卖家产生信任。

▶▶ 7.3.2 跨境电子商务售中订单的控制与处理

售中订单的控制与处理是跨境电子商务客户服务与沟通的关键环节，直接关系到能否完成交易。

1. 订单处理

订单处理是跨境电子商务的核心业务流程，订单处理过程的细节和关键点较多。因此，优化订单处理过程、缩短订单处理周期、提高订单满足率和供货准确率，可以进一步提高客户服务人员的服务水准，并提升客户的满意度。良好的订单处理能力在店铺运营中可以节省大量的人力、物力、时间和金钱。

从客户进店拍下产品开始，就会出现很多个订单节点，也就是我们常说的订单状态。订单状态分为等待客户付款、客户已付款、卖家发货、交易成功 4 个环节，每个环节都需要客户服务人员去做相应的工作。

对客户已经拍下但还未付款的订单，卖家不可以直接关闭订单。

对客户已经拍下但还未付款情况的处理方法主要有以下几种。

① 提醒客户及时付款。通常情况下，如果客户下单后未及时付款，卖家可以提醒客户是否有产品价格、尺寸等问题，用这种委婉的办法来提醒客户付款，并承诺客户付款后会尽快发货。

② 打消客户对产品质量或服务的疑虑。拍下产品迟迟未付款的客户可能正在犹豫是否要付款，卖家可以抓住机会强化客户对产品的信心。

③ 提供礼物或折扣。有的客户会因为价格偏高而犹豫是否付款，这时，客户服务人员可以在说明产品利润较低之后，提出可以为客户提供礼物或折扣，促成客户完成交易。

2. 物流跟踪

发货结束并不意味着卖家的工作就完成了。卖家关注物流情况，及时将物流进展告诉客户，能提升客户的购物体验。卖家在产品进入客户所在地时，应告知客户产品的投递进展；如果遇到产品拥堵的情况，那么卖家应对客户表示歉意；如果产品需要报关，那么可以预先告知客户。

3. 关联产品定向推荐

在售中客户服务阶段做好关联营销，卖家可以有效地利用来之不易的流量提高转化率，从而降低推广成本。

4. 特殊订单处理与交流

售中客户服务除对订单进行正常的跟踪之外，还会在订单处理的过程中遇到一些特殊情况。因发货、物流、海关等不能正常出货或退货的订单称为特殊订单。

特殊订单可能出现在发货前，原因包括订单支付、海关税收、发货困难等；特殊订单也可能出现在发货后，原因包括节假日或不可抗力因素导致物流延误、发错货、漏发货、客户不通关等。当遇到特殊订单时，卖家不能消极等待甚至逃避，不能等着客户前来询问甚至质问，而应该积极主动地与客户沟通，为客户着想，及时缓解客户的不满情绪，避免不必要的纠纷。

▶▶ 7.3.3　跨境电子商务售中客户服务与沟通模板

售中客户服务与沟通主要是确认发货、物流问题，告知买家产品的物流信息，以及让买家掌握产品动向。

1. 买家下单后发确认单

Dear friend,

Your payment for item XX has been received. The product has been arranged with care. You may trace it on the following website after X days. We will tell you the tacking number. If you have any questions, let me know. Thanks!

Best Regards!

译文：亲爱的朋友，您的订单编号为 X 的款项已收到，产品我们已经包装好了。我们将在承诺的 X 天内发货，发货后，我们将告知您货运单号。如果您有任何问题请随时联系我们。谢谢！致以最诚挚的问候！

提示：请填上订单号和发货天数。

2. 已发货并告知买家

Dear friend,

Thank you for shopping with us. We have shipped out your order (order ID: XX) on Feb. 10th by EMS. The tracking number is XX. It will take 5-10 workdays to reach your destination, but please check the tracking information for updated information. Thank you for your patience!

If you have any further questions, please feel free to contact me.

Best Regards!

译文：亲爱的朋友，感谢您在我们店铺购物。我们已经将您的订单（ID：XX）于 2 月 10 日由 EMS 打包发货了，运单号是 XX。包裹将需要 5～10 个工作日到达您的目的地，请更新物流信息。谢谢您的耐心等待！如果您有任何问题，请随时联系我。致以最诚挚的问候。

3. 订单发货

Dear friend,

The item XX you ordered has already been shipped out and the tacking number is XX. The shipping status is as follows: XX. You will get it soon.

Thanks for your support!

Best Regards!

译文：亲爱的朋友，您的订单号为 XX 的产品已经发货，发货单号是 XX，运输方式是 XX，订单状态是 XX。您将很快收到产品，感谢您的支持和理解！致以最诚挚的问候！

提示：请填写订单号、发货单号、运输方式和发货日期。

4. 通知买家查看物流情况

Dear friend,

The goods you need had been delivered. It's on the way now, pay attention to the delivery and sign as soon as possible. If you have any questions, please contact me.

Best Regards!

译文：您所购买的产品已经发货了，现在在路上。请注意尽快收货并签收，如果您有任何问题，请随时联系我们。致以最诚挚的问候！

5. 海关问题

Dear friend,

We received notice of Logistics Company, now your customs for large periodically inspected strictly, in order to make the goods sent to you, we suggest that the delay in shipment, wish you consent to agree. Please let me know as soon as possible.

Best Regards!

译文：亲爱的朋友，我们接到物流公司的通知，现在贵地的海关对大量邮包进行定期检查，为了使产品安全送达贵地，我们建议延迟几天发货，希望征得您的同意。希望能尽快得到您的回复。致以最诚挚的问候！

6. 订单超重导致无法使用小包免邮

Dear friend,

Unfortunately, free shipping for this item is unavailable I am sorry for the confusion. Free shipping is only for packages weighing less than 2kg，which can be shipped via China Post Air Mail. However, the item you would like to purchase weighs more than 2kg.You can either choose another express carrier, such as UPS or DHL (which will include shipping fees, but which are also much faster).You can place the order separately; making sure each order weighs less than 2kg, to take advantage of free shipping.

If you have any further questions, please feel free to contact me.

Best Regards!

译文：亲爱的朋友，非常遗憾，您的这笔订单不可以免费送货。只有重量小于 2 千克的包裹才可以包邮，并通过中国邮政航空邮件邮递。但是您这笔订单的重量超过了 2 千克，您可以选择另一个物流公司，如 UPS 或 DHL（须支付运输费，但也很快）。您可以把订单分开，确保每个订单的重量都小于 2 千克，这样就可以包邮了。如果您有任何问题，请随时联系我。致以最诚挚的问候！

7. 因为物流风险，卖家无法向买家发货

Dear friend,

Thank you for your inquiry. I am sorry to inform you that our store is not available provide shipping service to your country. However, if you plan to ship your orders other countries, please let me know. Hopefully we can accommodate to order appreciate for your understanding!

Best Regards!

译文：亲爱的朋友，谢谢您的咨询。我很抱歉地通知您，我们无法提供到贵国的运输服务。但如果您计划将您的订单发送到其他国家，您可以联系我们。希望我们能为您的订单服务感谢您的理解！致以最诚挚的问候！

8. 物流信息缺失的对策

Dear friend,

We sent the package out on XX, and we have contacted the shipping company the problem. We have got back the original package and resent it by UPS. New tracking number is XX. I apologize for the inconveniences and hopefully you can receive the items soon. If you have any problems, don't hesitate to tell me.

Best Regards!

译文：亲爱的朋友，我们已经在 X 月 X 日寄出包裹，根据您的反馈，我们已经联系货运公司并确认问题。我们已找回原来的包裹并重新用 UPS 寄送，新的货运单号是 XX，我们对此感到十分抱歉，希望您能尽快收到包裹。如果您有任何疑问，请告诉我（此单在发出前，先找物流或负责人询问清楚，有可能涉及假单或转单号）。致以最诚挚的问候！

提示：请填写发货日期和货运单号。

9. 物流遇到问题的对策

Dear friend,

Thank you for your inquiry, I am happy to contact you. We would like to confirm that we sent the package on 16th.Oct.2019. However, we were informed package did not arrive due to shipping problems with the delivery company. We have resent your order by EMS, the new tracking number is: XX. It usually takes 7 days to arrive to your destination. We are very sorry for the inconvenience. Thank you for your patience.

If you have any further questions，please feel free to contact me.

Best Regards!

译文：亲爱的朋友，谢谢您的咨询，我们很高兴与您联系。我们已于 2019 年 10 月 16 日寄出包裹，但由于运输问题包裹并没有到达。我们已用 EMS 重新寄送您的包裹，新的运单号

码是 XX。到达您的目的地通常需要 7 天的时间。我们很抱歉给您带来不便，谢谢您的耐心等待。如果您有任何其他的问题，请随时联系我。致以最诚挚的问候！

7.4 跨境电子商务售后客户服务与沟通

跨境电子商务售后服务工作主要集中在售后评价的回复与纠纷处理两大方面。与传统电子商务的客户服务工作一样，跨境电子商务的客户服务工作也要对客户的评价进行管理，包括好评回复、催促评价和修改评价。不同的是，由于物流路径长、客户等待时间久，以及语言与文化的差异，跨境电子商务售后客户服务需要采取多元化的方法，来提高沟通技巧。

7.4.1 跨境电子商务售后评价的回复与处理

售后评价指的是跨境电子商务平台上客户对卖家提供的商品和服务给出的最后证明与反馈。一般来说，各个跨境电子商务平台上的客户都非常关心自己购买的商品在平台上的售后评价。

在跨境电子商务领域的各大平台上，售后评价一般分为好评、中评、差评和未评价，无论是哪种评价，客户服务人员都要认真对待，及时与客户沟通。客户的好评是对卖家声誉的延伸，好评率越高，潜在客户就越信赖卖家，商品的销量也就越高。因此，客户服务人员对客户给予的好评要及时感谢，对于未及时给出评价的客户要进行催促，获得好评。如果收到的是中差评，那么客户服务人员一定要及时联系客户，弄清楚原因并想办法弥补，争取获得客户的谅解，让客户修改或追评为好评。

1. 好评回复

在欧美各国文化背景的影响下，感恩一直是欧美国家普遍认可的一种美德。卖家的利润甚至整个事业，都来自海外的客户。因此，每个代表卖家的客户服务人员理应对客户怀有感恩的态度。

客户的好评往往能够"四两拨千斤"，为卖家带来源源不断的曝光、转化及二次转化。一笔交易完成后，如果客户给予了好评，那么卖家的客户服务人员一定要及时地表达感谢，这样有利于提高客户满意度，能在很大程度上提高客户复购率和转化率。

2. 催促评价

在寻求客户评价方面，发送催评邮件是最主要的方式，具体可以分为如下几种情况。

（1）客户收到商品，但没有留下评论

如果有些客户在收到商品的 3~5 天内没有留下评论，那么卖家的客户服务人员就可以向客户发送邮件，询问他们是否收到包裹、是否对商品满意，并表示如果客户不满意卖家会尽最大努力帮忙等。邮件末尾，客户服务人员可以把希望客户尽快给予评价的请求"伪装"在邮件中，礼貌地请求客户留下正面的评价，以帮助未来的客户判断该商品是否适合他们。

（2）客户收到上述邮件的 10～15 天后仍没有给予评价

在跨境电子商务客户服务人员发出上述邮件提醒客户评论后的 10～15 天，如果客户仍对评价一事置之不理，那么卖家也不用心急，可以再发一封邮件进行催促，可以将店铺的链接或商品名称列出来以明确提醒客户。

（3）修改评价

一般而言，只要存在交易行为，就可能会有客户产生意见，因此在跨境电子商务售后评价中，中差评是时常存在的，而中差评会对卖家店铺的声誉及所售商品的销量带来不良影响。

有些跨境电子商务平台是支持卖家和客户协调一致后，进行中差评修改的，如亚马逊平台，而有些平台则是不支持修改的，如 Wish 平台。在亚马逊平台上，卖家收到了中差评，如果认为客户给自己的评价不公正，那么在评价生效后的一个月内，卖家可以自主引导客户修改评价为好评。

▶▶ 7.4.2　跨境电子商务售后纠纷的处理

1. 纠纷订单处理流程

在交易过程中，买家提起退款申请即交易进入纠纷阶段，需要与卖家协商解决。纠纷订单处理流程如图 7-7 所示。

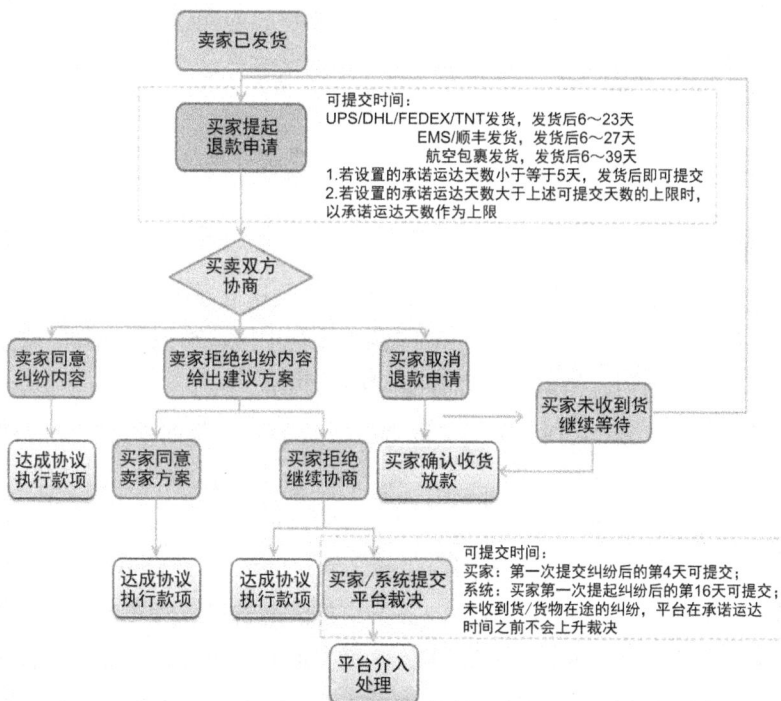

图 7-7　纠纷订单处理流程

2. 纠纷裁决

以全球速卖通平台为例，自买家第一次提起退款申请开始的第 4 天至第 15 天，若买卖双方无法协商一致，买家可以提交至平台进行裁决。系统自买家第一次提起裁决申请开始截止到第 16 天，若卖家未能与买家达成退款协议，买家未取消退款申请，也未提交至平台进行裁决，系统就会自动提交至平台进行纠纷裁决。

若买家申请退款、退货，在买家填写了退货地址的 30 天内，卖家未收到退货或收到的货物不对版，则可以提交至平台进行裁决。

纠纷裁决申请产生的 2 个工作日内全球速卖通平台会介入处理，参看买卖双方纠纷协商阶段，以及提交纠纷裁决阶段提供的证明进行裁决。

若现有证据充足，全球速卖通平台则直接给出裁决意见后，进入申诉期；若现有证据不足，全球速卖通平台则联系买卖双方，限期提供合格证据。全球速卖通平台将根据双方提供的证据给出裁决意见。

如果任何一方逾期未提供证据，全球速卖通平台则按照已有证据给出裁决意见并进入申诉期。申诉期内若任何一方补充了充足的证据，全球速卖通平台则根据补充证据进行最终裁决；若未补充有效证据，全球速卖通平台则根据裁决意见进行最终裁决；若买卖双方在申诉期内处理意见达成一致，全球速卖通平台则会根据买卖双方意见进行裁决。

3. 避免产生纠纷的技巧

在交易过程中，卖家应该尽量避免产生纠纷。买家提起的纠纷主要有两大类："未收到货"和"产品与约定不符"，卖家可以分别采取相应的措施来避免这两大类纠纷。

（1）未收到货

要有效避免因"未收到货"而引起的纠纷，卖家要做好物流选择和与买家有效的交流沟通这两方面的工作。

① 选择最优的物流公司。

国际物流往往存在很多不确定因素，如海关问题、关税问题、派送转运等。在整个物流运输过程中，这些复杂的情况很难被控制，不可避免地会出现包裹通关延误、派送超时甚至包裹丢失等问题，无法查到物流信息将会导致买家提起纠纷。

因此，卖家在选择物流公司时，应尽可能选择可提供实时查询包裹追踪信息的物流公司。

② 与买家有效沟通。

卖家要向买家提供物流跟踪信息，且当物流方面出现问题时，卖家要及时向买家提供包裹延误的具体情况，向买家说明规定时间内包裹未到达的原因，以获得买家的谅解。

若包裹因关税未付被扣关，卖家则要向买家解释清楚自己已经在产品描述中注明买家缴税义务。卖家主动承担一些关税，不仅能避免包裹被退回，还能让买家给予高分好评。若包裹无人签收而暂存于邮局，卖家则应及时提醒买家找到包裹，并在有效期内领取。

（2）产品与约定不符

若产品与约定不符产生纠纷，卖家则需要做好 3 方面的工作：真实全面地描述产品、保证产品质量、杜绝假货。

① 真实全面地描述产品。

卖家在描述产品时，务必要基于事实，全面而细致地描述产品。例如，电子类产品须对产品功能给予全面说明，避免买家收到货后无法合理使用产品而产生纠纷；又如，服饰、鞋类等使用尺码表要标明尺寸，以便买家选择，避免买家收到货后因尺寸不合适而产生纠纷等。

建议卖家在产品描述中注明自己的货运方式、可送达地区、预期所需的运输时间等。此外，卖家还要在产品描述中向买家解释海关清关、缴税、产品退回责任和承担方等问题。

② 保证产品质量。

在发货前，卖家要对产品进行充分的检测，包括产品的外观是否完好，产品的功能是否正常，产品是否存在短装，产品邮寄时的包装是否抗压、抗摔，以及产品是否适合长途运输等。如果卖家发现产品存在质量问题，应联系厂家或上游供应商进行更换，避免因退换货而产生纠纷，因为在跨境电子商务交易中出现退换货是会产生极高的运输成本的。

③ 杜绝假货。

保护第三方知识产权。假如买家投诉卖家"销售假货"，而卖家无法提供产品的授权证明，那么卖家将会被全球速卖通平台处罚。如果买家提起纠纷投诉，那么卖家在遭受经济损失的同时将受到平台相关规则的处罚。因此，全球速卖通平台直接裁定卖家全责的情况，就是涉及第三方知识产权且卖家无法提供产品授权证明的情况。

4. 解决纠纷需要注意的问题

一旦产生纠纷，卖家要采取积极的态度去解决纠纷，尽量降低纠纷对自己造成的负面影响。解决纠纷卖家需要做好以下几项工作。

（1）沟通及时

纠纷具有较强的时效性，卖家如果不能及时做出回应，那么就会逐渐形成对卖家不利的局面。当收到买家的疑问或不良体验的反映时，卖家一定要第一时间回复，与买家进行友好协商。

因此，当买家迟迟未收到产品，卖家在可承受范围内应给买家重新发送产品或采取其他替代方案。若买家对产品质量不满，卖家应与买家进行友好协商，提前考虑好解决方案，这样可以让买家感觉自己受到重视，卖家有解决问题的意愿，从而使纠纷解决有一个好的基础。

（2）保持礼貌

卖家要牢记以和为贵，就事论事，不意气用事，礼貌对待买家。卖家不礼貌的态度会使买家恼怒，使买家不配合解决纠纷。

（3）态度专业

卖家与买家沟通要有专业的态度，英文表达要力求完整正确，应对买家所在国家有一定的了解，了解海外买家的消费习惯及相关政策、法律规定。

卖家和买家沟通时要注意买家的心理变化。当买家不满意时，卖家应尽量引导买家朝着能保留订单的方向走，也可以满足买家其他的合理需求；当出现退款时，卖家应尽量引导买家达成部分退款，避免全额退款、退货。卖家应努力做到"尽管货物不能让买家满意，态度也要让买家无可挑剔"。

（4）将心比心

卖家应多站在买家的角度考虑，出现问题要想办法解决，不能只考虑自己的利益。"己所不欲，勿施于人"，谁都不愿意无故承受损失。作为卖家，我们要在一定的承受范围内尽量让买家减少损失，这也会为自己赢得更多的机会。

（5）保留证据

卖家对交易过程中的有效信息都应尽量保留下来，如果出现了纠纷，那么这些有效信息都能够作为证据来帮助平台公平地解决问题。

▶▶ 7.4.3　跨境电子商务售后客户服务与沟通模板

售后沟通主要是客户收到产品之后的一系列问题，包括退换货问题、买家确认收货，以及买卖双方互评。

1. 退换货问题

Dear friend,

If you are not satisfied with the products, I'm sorry for the inconveniences. You can return the goods back to us. Or we will give you a replacement or give you full return, we hope to do business with you for a long time. We will give you a big discount in your next order.

Best Regards!

译文：亲爱的朋友，很抱歉给您带来了不便。如果您对货物不满意，可以把货物退回，我们将为您更换货物或全额退款。我们希望能和您达成长期的交易关系。当您下次购买时，我们将给您最大的折扣。致以诚挚的问候！

2. 询问是否收到货

Dear friend,

According to the status shown on EMS web site, your order has been received by you. If you have got the items, please confirm it on Aliexpress.com. If not, please let me know. Thanks!

Best Regards!

译文：亲爱的朋友，EMS 网站显示您已收到货物。如果您已收到货物请到全球速卖通平台确认，如果有问题请告知我。谢谢！致以诚挚的问候！

提示：可根据货物的实际情况进行更改。

3. 客户确认收货

Dear friend,

I am very happy that you have received the order. Thanks for your support. I hope that you are satisfied with the items and I look forward to doing more business with you in the future.

By the way, it would be highly appreciated if you could leave us a positive feedback, which will be a great encouragement for us. If there's anything I can help with, don't hesitate to tell me. Thanks!

Best Regards!

译文：亲爱的朋友，很高兴能看到您已收到货，感谢您的支持。希望您满意，我还期待在将来能与您做更多的生意。如果您可以给我一个积极的反馈，我们会非常感激，因为这对我们来说是一个很大的鼓励。如果有什么我可以帮助的，请尽管告诉我。致以诚挚的问候！

4. 客户收货后投诉产品有损坏

Dear friend,

I am very sorry to hear about that, since I did carefully check the order and the package to make sure everything was in good condition before shipping it out, suppose that the damage might have happened during the transportation. But I'm sorry for the inconvenience this has brought you. I guarantee that I will give you more discounts to make this up next time you buy from us. Thanks for your understanding.

Best Regards!

译文：亲爱的朋友，很抱歉我发给您的货物有破损，我在发货前再三确定了包装没有问题才给您发货的。货物的破损可能发生在运输过程中，我对带给您的不便深表歉意。当您下次从我的店铺购买货物时，我将会给您更多的折扣。感谢您的谅解。致以诚挚的问候！

提示：请根据投诉的实际情况进行更改。

5. 完成交易表示感谢，并希望客户能够再次光临

Dear friend,

Thank you for your purchase, I have prepared you some gifts which will be set you along with the goods. Sincerely hope you like it, I will give you a discount if you purchase another products.

Best Regards!

译文：亲爱的朋友，谢谢您的购买，我为您准备了一些礼物。如果下次您购买其他产品，我会在打折的基础上，再送您一份小礼物，真诚希望您能喜欢。致以诚挚的问候！

6. 提醒客户给自己留评价

Dear friend,

Thanks for your continuous support to our store, and we are striving to improve our selves in terms of service, quality, sourcing, etc. . It would be highly appreciated if you could leave us a positive feedback, which will be a great encouragement for us. If there's anything I can help with, don't hesitate to tell me.

Best Regards!

译文：亲爱的朋友，感谢您继续支持我们，我们正在改善我们的服务、质量、采购等方面的问题。如果您可以给我们一个积极的评价，我们将会非常感激，因为这对我们来说是一个莫大的鼓励。如果有什么我们可以帮助您的，不要犹豫，请告诉我们。致以诚挚的问候！

7. 收到客户好评

Dear friend,

Thank you for your positive comment. Your encouragement will keep us movement forward. We sincerely hope that we'll have more chances to serve you.

Best Regards!

译文：亲爱的朋友，感谢您的好评。您的鼓励是我们前进的动力，我们真诚地希望能有更多的机会为您服务。致以诚挚的问候！

8. 向客户推荐新品的对策

Dear friend,

As Christmas/New Year... is coming, We found X has a large potential market. Many customers are buying them for resale on eBay or in their retail stores because of its high profit margin. We have a large stock of X. Please click the following link to check them out X. If you order more than X pieces in one order, you can enjoy a wholesale price of X. Thank you for your patronage.

Best Regards!

译文：亲爱的朋友，随着圣诞节/新年……的到来，我们发现 X 产品拥有很大的潜在市场。由于其利润率高，因此许多顾客都购买这些产品，然后在 eBay 平台或自己的零售店转售。我们有大量畅销的 X 产品。请单击下面链接查看它们。如果您一次订购 X 件以上，那么就可以享受 X 的批发价格。感谢您的惠顾。致以诚挚的问候！

提示：请填写产品名称、产品链接地址、购买件数和批发价格。

本章小结

本章重点介绍了跨境电子商务客户服务的工作流程和跨境电子商务客户服务工具，以全球速卖通平台为例，探讨从事跨境电子商务的卖家是如何做好客户服务工作的，以及遇到纠纷时的处理技巧。

拓展实训

售后纠纷处理

【实训目的】

掌握退换货的工作流程，学会处理各种纠纷。

【实训内容】

两位同学一组，分别扮演售后客户服务人员和客户，老师事先给每组设定不同的工作情境。每组同学根据具体的情境设计客后服务人员与客户的对话，并现场模拟表演。

【实训步骤】

（1）场景一：客户对产品的品质、真假、使用效果、尺码等因素产生怀疑而导致的纠纷。

（2）场景二：客户对卖家选择的物流方式、物流费用、物流时效、物流公司服务态度等方面产生怀疑而导致的纠纷。

（3）场景三：客户对客户服务人员服务态度、店铺售前（售后）的各项服务产生怀疑而导致的纠纷。

课后习题

1. 跨境电子商务客户服务的职能是什么？
2. 简述跨境电子商务客户服务的技巧。
3. 跨境电子商务客户服务人员与客户的英文沟通技巧有哪些？
4. 解决售后纠纷需要注意的问题有哪些？
5. 有客户在你的店铺上购买了一件产品，但迟迟未做评价，请你撰写一封站内信提醒客户做出好评，站内信要求包含以下几点内容：①感谢客户的购物支持；②引导客户做出好评；③如有问题，可以随时联系。

第8章

跨境电子商务案例

章节目标

1. 了解 WOTOKOL 营销平台。
2. 理解海外仓的选品思路。
3. 熟悉 PayPal 注册流程。
4. 了解跨境供应链服务平台。

学习重点、难点

学习重点：海外仓的选品思路，海外仓操作流程及费用。

学习难点：PayPal 注册流程。

引例

　　跨境电子商务的运作离不开案例分析，通过案例分析，我们可以更直观、更深入地了解跨境电子商务的流程和容易出现的问题，让我们知道应该从何处着手解决这些问题，明白这些问题的实质，进而为我们提供最优质的解决方案。

8.1 跨境电子商务营销案例分析

WOTOKOL 是杭州卧兔网络科技有限公司旗下打造的境外红人营销平台,聚集海量境外网红资源,借助全球 KOL(Key Opinion Leader,关键意见领袖),助力中国品牌出境。WOTOKOL 是跨境社交营销的先驱,在全球范围内设有 5 个服务团队,包括杭州集团总部、深圳分公司、中国香港分公司、美国分公司和越南分公司,服务团队具备 5 年的跨境营销经验,服务品牌的数量为 1200 多家,运营经验涵盖智能家电、家居家纺、科技智能、健身器材、时尚生活、美妆美发、母婴健康等众多品类。

WOTOKOL 是一个红人数据决策分析平台,实时分析博主维度(如博主国家、"粉丝"数量、平均播放量、"粉丝"互动率等)、受众维度(如受众国家、年龄层、性别、设备等)、商业维度(如品牌属性、带货属性等)的数据,同时每日监测红人"粉丝"数量的增长,保证"粉丝"的真实性,能帮助卖家更好地选择境外红人。优质博主搜索页面如图 8-1 所示。

图 8-1 优质博主搜索页面

1. WOTOKOL 的优势

① 拥有与海外 KOL 合作多年的管家团队:可以帮卖家更好地与 KOL 沟通,可以为产品定制本地化的营销策划方案,为产品保驾护航。

② 拥有权威的海外 KOL 大数据分析:全球 40000+海量 KOL 可选,轻松触达各行业的细分受众;推选高适配度的 KOL,以提升推广效果。

③ 拥有专业的营销内容原创设计:提供文案策划、视觉设计、策略制定等全方位服务,提升内容吸引力,以强化品牌调性。

④ 拥有精准的数据效果追踪反馈:提供文案策划、视觉设计;全程数据追踪,全方位了解推广的关键指标,让卖家更全面客观地了解项目推广的效果。

2. WOTOKOL 的服务模式

（1）自助模式

如果卖家有海外推广的经验，那么就可以选择自助模式来完成海外推广活动。通过 WOTOKOL 平台筛选出合适的博主，并申请与其合作完成卖家的海外推广计划。

（2）委托模式

如果卖家没有海外推广经验，那么就可以选择委托模式来完成海外推广活动。通过 WOTOKOL 平台全权委托给专业的服务团队来帮助卖家完成海外推广计划。

（3）模拟模式

通过用户后台的模拟投放功能，卖家可以感受到 WOTOKOL 平台是如何帮助自己完成海外推广计划的，并向卖家展示产品信息的全过程，感受简洁高效的网红营销。

3. WOTOKOL 的营销方式

（1）境外网红营销

境外网红营销具体可以按照以下步骤进行。

第一步，下发需求单，并提供产品介绍、产品特点等相关资料。

第二步，与 WOTOKOL 平台进行签约合作，双方签订合作协议，卖家完成付款后，WOTOKOL 平台会建立单独的合作项目组，分配优质的运营人员完成网红营销推广活动。

第三步，运营人员在资源库中筛选出合适的网红资源。

第四步，确定好匹配的网红资源后，结合产品活动，策划系统的营销推广方案。

第五步，根据产品特点、网红特征等，设计具备创意的营销内容。

第六步，运营人员与网红一起制作营销视频，确保视频的质量，并以链接形式发送给卖家，由卖家进行审核。

第七步，卖家进行审核，提出修改意见，确认无误后进行内容发布。

第八步，WOTOKOL 平台提供内容效果报告，以便于进行效果追踪（如视频观看人数、时长、活跃时段、内容效果分析等）。

（2）跨境电子商务直播

跨境电子商务直播是一种跨界营销的新方式，WOTOKOL 平台提供了三种不同的跨境电子商务直播方式。第一种是借助跨境平台（如全球速卖通、亚马逊、eBay 等）、社交平台（如 YouTube）、自营、App 等进行专场内容直播，帮助卖家实现品牌宣传，以及高效的流量转化；第二种是通过跨境直播节，借助 IP 品牌打造、品牌跨界合作、品牌传播推广、品牌流量引导等形式，大大缩短卖家和买家之间的距离；第三种是内容营销，通过设计多样化、场景化、娱乐化、交互式的内容，如直播、短视频、图文种草等吸引更多的买家加入。三种不同的跨境电子商务直播方式，可以动态结合地为品牌持续赋能，大幅提高营销的成功率。

跨境电子商务直播营销推广的流程如下所示。

第一步，下发需求单，提供产品介绍、产品特点等相关资料。

第二步，与 WOTOKOL 平台进行签约合作，双方签订合作协议，卖家完成付款后，

WOTOKOL 平台会建立单独的合作项目组，分配优质的运营人员完成直播营销推广活动。

第三步，运营人员筛选匹配的主播资源。

第四步，双方商讨确定产品的直播话术，优化产品的 FAB（Feature、Advantage、Benefit）。

第五步，匹配产品与主播的特点，确定直播内容、直播排期等。

第六步，进行直播营销。

第七步，进行直播复盘，总结经验，在后续的直播过程中进行改进与优化。

第八步，提供直播的效果报告，进行效果追踪。

8.2　跨境电子商务物流案例分析

海外仓是建立在海外的仓储设施。在跨境电子商务贸易过程中，海外仓是指国内企业将商品通过大宗运输的形式运往目标市场国家，在当地建立仓库、储存商品，然后根据当地的销售订单，第一时间做出响应，及时从当地仓库直接进行分拣、包装和配送的仓储设施。

1. 海外仓兴起的原因

很多跨境电子商务平台和出口企业都正在通过建设海外仓布局境外物流体系。海外仓的建设可以让出口企业将货物批量运送至国外仓库，实现在该国的本地销售、本地配送。自海外仓诞生开始，海外仓就不单单是在海外建仓库，它更是一种对现有跨境物流运输方案的优化与整合。

海外仓的本质就是将跨境贸易本地化，提升买家的购物体验，从而提高跨境卖家在出口目的市场的本地竞争力。

（1）跨境电子商务的迅速发展对物流业的要求日益提高

退换货在国内网购中较为普遍，国外买家的心态与国内买家的心态一样，也希望购买的东西能快点送到手中，不满意还能轻松退换货，那应怎么解决这个问题呢？答案是应走出国门，让跨境电子商务提供与国内电子商务一样的本土化服务，充分利用中国制造的优势参与国际竞争，这将是跨境电子商务实现可持续发展的关键。

实际上，海外仓将会成为跨境电子商务时代物流业发展的必然趋势，原因有以下几点。

① 海外仓的头程将零散的国际小包转化成大宗运送，会大大降低物流成本。

② 海外仓能将传统的国际运送转化为当地运送，确保商品更快速、更安全、更准确地到达买家手中，完善买家的跨境贸易购物体验。

③ 海外仓的退货处理流程高效便捷，适应当地买家的购物习惯，让买家在购物时更加放心，能够解决传统的国际间退换货问题。

④ 海外仓与传统仓相结合可以规避外贸风险，避免节假日等特殊原因造成的物流短板，从而提高我国跨境电子商务的海外竞争力，真正帮助跨境电子商务提供本土化服务，适应当地买家的消费习惯。

（2）跨境电子商务可以根据企业自身需求转型建仓

① 跨境电子商务与国内电子商务的区别就是把商品卖到国外，不稳定的物流体系是一个很大的挑战。从事跨境电子商务的人员无论是企业还是个体，要想把生意做大，不仅要维护好自己的跨境电子商务平台，还需要一个能降低成本、加快配送时效、规避风险的海外仓。在前期，卖家只要把商品大批量运送到海外仓，就会有专门的海外仓工作人员代替卖家处理后续的各项琐事，在线处理发货订单，一旦有人下单就立即完成抓货、打包、贴单、发货等一系列物流程序，这可以给卖家腾出时间和精力开发新商品，从而获取更大的利润。

② 在海外市场，当地发货更容易取得买家的信任，大多数传统买家更相信快捷的本土服务，在价格相差不大的情况下，他们更愿意选择设置在海外仓的商品，境内配送速度更快。特别是在"黑色星期五"、圣诞节等购物旺季，订单暴增，跨境配送的效率受到影响，丢包的风险加大，加上各国海关的抽查政策会更加严格，如途径意大利、西班牙海关时，包裹很容易被扣关检查，这将延迟配送时间。而配送速度是与买家满意度直接挂钩的，买家满意度的降低会威胁卖家账号的安全，因此越来越多的跨境电子商务卖家意识到应该选择海外仓。海外仓不仅可以将跨境电子商务贸易中的物流风险"前置"，还可以提高买家满意度，待卖家的信誉和评价都提高了，营业额也必然会增长。

③ 除了本地发货的可信度和时效性，海外仓及其配套系统，也能给买家带来更好的跨境购物体验，能节省更多的时间，减少出错率。

（3）海外仓的数据化物流体系带动跨境电子商务产业链的升级

根据相关国的经验，其海外仓已采取数据化、可视化的运营模式，我国可效仿这个模式。从长远来看，数据化物流模式日趋完善将进一步带动跨境电子商务产业链的升级。卖家通过分析数据化物流模式中的时间点数据，有利于其在配送过程、商品发货流程等方面找出问题，在供应链管理、库存水平管控、动销管理等方面提高效率。

2. 海外仓的操作流程及费用

（1）卖家前期准备

① 在海外仓服务商提供的物流平台注册会员，开通后台账号，成为会员。

② 在后台系统建立自己的商品信息单。

③ 备货。

④ 等候海外仓确认订单后的出货安排通知。

（2）海外仓的操作流程

卖家通过海运、空运或快递等方式将商品集中运往海外仓中心进行存储，并通过物流服务商的库存管理系统下达操作指令，具体流程如下。

① 卖家自己将商品运送至海外仓，或者委托物流服务商将商品运送至服务商的海外仓。这段国际货运头程可采取海运、空运或快递的方式运送至海外仓。

② 卖家在线远程管理海外仓。卖家使用物流商的物流信息系统，远程操作海外仓的商品，并且保持实时更新。

③ 根据卖家指令进行商品操作。根据物流商海外仓中心自动化操作设备，严格按照卖家指令对商品进行存储、分拣、包装、配送等操作。

④ 系统信息实时更新。发货完成后系统会及时更新，以便卖家实时掌握库存状况。

（3）海外仓的费用

海外仓的费用主要包括头程运费、订单操作费、仓租费和海外本地派送费。

① 头程运费主要是指卖家将商品从国内运送至海外仓的过程中产生的运费，其中包括国际海洋运输运费、国际航空运输运费、国际铁路运输运费和国际快递运费。

② 订单操作费主要是指产生海外订单后，该票商品出库的基本处理操作的费用。

③ 仓租费是指商品租用仓库产生的费用，海外仓一般是前 30 天免仓租费的。如果要求海外仓提供更换条码、转仓、卸货、退还等增值服务，那么还需要支付海外仓的增值服务费。

④ 海外本地派送费是指在海外本地运送商品时选择物流方式产生的费用，商品在海外本地运送可以选择邮政小包、商业快递等物流方式。

3. 海外仓选品

海外仓选品是指卖家选择适合放置在海外仓的产品，且产品应符合当地买家的购物习惯及当地的市场需求。对于海外仓选品，不同的卖家有不同的策略，有的卖家倾向大尺寸、大重量的产品，有的卖家喜欢时效要求比较高的产品，还有的卖家偏向结构复杂、对售后要求比较高的产品。海外仓选品可分为以下 4 种类型。

A 类：日用快销品，还有母婴用品，工具类产品，家居用品。

B 类：国外市场热销的产品，批量运送更具优势，可以均摊成本的产品。

C 类：体积大，超重的大件产品，国内小包无法运达，或者费用太高的产品，如灯具、户外用品等。

D 类：国内小包，快递无法运送的产品，如带锂电池产品、液体类产品等。

A 类产品属于高利润、低风险的产品，B 类产品属于低利润、低风险的产品，C 类产品属于高利润、高风险的产品，D 类产品属于低利润、高风险的产品。海外仓定位如图 8-2 所示。

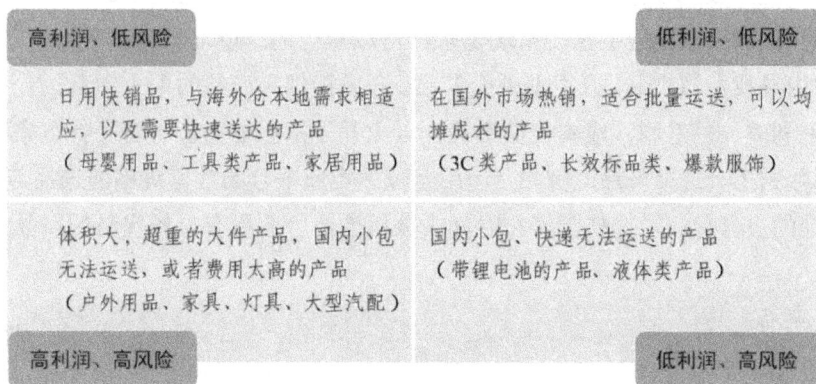

高利润、低风险		低利润、低风险
日用快销品，与海外仓本地需求相适应，以及需要快速送达的产品（母婴用品、工具类产品、家居用品）		在国外市场热销，适合批量运送，可以均摊成本的产品（3C 类产品、长效标品类、爆款服饰）
体积大，超重的大件产品，国内小包无法运送，或者费用太高的产品（户外用品、家具、灯具、大型汽配）		国内小包、快递无法运送的产品（带锂电池的产品、液体类产品）
高利润、高风险		低利润、高风险

图 8-2　海外仓定位

如图 8-2 所示，高利润、低风险或高利润、高风险的产品是最适合做海外仓选品的；而低利润、低风险或低利润、高风险的产品都是不适合做海外仓选品的。特别是 3C 类产品，利润不高，不适合做海外仓选品。

理论上，海外仓覆盖的产品可以无限延展，不再限于小包时代的 2 公斤、不超过多少厘米总长等一系列的限制。特别是那些重物流产品（如五金类，家具类，户外类等），特别适合做海外仓选品。如果你的产品还是小包时代的轻物流产品，而且产品 SKU（库存量单位）还有很多，没办法对热销产品有一个好的预估，那么可能就不适合选择海外仓。因为海外仓要求对自己产品的销售量有一个预判，可以提前囤货，以大货的形式运送至海外仓。但这些都不是绝对的选择标准，还要根据企业自身的具体情况来做决策。

特别注意的是，并不是所有的产品都适合做海外仓选品，总的来说，适合做海外仓选品的产品主要有以下几个特点。

① 尺寸、重量大的产品：由于这些产品用小包、专线物流邮递规格会受到限制，使用国际快递的费用又很昂贵，因此使用海外仓会突破产品的规格限制，降低物流费用。

② 单价和毛利润高的产品：这是因为高质量的海外仓服务商可将破损率、丢件率控制在很低的水平，为销售高价值产品的卖家降低风险。

③ 货物周转率高的产品：也就是我们常常说的畅销品。对于畅销品，买家可以通过海外仓更快速地处理订单，回笼资金；但滞销品在占用资金的同时会产生相应的仓储费用。因此，相比之下，周转率高的产品会比较适合海外仓。

4. 海外仓的选品思路

海外仓的选品思路应该以当地买家的市场需求为基础来构建。

① 确定建立海外仓的国家。选择建立海外仓的地方时要选择可以覆盖周围市场的地方，如在美国建仓可以覆盖加拿大，又如欧洲有英国、法国、德国、西班牙和意大利等 5 个国家可以选择建仓，任选一个国家建仓均能覆盖欧洲。如果专攻哪一个国家销售，那么就可以通过数据工具，如全球速卖通平台中的选品专家热销词来参考海外仓选址。

② 了解当地国家或地区买家的市场需求，可以从当地跨境电子商务平台中了解和调查。

③ 在国内寻找类似产品，开发海外仓产品。开发指标为产品的单个销量，单个到仓费用，单个毛利及毛利率、月毛利、成本收益率等，以上开发指标根据公司自身特点来确定。

④ 运用数据工具选择产品。例如，运用全球速卖通平台的数据纵横的选品专家，点击热销，选择店铺的主营行业，选择国家和时间，分析当前行业更有市场优势的产品种类。

8.3　跨境电子商务支付结算案例分析

1. PayPal 的支付结算流程

① 只要有一个电子邮件地址，付款人就可以注册 PayPal 账户，通过验证成为 PayPal 的用户，并提供信用卡或相关银行资料，增加账户金额，将一定数额的款项从付款人开户时登记的账户（如信用卡）转移至 PayPal 账户下。

② 当付款人启动向第三人付款程序时，必须先进入 PayPal 账户，指定特定的汇出金额，并提供收款人的电子邮件账号给 PayPal。

③ 接着 PayPal 向商家或收款人发出电子邮件，通知其有等待领取或转账的款项。

④ 若商家或收款人也是 PayPal 用户，则其决定接受后，付款人所指定款项即转予收款人。

⑤ 若商家或收款人没有 PayPal 账户，则收款人要按照 PayPal 电子邮件内容指示，进入官网，注册一个 PayPal 账户，收款人可以选择将取得的款项转换成支票，寄到指定的处所，转入其个人的信用卡账户或转入另一个银行账户。

2. PayPal 与支付宝的差异

① PayPal 是全球性的，通用货币为加元、欧元、英镑、美元、日元、澳元 6 种货币。支付宝是中国的，通用货币为人民币。

② PayPal 是偏向买家的，支付宝是偏向商家的，也就是说 PayPal 从买家角度考虑问题，买家有任何不满意都可以提出争议，商家就无法拿到钱。支付宝超过时效就钱货两清。

③ PayPal 有一个将会员分等级的制度，对高级用户会收取手续费，当然利益保障也更牢靠。支付宝则不存在分等级的制度。

④ PayPal 的商家账户投诉率过高会导致账户永久性关闭，因此商家是很谨慎的。支付宝则不会轻易关闭商家账户。

⑤ PayPal 的资金在美国可以提现至银行，在中国可以电汇至银行，都是需要手续费的。支付宝直接提现至银行，可以免手续费。

3. PayPal 的费率

PayPal 现有的收费体系是为了鼓励商家使用 PayPal，随着商家交易额的增大，PayPal 会给商家一定的返利。

PayPal 最新的收费标准是 1.5%+0.3 美元（中国境内交易），3.4%～4.4%+0.3 美元（跨境交易）。中国用户如果使用集中付款方式，则收费最多为 1 美元，只有高级用户才可以使用集中付款方式。

针对不同的商家用户，PayPal 将设置不同的收费标准（根据交易额）。PayPal 的收费标准并没有上涨，所有每月通过 PayPal 收到 3000 美元以上的商家用户，都可以申请成为 PayPal 的商家用户。

享受商家收费标准的商家用户仍可以享受这个收费标准，也可以申请新的收费标准。商家用户享受何种优惠收费标准将根据每月的交易额而定。商家用户获得认证后，单笔付款的最高限额为 10000 美元。另外，单笔付款的最低限额为 0.01 美元。

4. PayPal 账户注册

步骤一：打开 PayPal 官网，然后点击"马上注册"。注册 PayPal 如图 8-3 所示。

图 8-3　注册 PayPal

步骤二：如实填写相关信息。

步骤三：提交注册信息后，马上到注册邮箱中查收激活邮件，点击激活链接。

步骤四：完成安全问题设置后，就可以正常登录 PayPal 账户了。

5. PayPal 的收付款流程

步骤一：登录 PayPal，第一个界面就是该账户的转账、提现、交易记录、用户信息等内容，这些内容都是经常用的，这点和支付宝一样。登录 PayPal 账户如图 8-4 所示。

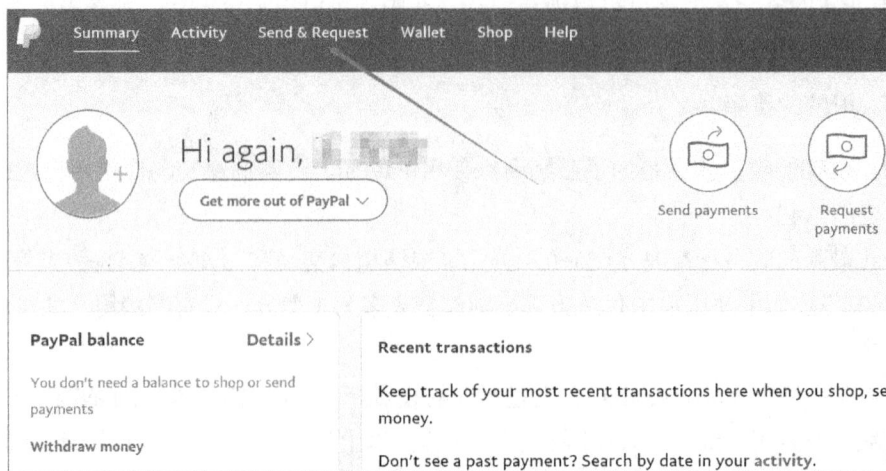

图 8-4　登录 PayPal 账户

步骤二：付款给对方 PayPal 账户对应的电子邮箱如图 8-5 所示。

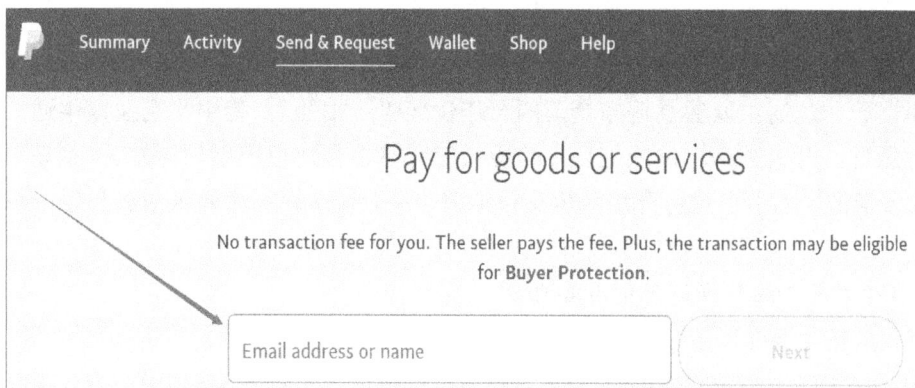

图 8-5　付款给对方 PayPal 账户对应的电子邮箱

步骤三：如果有国外客户通过 PayPal 付款，则可以收款，如图 8-6 所示。

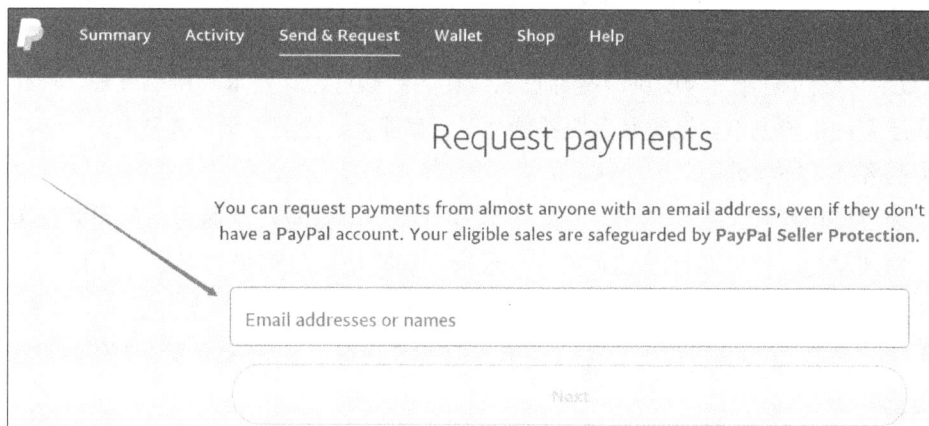

图 8-6　收款

8.4　跨境电子商务通关案例分析

1. 跨境供应链外贸综合服务平台的企业历史与发展

深圳市一达通企业服务有限公司成立于 2001 年，是国内第一家面向中小企业的进出口流程外包服务平台，通过互联网为中小企业和个人提供通关、物流、外汇、退税和金融等所有进出口环节服务。

2010 年 11 月，一达通加入阿里巴巴，成为阿里巴巴旗下的外贸综合服务平台。阿里巴巴一达通是中国专业服务于中小企业的外贸综合服务行业的开拓者和领军者，致力于推动传统外贸模式的革新。阿里巴巴一达通是通过线上化操作及建立有效的信用数据系统，整合各项外贸服务资源和银行资源，为中小企业提供专业、低成本的通关、外汇、退税及配套物流和金融服务的外贸综合平台。

2018 年 11 月 23 日，阿里巴巴一达通外贸综合服务平台，正式升级为跨境供应链平台。之前阿里巴巴一达通主要通过遍布全国的合作伙伴"一拍档"，为中小企业提供通关、结汇和退税等服务，升级为跨境供应链后，跨境供应链将整合阿里巴巴国际站、"菜鸟"和"蚂蚁"等业务资源，为中小企业升级跨境支付结算、供应链金融、流通供应链和生产供应链等服务。

（1）3 个升级加速数据信用价值落地

跨境供应链主要在以下几个方面实现较大升级。

① "一拍档"将变成"供应链拍档"。跨境供应链服务不再局限于报关、结汇和退税，而是将服务拓展到国际物流、信用信保、验货认证、海外仓储、贸易金融等领域。通过数字赋能，"拍档们"将具备服务能力、专家能力、物流能力、金融能力、售卖能力、整合能力。

② 服务对象扩大。跨境供应链原来以国内商家为主，现在逐步扩大到服务海外 B 类买家，如在物流的选择上，支持海外买家在跨境供应链平台下物流订单。

③ 数字化能力提升。跨境供应链通过在线化、数据打通、技术对接等方式，构建数字化协同的底层履约保障系统，聚集具备服务能力、专家能力、物流能力、金融能力、售卖能力和整合能力的各类生态伙伴。

商家通过使用跨境供应链服务，可以累积和沉淀订单数据，从而达到反哺商家国际站店铺前端，增加曝光、询盘和订单的目的，实现商家和跨境供应链平台双赢的互利目标。

有订单的店铺也将比无订单的店铺多获得 3 倍的曝光量、4 倍的点击量和 4 倍的询盘量，而订单数量排名前 20%的店铺更将比无订单的店铺多获得 5 倍的曝光量、7 倍的点击量和 8 倍的询盘量。

（2）贯通内外资金流通链路

跨境供应链升级后，受到关注的模块当属跨境支付结算业务模块。随着跨境贸易版图碎片化成为趋势，跨境贸易买卖双方画像和支付场景也越来越丰富。如何应对不同地域政治下的支付场景，满足商家多元的支付和账期需求，是 B 端企业和跨境供应链平台共同关注的问题。

为此，跨境供应链平台打造了跨境信用保障服务产品。当买卖双方在国际平台上达成交易后，跨境供应链平台会通过信用保障产品进行支付。信用保障产品可以理解为一个国际版的支付宝，是阿里巴巴旗下专业的跨境 B2B 交易体系，致力于为全球 B 类买卖双方提供安全、高效、可视化的交易服务，整合各方资源以提供综合性跨境支付结算与金融等服务，帮助买卖双方轻松实现全球买、全球卖。

在跨境支付和收款上，跨境供应链的信用保障产品为卖家量身定制了专业和多元的解决方案，支持多种支付方式，如 T/T 电汇（含本地 T/T）、信用证、信用卡、西联、PayLater、Online Bank Payment、Online Transfer。

传统的跨境线下大额美金支付，都是通过银行来完成的，平均 T/T（电汇）转账时间为 3～5 个工作日，转账成本为 30～50 美元，还存在高额的汇损。跨境供应链平台通过搭建本地 T/T 网络，成功地将资金跨境时间缩短至 1 秒，汇款费用下降到 1 美元，同时避免了汇损的发生。在完成货物跨境之后，资金的跨境成了首要的关注点，而跨境供应链切实解决了传统跨境支付链路中的资金"痛点"，真正实现了提效降本的效果。现在，本地 T/T 最快 1～2 个工作日到账，信用卡实时到账（2 小时内）；本地 T/T 买家支付手续费低至 1 本币，无中间行收费。

除此之外，在大数据技术赋能下，跨境供应链平台让原本无法预测和监控的事情尽在掌握之中。阿里巴巴国际站通过与 SWIFT（环球同业银行金融电讯协会）合作推出了 SWIFT GPI（全球支付创新服务），实现了支付资金全链路的数字化和透明化，提高了跨境汇款的确定性。一方面，商家可以实时掌握买家的支付动态、银行处理时效、扣费等信息；另一方面，商家则可以实时地向买家推荐最优惠的汇款路径，同时为商家提供到账时效及费用预测。

一旦订单形成后，对于买卖双方，最核心的问题就是资金的安全、成本效率、链路可视化。这个资金可以是货物的资金，也可以是服务产生的物流服务费、金融服务费等，这些费用叫作跨境贸易服务产业费。跨境供应链平台实现了端到端在线上资金完全可视，可以使数十万个中小企业、上千万名全球中小买家，享受到免费的全程资金可视服务。

同时，政府通过跨境供应链平台的数据和商品物流轨迹等信息，能更精准防范和打击骗税等犯罪行为，保障了外贸的真实性和有效合规。

而对于有账期支付需求的买家，阿里巴巴国际站经过近几年对支付场景的观察，在跨境贸易的大盘中有 70%的大额交易，商家会采用账期支付。跨境供应链平台推出支付与金融相结合的账期产品，并将账期服务线上化，且落实到支付环节，其链路也更加透明，助推更多的跨境贸易实现交易数字化。通过大数据赋能，跨境供应链平台根据中小企业订单走货数据的沉淀，为买家快速提供相应额度的融资授信，解决资金难题。很多美国买家实现了 7 分钟完成融资授信，资金账期从 28 天延长至 90 天。

PayLater 是买家在阿里巴巴国际站采购时可用的一种全新支付方式，相当于国际版的花呗。当买家在线上花 10 分钟完成申请后，即可获得最高 15 万美元的信用额度。当买家使用 PayLater 支付时，第三方金融机构会直接将垫付资金给卖家，帮助卖家安全快速收款。买家则可获得最长 6 个月的贷款期。目前，PayLater 已面向美国买家开放。

（3）加速物流端到端数字化

买家完成支付后，卖家只需要通过跨境供应链运输平台进行查价，便可对所有费用了如指掌，从而一键选择合适的物流方案进行货物运输，并且可全程查询货物的运输轨迹。

以前，物流成本占中小企业出口成本的近 30%，而升级后的跨境供应链平台，物流成本能降低 10%。跨境供应链平台重新规划了物流拍档体系，引入了多方物流服务商，联合"菜鸟"网络打造货物运输平台，为买卖双方提供海运拼箱、海运整柜、国际快递、国际空运、集港拖车、中港运输和海外仓、中美专线等跨境货物运输及储存中转服务，以降低国际物流成本。例如，跨境供应链联合"菜鸟"让中美专线快递的价格在首重和续重上，比市场价格低44%；在中美海运上，从原来的拼箱变成拼箱+整柜，大大提高了中美物流的时效。

跨境供应链平台做物流的基本原则是做对的选择，核心是要选择对的服务商。从前的物流匹配更多以主观选择为标准，而如今则以订单为标准，买家和卖家在流通领域，更多以数据为核心作为相互选择的标准。当一个交易订单在跨境供应链平台上形成后，跨境供应链平台通过历史的履约情况、确定性，基于数据为用户提供 AI 线路选择和推荐算法，缩短买卖双方的选择时间。

（4）推动通关退税持续迭代

在关务上，跨境供应链平台从 2000 年开始便做了非常多的尝试。如今，跨境供应链平台为用户提供 2+N 和 3+N 服务。2+N 指出口代理服务，为用户提供通关和外汇两个环节的服务，而退免税申报由用户自行在当地完成，无须信保交易手续费，发货后信保额度立即释放，累积信保数据，同时享受快速退税和融资贷款；3+N 指外贸综合服务，为用户提供通关、外汇、退税及配套的物流、金融服务等"一揽子"外贸服务。

今天中小企业退税，无论是自营退税，还是代理服务退税，看中的只有两件事：第一，退税成本要付出多少；第二，退税出现异常比例的情况或出现异常情况之后，如函调，处理异常情况的能力是怎样的。

跨境供应链平台通过区块链能力和相关政府部门搭建了退税平台，从而可以查看到不可篡改的 KYC、KYB 买卖双方的交易情况、流通情况、报关资料申报情况等，这些信息的积累，可以有效地降低成本，为用户提供更便捷、更具前瞻性和确定性的退税融资服务。接下来，跨境供应链平台希望帮助更多有操作能力、有极强本地化能力的关务公司做数字化平台，进一步高效、低成本地为中国的中小企业提供流通、通关服务。

虽然跨境供应链平台的信用保障服务已经覆盖了全球 200 多个国家和地区，物流体系、关检汇税，以及买家支付服务也已全面支持国内商家往海外走货，但要成为一个能持续稳定为全球中小卖家提供确定性履约保障服务的数字化协同平台，其仍须克服诸多挑战。

未来，跨境供应链平台还将通过 IOT（物联网）和区块链等新技术，打造一个涵盖供应链拍档、报关行、国际物流和贸易金融于一体的生态体系。未来，跨境供应链平台还将通过阿里巴巴的 e-WTP（Electronic World Trade Platform，世界电子贸易平台）倡议，把中国跨境供应链模式推广到海外，赋能全球中小企业更好地做贸易。

目前，跨境供应链平台已服务全国 12.5 万家出口企业。除打造全球跨境供应链外，阿里巴巴中小企业国际贸易事业部的另外两大重点方向是：让中国商家卖全球，以及全球商家卖全球。

2. 跨境供应链的准入条件

跨境供应链的准入条件如表 8-1 所示。

表 8-1　跨境供应链的准入条件

项　　目	具 体 要 求
企业类型	非境外（中国香港、中国台湾地区除外）； 个人或非出口综合服务尚未覆盖地区企业（如福建莆田等）
出口产品	出口产品在跨境供应链可以出口的产品范围内
开票人资质	与跨境供应链签约的企业注册地在浙江省的，开票人要求为： ① 生产型工厂，具有一般纳税人资格，一般纳税人认定时间大于等于 6 个月； ② 委外加工型企业，须具有一般纳税人工厂资格、出口产品的生产线、后加工的环节
	与跨境供应链签约的企业注册地在福建省的，开票人要求为： 生产型工厂，具有一般纳税人资格，一般纳税人认定时间大于等于 1 年
	与跨境供应链签约的企业注册地在河南省的，开票人要求为： 生产型工厂，具有一般纳税人资格，一般纳税人认定时间大于等于 2 年
	与跨境供应链签约的企业注册地在其他省份的，开票人要求为： 生产型工厂，具有一般纳税人资格，一般纳税人认定时间大于等于 2 年，且开票人注册地非内蒙古赤峰巴林右旗、福建莆田、天津武清区（武清区的自行车及其零配件、电动车及其零配件企业除外）；HS 编码是 61 章的产品开票人，须满足一般纳税人认定时间满 2 年

3. 开通跨境供应链的方法

用户可以登录官网后报名并申请开通跨境供应链。

如果用户有阿里巴巴国际站账号，则可以在申请跨境供应链服务时直接输入阿里巴巴国际站账号和密码登录，根据页面提示留下自己的联系方式等信息，会有客户经理联系用户处理相关事宜。如果用户没有阿里巴巴国际站账号，则可以先免费注册阿里巴巴国际站账号，然后登录到跨境供应链平台点击申请跨境供应链服务，后续流程同上。

如果用户提交后长时间没有反馈，则可通过在线人工服务提交公司信息进行加急处理。

4. 跨境供应链提供的服务

跨境供应链提供的服务主要有：通关（报关及报检）、结汇、退税等政务服务，以及金融、物流等商务服务。跨境供应链将政务服务称为基础服务，商务服务称为增值服务。

（1）通关（报关及报检）服务

通关（报关及报检）服务是以跨境供应链名义完成全国各口岸海关、商检的申报，有海关顶级资质，享受绿色通关通道的服务。

跨境供应链的通关流程如图 8-7 所示。

① 联系用户/拍挡告知需求。

② 自行在下单系统自助下单或委托用户/拍挡辅助自己下单。

③ 核对下单及出货信息，核对后选择"提交订单"。

④ 按系统指引签署"出口服务委托函"。

⑤ 跨境供应链安排通关（或下载报关资料安排自行报关）。

⑥ 通关放行（自行报关部分需要用户及时上传报关底单至订单系统）。

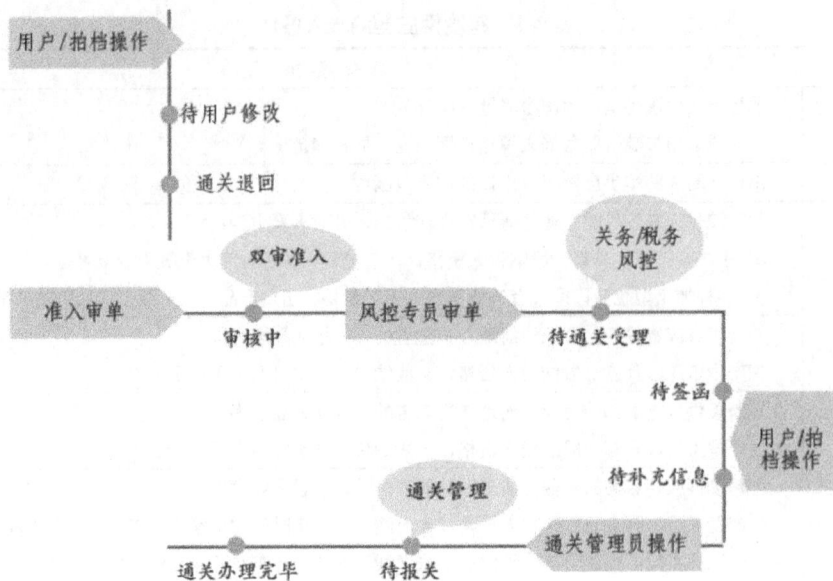

图 8-7 跨境供应链的通关流程

（2）结汇服务

中国银行首创在跨境供应链公司内设置外汇结算网点，提供更方便快捷的外汇结算服务。亦可为用户提供外汇保值服务，提前锁定未来结汇或购汇的汇率成本，防范汇率波动风险。

（3）退税服务

退税服务为企业与个人正规快速办理退税，加快资金周转的服务。

① 针对客户、国外买家如图 8-8 所示。

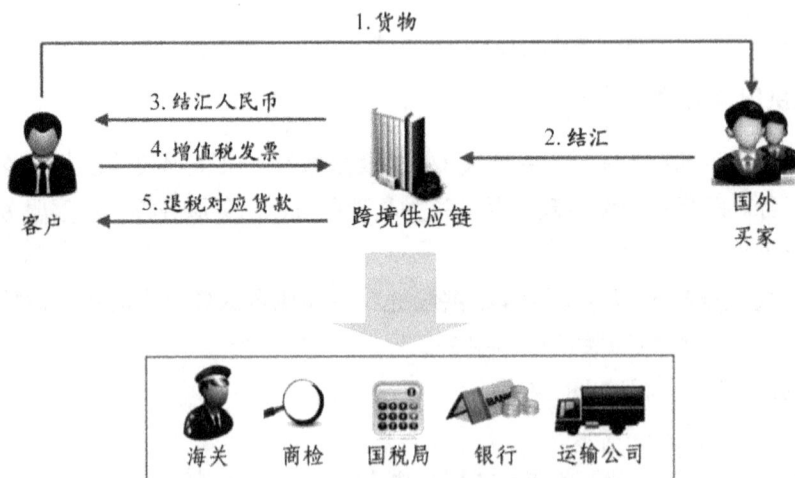

图 8-8 针对客户、国外买家

② 针对客户（非一般纳税人）、上游工厂（一般纳税人）、国外买家或中国香港客户如图 8-9 所示。

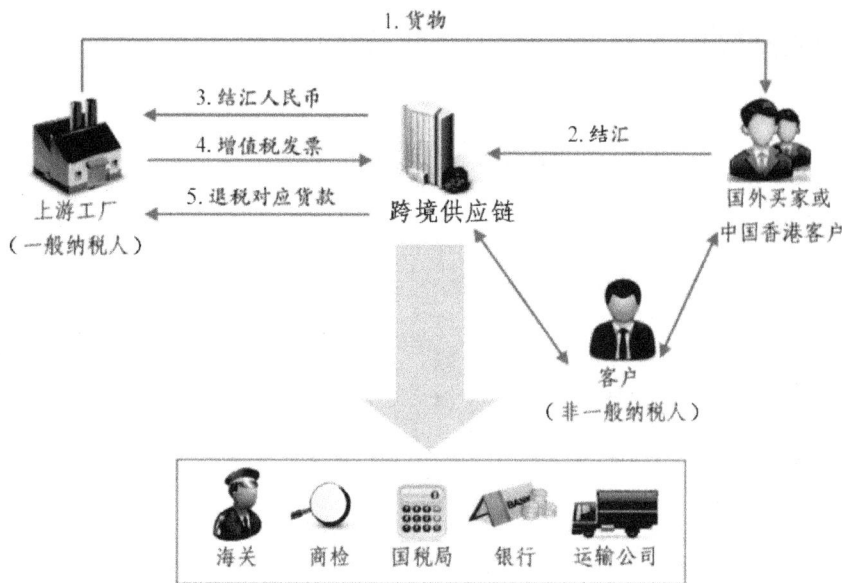

图 8-9　针对客户（非一般纳税人）、上游工厂（一般纳税人）、国外买家或中国香港客户

（4）金融服务

跨境供应链为用户提供的金融服务有：流水贷服务、结余增值服务、锁汇保服务等。

流水贷服务是由阿里巴巴联合银行共同推出的，向使用跨境供应链出口基础服务的用户提供无抵押、免担保、纯信用的贷款服务。流水贷服务通过银行风控审核，由银行直接对企业法人授信，真正实现"信用=财富"，助力中国外贸中小企业的发展。

结余增值服务是专为跨境供应链用户的账户资金打造的每日增值服务。

锁汇保服务即远期外汇保值服务，跨境供应链免费代用户向银行购买远期外汇合约，锁定未来某个时间段到账外汇（固定金额、币种）的结汇汇率。

（5）物流服务

阿里巴巴国际物流包括海运、空运（普货空运和国际快递）、陆运三大板块。通过整合船公司和货代资源，跨境供应链为用户提供安全及价格 100%透明的整柜拼箱服务；物流专家按需为用户定制最佳物流方案，持续降低物流成本。

本章小结

本章重点介绍了跨境电子商务案例，具体包括跨境电子商务营销案例分析、跨境电子商务物流案例分析、跨境电子商务支付结算案例分析、跨境电子商务通关案例分析。

拓展实训

亚马逊平台商品管理

【实训目的】

了解在亚马逊平台进行商品管理的方法。

【实训内容】

刊登商品 listing，跟卖，商品编辑与下架。

【实训步骤】

（1）刊登商品 listing：创建新商品，创建多属性商品。

（2）跟卖：商品跟卖，取消跟卖，防止跟卖。

（3）商品编辑：上传商品图片，编辑商品信息。

（4）商品下架：修改库存，关闭商品，删除商品。

课后习题

1．查阅跨境电子商务营销平台相关资料，写一份 Twitter 营销报告。

2．查阅有关中国（杭州）跨境电子商务综合试验区——六体系两平台的资料，写一份跨境电子商务通关平台报告。

参 考 文 献

1. 逯宇铎，陈璇. 跨境电子商务[M]. 北京：机械工业出版社，2021.
2. 伍蓓. 跨境电商理论与实务[M]. 北京：人民邮电出版社，2020.
3. 逯宇铎，陈璇，孙速超. 跨境电子商务案例[M]. 北京：机械工业出版社，2019.
4. 陈启虎. 国际贸易实务[M]. 北京：机械工业出版社，2019.
5. 杨伟强，湛玉婕，刘莉萍. 电子商务数据分析：大数据营销数据化运营流量转化[M]. 北京：人民邮电出版社，2019.
6. 温希波. 电子商务法——法律法规与案例分析（微课版）[M]. 北京：人民邮电出版社，2019.
7. 陆端. 跨境电子商务物流[M]. 北京：人民邮电出版社，2019.
8. 马述忠，卢传胜，丁红朝，等. 跨境电商理论与实务[M]. 浙江：浙江大学出版社，2018.
9. 马述忠，柴宇曦，濮方清，等. 跨境电子商务案例[M]. 浙江：浙江大学出版社，2018.
10. 肖旭. 跨境电商实务[M]. 2 版. 北京：中国人民大学出版社，2018.
11. 孙东亮. 跨境电子商务[M]. 北京：北京邮电大学出版社，2018.
12. 陈战胜，卢伟，邹益民. 跨境电子商务多平台操作实务[M]. 北京：人民邮电出版社，2018.
13. 纵雨果. 亚马逊跨境电商运营从入门到精通[M]. 北京：电子工业出版社，2018.
14. 陈道志，卢伟. 跨境电商实务[M]. 北京：人民邮电出版社，2018.
15. 陈江生. 跨境电商理论与实务[M]. 北京：中国商业出版社，2018.
16. 刘敏，高田哥. 跨境电子商务沟通与客服[M]. 北京：电子工业出版社，2018.
17. 鲍舒丽. 打造金牌网店客服[M]. 北京：人民邮电出版社，2018.
18. 潘百翔，李琦. 跨境网络营销[M]. 北京：人民邮电出版社，2018.
19. 曹盛华. 跨境电子商务发展策略与人才培养研究[M]. 北京：中国水利水电出版社，2018.
20. 郑建辉. 跨境电子商务实务[M]. 北京：北京理工大学出版社，2018.
21. 白东蕊. 电子商务概论[M]. 4 版. 北京：人民邮电出版社，2018.
22. 王军海. 跨境电子商务支付与结算[M]. 北京：人民邮电出版社，2018.
23. 陈碎雷. 跨境电商物流管理[M]. 北京：电子工业出版社，2018.
24. 李贺. 报关实务[M]. 2 版. 上海：上海财经大学出版社，2018.
25. 陆金英，祝万青，王艳. 跨境电商操作实务（亚马逊平台）[M]. 北京：中国人民大学出版社，2018.
26. 吴喜龄，袁持平. 跨境电子商务实务[M]. 北京：清华大学出版社，2018.
27. 李鹏博. B2B 跨境电商[M]. 北京：电子工业出版社，2017.
28. 冯晓宁，梁永创，齐建伟. 跨境电商：速卖通搜索排名规则解析与 SEO 技术[M]. 北京：

人民邮电出版社，2017.

29. 速卖通大学. 跨境电商视觉呈现：阿里巴巴速卖通宝典[M]. 北京：电子工业出版社，2017.

30. 孙正君，袁野. 亚马逊运营手册[M]. 北京：中国财富出版社，2017.

31. 丁晖. 跨境电商多平台运营：实战基础[M]. 北京：电子工业出版社，2017.

32. 邵贵平. 电子商务数据与应用[M]. 北京：人民邮电出版社，2017.

33. 于立新. 跨境电子商务理论与实务[M]. 北京：首都经贸大学出版社，2017.

34. 张瑞夫. 跨境电子商务理论与实务[M]. 北京：中国财政经济出版社，2017.

35. 邓玉新. 跨境电商：理论、操作与实务[M]. 北京：人民邮电出版社，2017.

36. 邓志超，崔慧勇，莫川川. 跨境电商基础与实务[M]. 北京：人民邮电出版社，2017.

37. 韩小蕊，樊鹏. 跨境电子商务[M]. 北京：机械工业出版社，2017.

38. 王玉珍 .电子商务概论[M]. 北京：清华大学出版社，2017.

39. 青岛英谷教育科技股份有限公司. 跨境电子商务导论[M]. 西安：西安电子科技大学出版社，2017.

40. 江礼坤. 网络营销推广实战宝典[M]. 2 版. 北京：电子工业出版社，2016.

41. 冯潮前. 跨境电子商务支付与结算实验教程[M]. 浙江：浙江大学出版社，2016.

42. 迈克·莫兰，贝尔·亨特. 搜索引擎—营销网站流量大提速[M]. 宫鑫，等，译，3 版. 北京：电子工业出版社，2016.

43. 黄正伟，何伟军. 实时在线客户服务理论与应用研究[M]. 北京：科学出版社，2015.

44. 冯晓宁，梁永创，齐建伟. 跨境电商：阿里巴巴速卖通实操全攻略[M]. 北京：人民邮电出版社，2015.

45. 速卖通大学. 跨境电商——阿里巴巴速卖通宝典[M]. 2 版. 北京：电子工业出版社，2015.